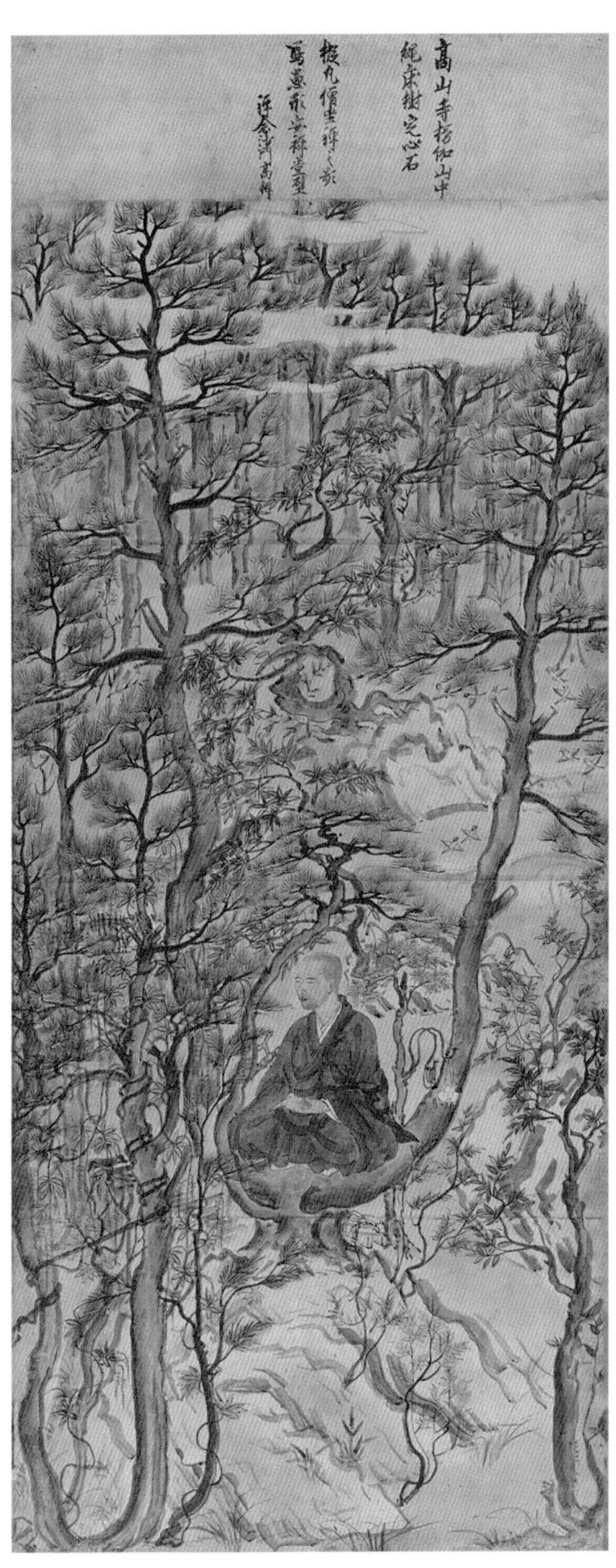

1　明恵上人像（樹上坐禅像）　国宝

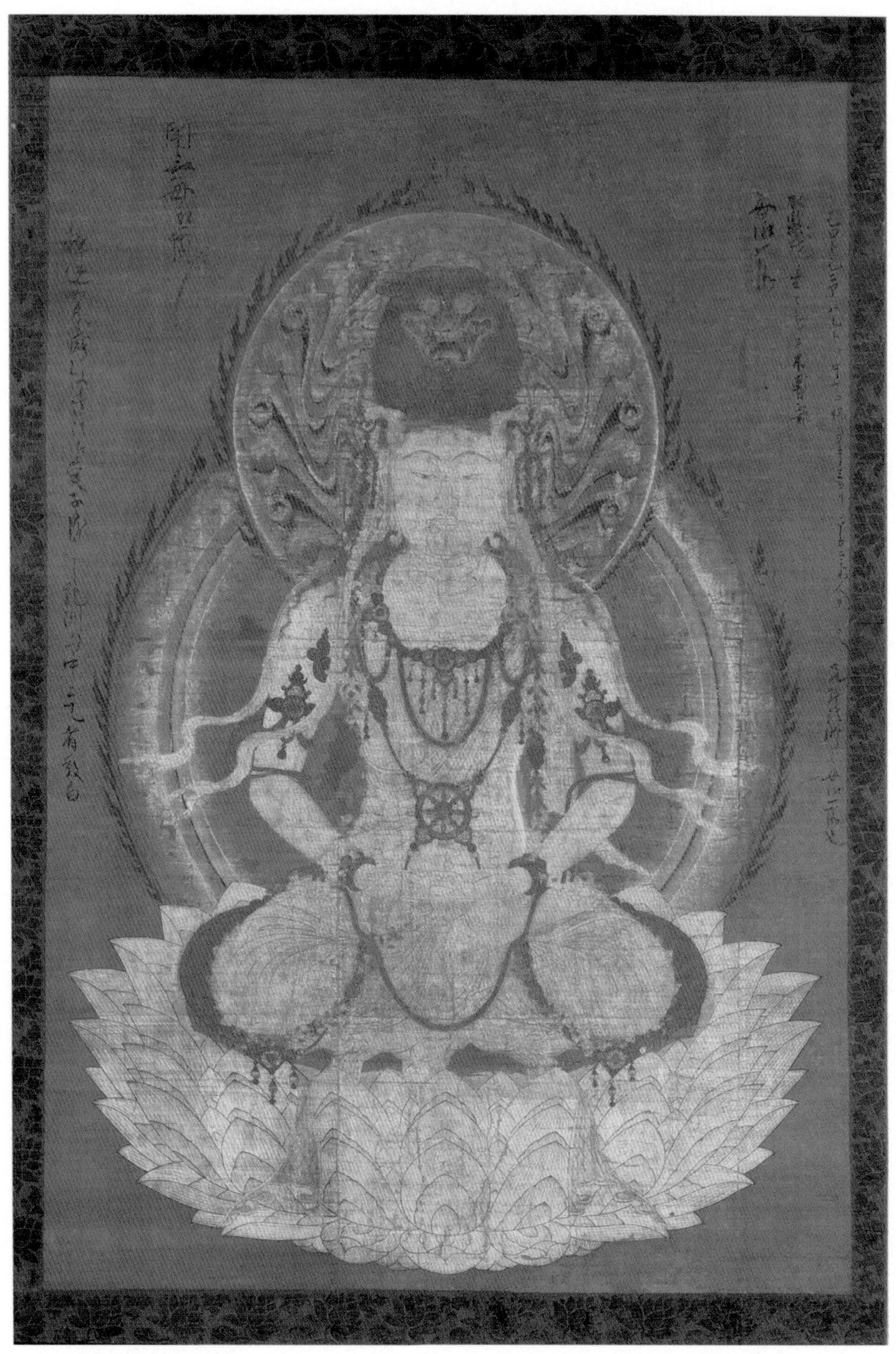

2　仏眼仏母像　国宝

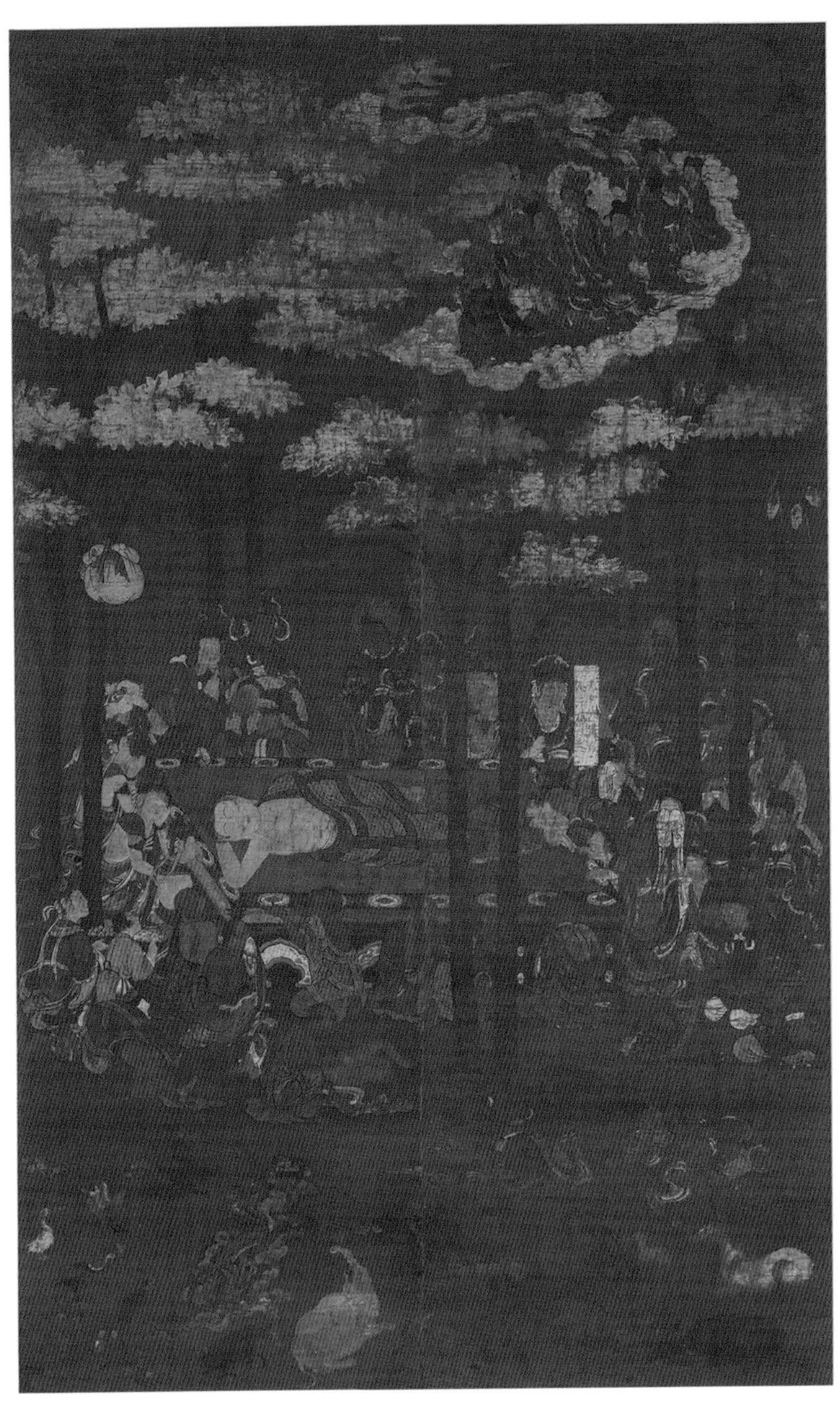

3　仏涅槃図

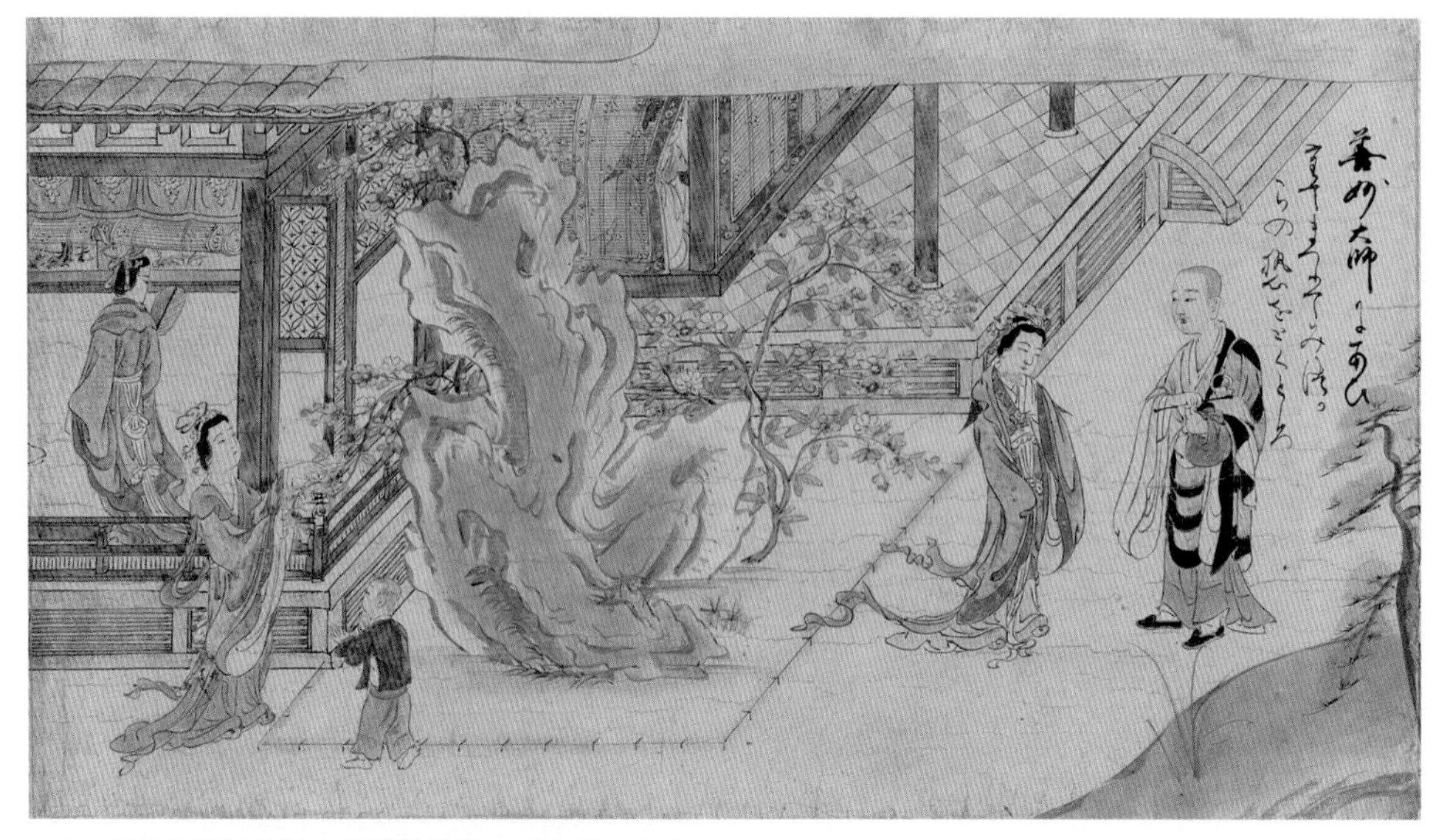

6　華厳宗祖師絵伝　義湘絵巻第二（部分）　国宝

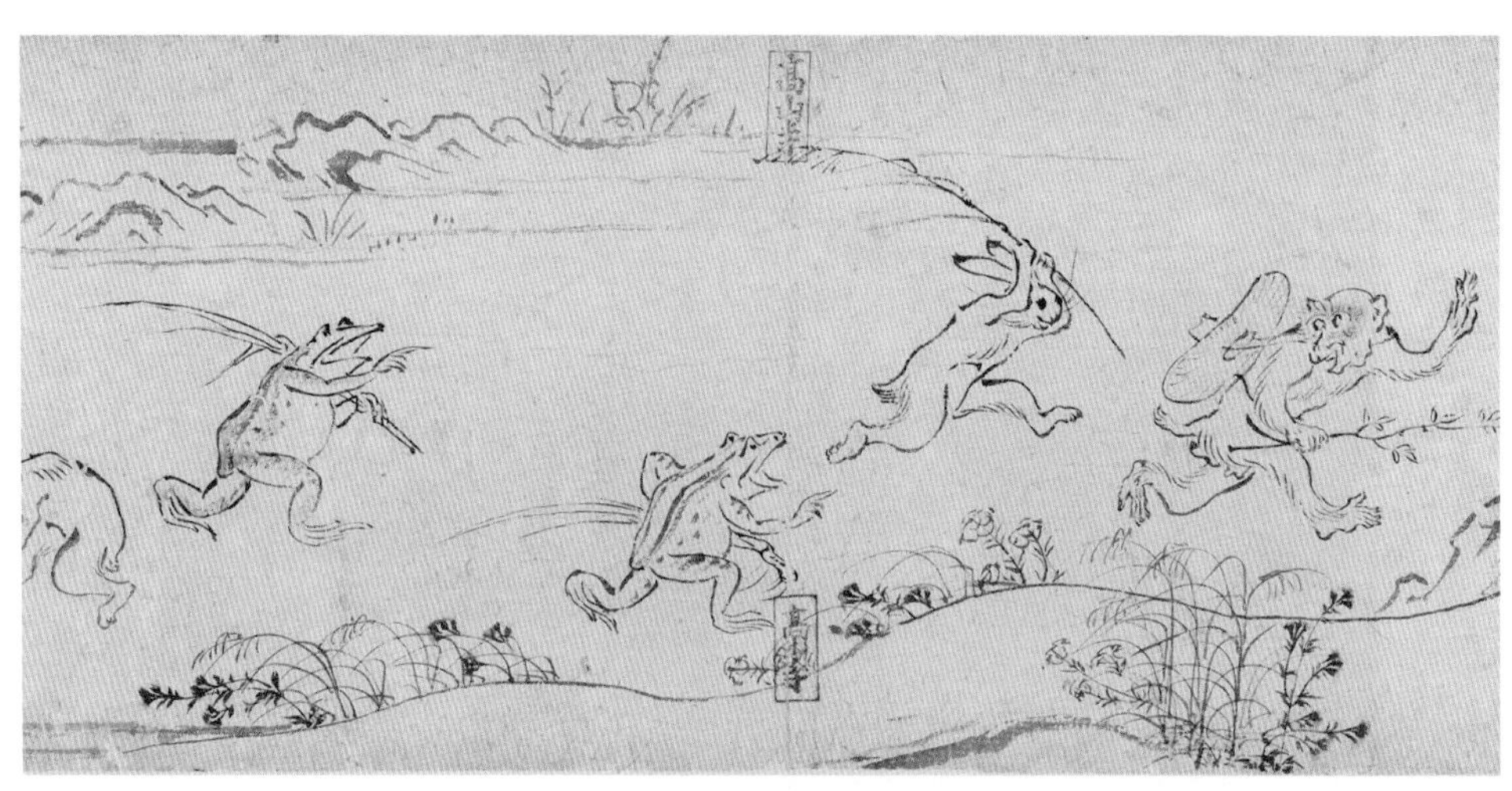

8　鳥獣戯画　甲巻（部分）　国宝

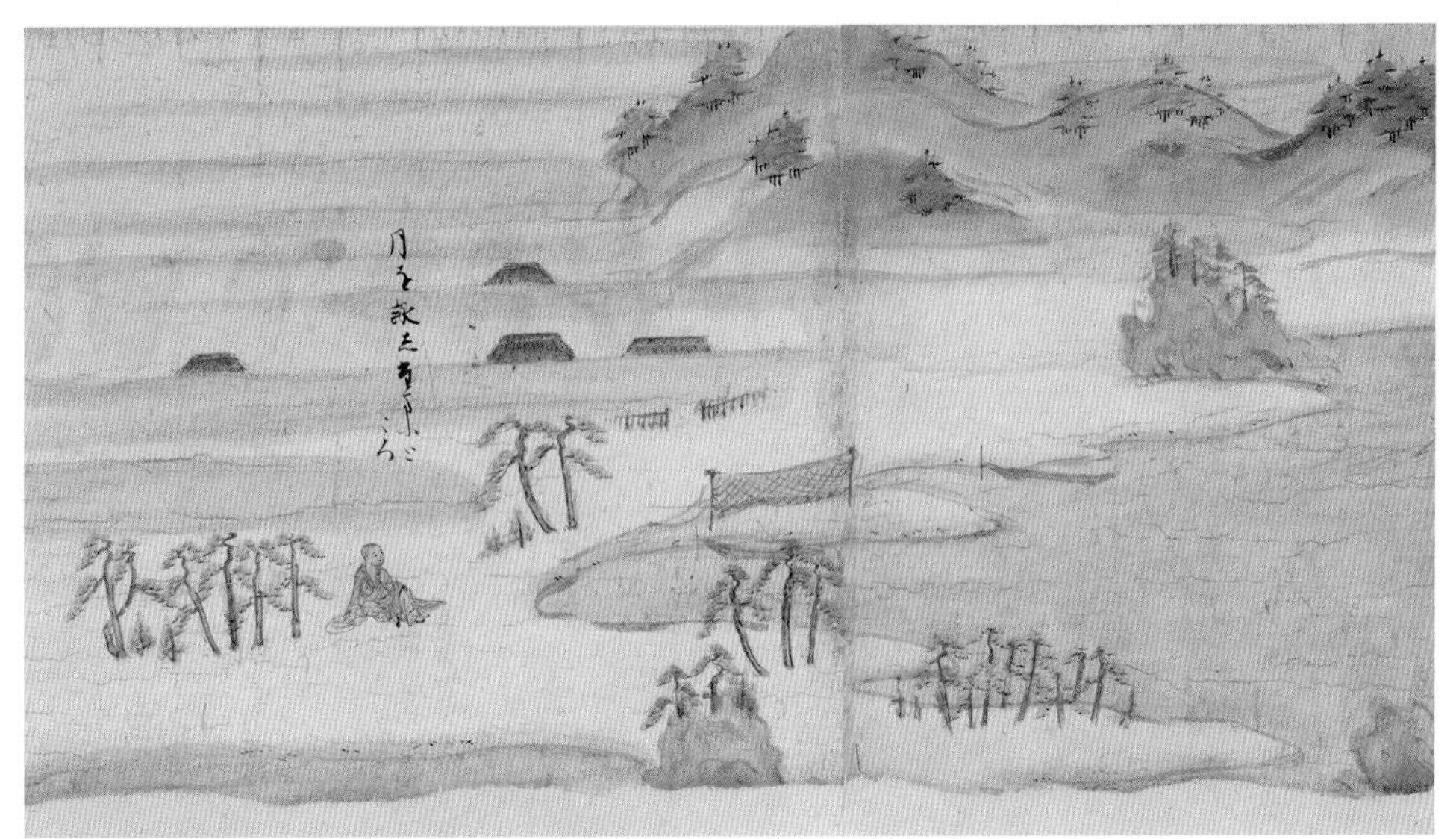

7　華厳宗祖師絵伝　元暁絵巻第一（部分）　国宝

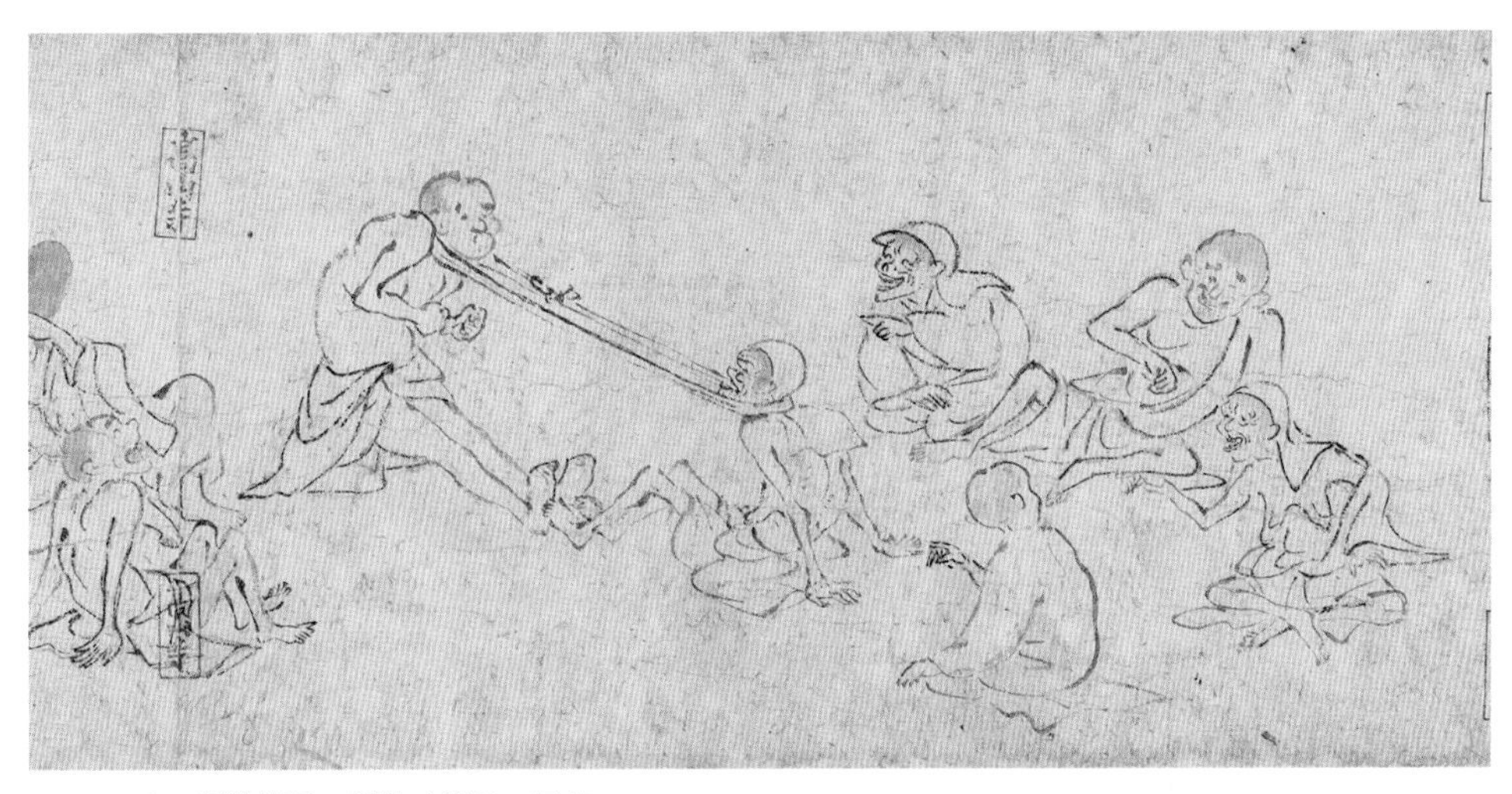

9　鳥獣戯画　丙巻（部分）　国宝

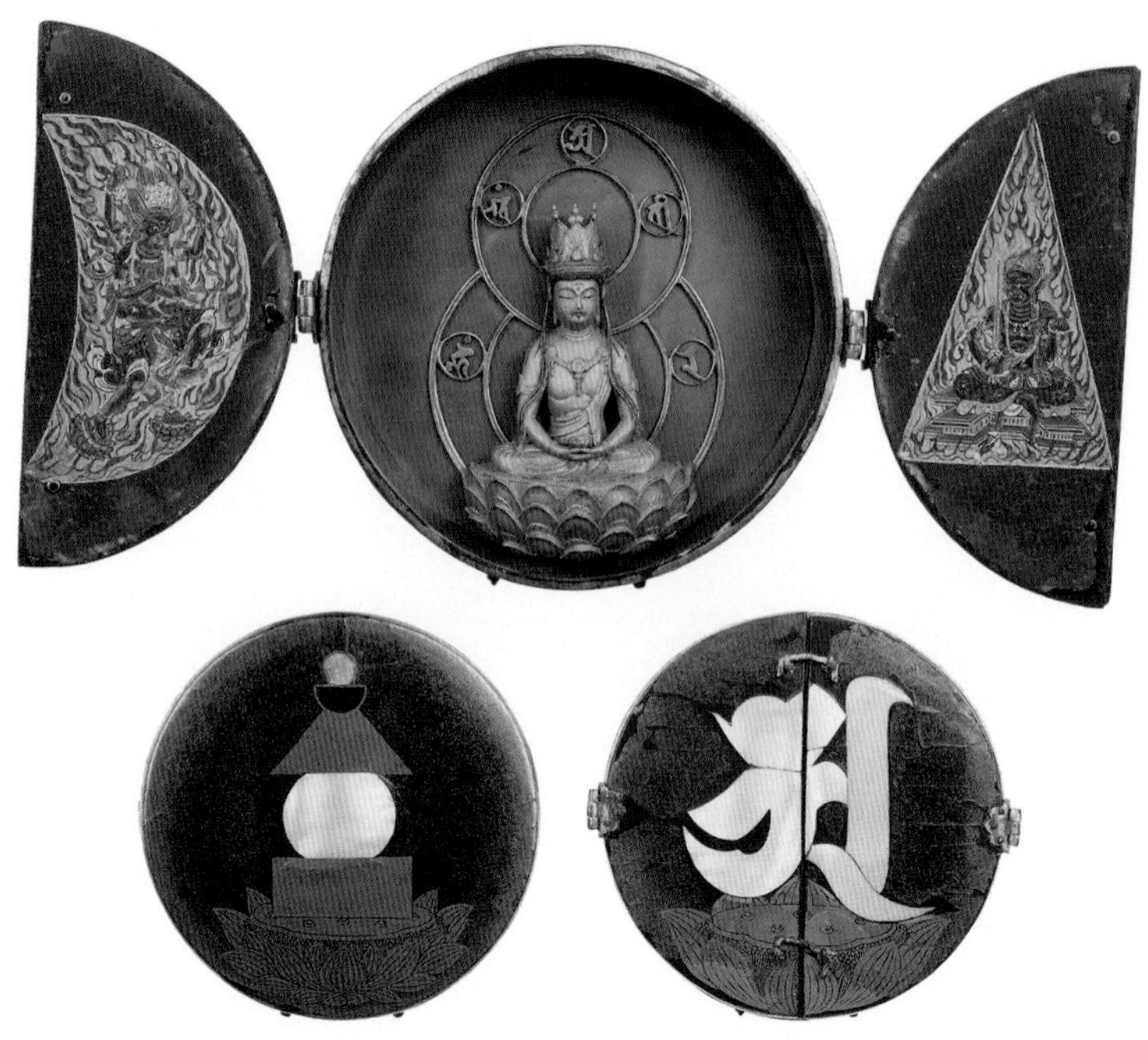

10　阿字螺鈿蒔絵月輪形厨子（鏡弥勒像）　重要文化財

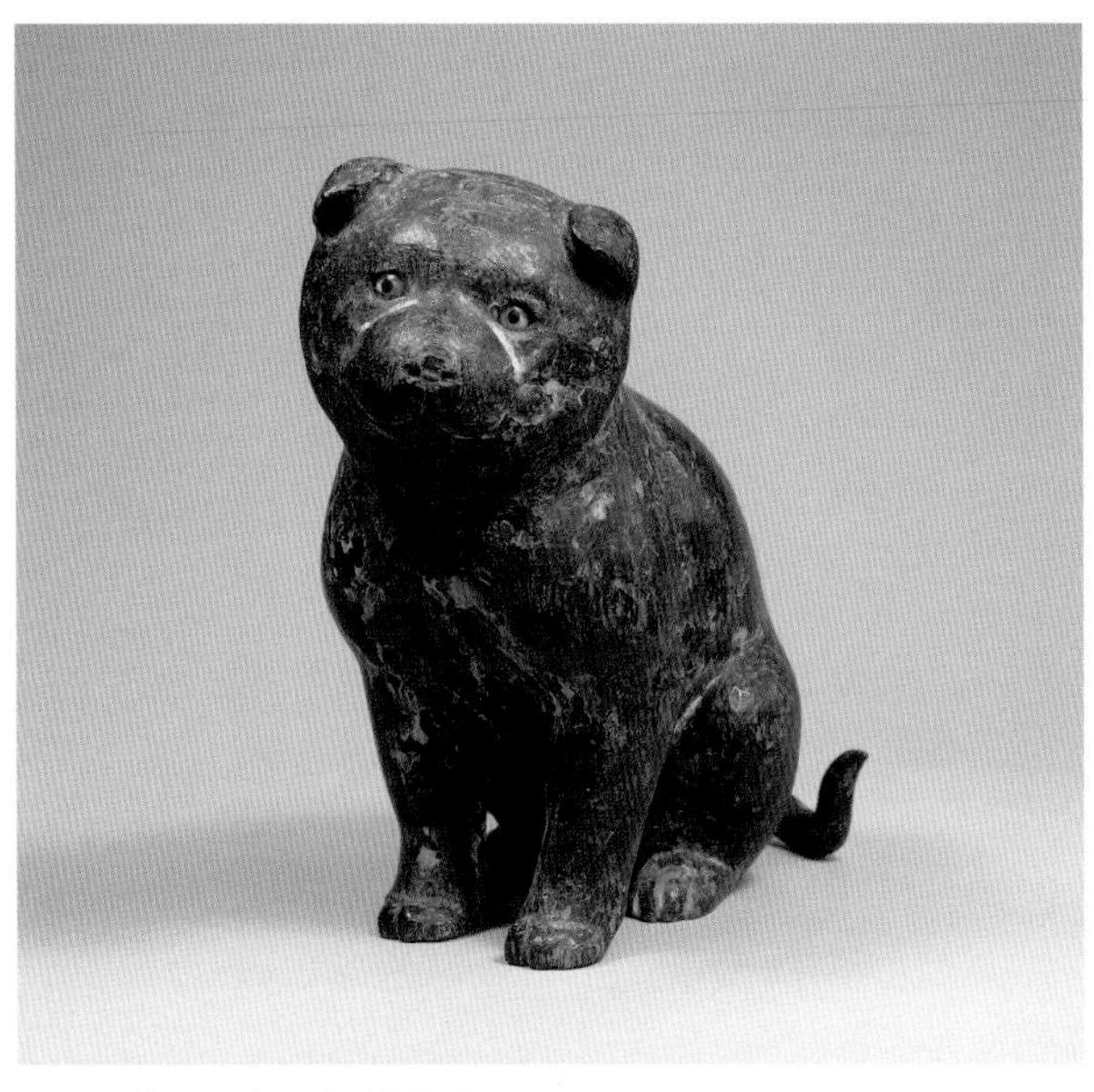

11　子　　犬　重要文化財

高山寺［監修］
土屋貴裕［編］

高山寺の美術

明恵上人と鳥獣戯画ゆかりの寺

吉川弘文館

ごあいさつ

このたび吉川弘文館より『高山寺の美術―明恵上人と鳥獣戯画ゆかりの寺―』を刊行いただくこととなりました。

当山は鎌倉時代のはじめ、建永元年（一二〇六）に明恵上人（一一七三～一二三二）が栂尾の地を賜ってより、爾来八百年以上の歳月を経てきました。明恵上人は密教と華厳を修め、生涯を仏道修行に捧げました。そうした明恵上人の教えを継承し、当山はこれまで学問寺として歩んで参りましたため、貴重な文化財が数多く伝わります。とりわけ明恵上人の存命中には、その個性的な信仰を反映した優れた美術作品が作られました。なかには他に類例を見ない貴重な作例も多くございます。

本書は明恵上人の信仰や当山の歴史を踏まえ、当山に今日まで伝えられた美術作品の魅力を多くの方に知っていただこうと企画いただいたものです。国立博物館の研究員の皆様には、ご多忙のなかご論考をご執筆いただき、大変ありがたく存じます。

本書を通じ、一人でも多くの方に当山、及び明恵上人について知っていただければと願っております。本書をお読みになった後は、明恵上人の過ごした当山へぜひともお参りいただければ幸いに存じます。

栂尾山高山寺

山主　田村恵心

目次

ごあいさつ　栂尾山高山寺山主　田村恵心
明恵上人と高山寺の美術　土屋貴裕・1

第一部　明恵上人の信仰と造形

信仰をかたちに
―明恵上人と仏師快慶・湛慶―　淺湫　毅・40
慈母のまなざしに抱かれた修練の日々
―仏眼仏母像―　谷口耕生・60
釈迦を父として
―明恵上人と涅槃会―　森實久美子・87

第二部　高山寺という場と明恵上人

「写実」の語る意味
——背景描写から読み解く明恵上人像（樹上坐禅像）——　大原嘉豊・106

舎利によせる祈りの造形
——輪宝羯磨蒔絵舎利厨子の表現するもの——　伊藤信二・127

第三部　高山寺の国宝絵巻

敬によりて愛を成ず
——華厳宗祖師絵伝——　井並林太郎・146

謎だらけの国宝絵巻
——鳥獣戯画——　土屋貴裕・163

あとがき

〔口絵図版〕いずれも高山寺所蔵
4・5・10・11＝京都国立博物館画像提供

明恵上人と高山寺の美術

土屋貴裕

はじめに

高山寺は京都府京都市右京区梅ケ畑栂尾町（うめがはたとがのお）というところにある。山号は栂尾山。ＪＲ京都駅からバスで揺られることおよそ一時間。京都市内から福井県小浜（おばま）に至る国道一六二号線、かつては周山（しゅうざん）街道と呼ばれた街道沿い、清滝川のほとりにあるお寺である。京都市街からは決してアクセスがいいとは言いがたく、迫る山並みと周囲の静かな環境にここが京都市内かと驚かれる方も多いかもしれない。紅葉の季節こそ多くの観光客で賑わいをみせるが、普段は静寂に包まれた深閑なたたずまいに、訪れるたびに本当に心洗われるような思いがする。

高山寺は鎌倉時代初め、栄西（えいさい／ようさい）が宋より持ち帰った茶の実を植え、育てたことから「日本最古の茶園」としても有名である（図1）。だがそれよりもこの寺を語る上で欠かせないのは、多くの貴重な文化財を守り伝えてきたという点だろう。建造物を含む国宝が八件、重要文化財は三十件を超え、「高山寺典籍文書類」として一括して重要文化財指定されている聖教、典籍、文書類は九千点を超す。なかでも優れた絵画、彫刻、工芸作品が伝わり、とりわけ鎌倉時代の美術を語る上では欠かせない重要な作品が数多く含まれている。

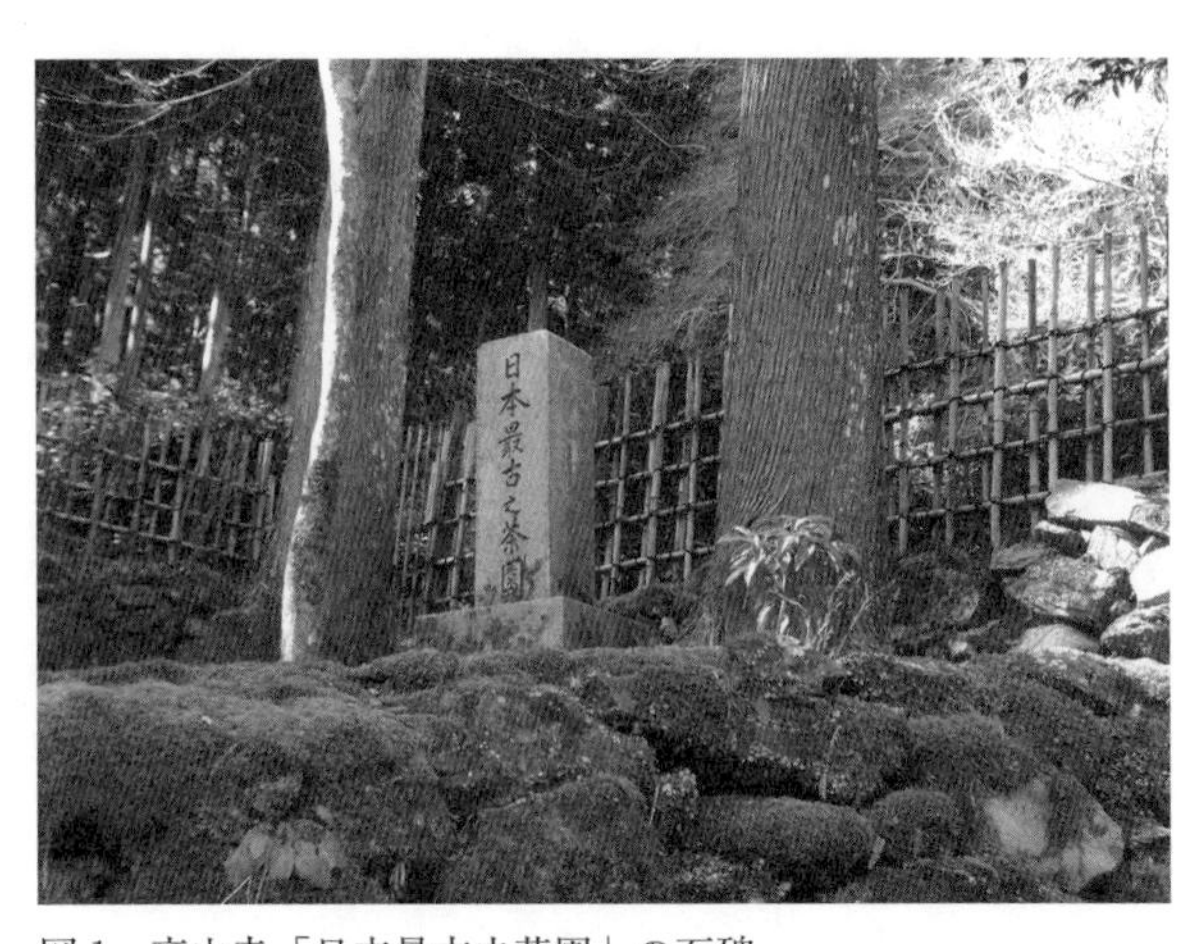

図１　高山寺「日本最古之茶園」の石碑

そしてこの高山寺という寺院そのものが今あるのも、また多くの優れた文化財が生み出され、集積されてきたのも、鎌倉時代初めにこの寺を再興した明恵（みょうえ）という存在に拠るところが大きい。高山寺の文化財には明恵の思想や人となりを色濃く反映したものが少なくなく、これは他の寺院と比べたとき、きわめて特徴的な寺宝のあり方でもある。

本書は、こうした膨大かつ他に類例を見ない貴重な文化財を今に伝える高山寺寺宝のなかでも、日本美術史上燦然と輝く選りすぐりの美術作品に着目し、その魅力を多くの方々と共有しようという意図のもと作られたものである。それぞれの作品の豊穣かつ個性豊かな造形世界に入る前に、本書を読み進める上で鍵となる、高山寺の歴史と明恵の生涯を簡単に振り返っておきたい。

一　高山寺について

世界文化遺産　高山寺

高山寺は平成六年（一九九四）、「古都京都の文化財」として世界文化遺産に認定された十七の構成資産の一つである（京都市内には十四の資産があり、なかでも寺院は十一を数える）。ある統計によると、京都府内には約三千もの寺院があり、その半数を超す寺院が京都市内にあるという。千二百年以上の京都の長い歴史を考えれば、なるほどと思わせる数字かもしれないが、数ある寺院の中からこの高山寺が選ばれた理由は何なのか。

世界遺産認定時の推薦提案書で十七の構成資産は、「古都京都を特徴づける歴史的記念物であり、地域的にも時代的にも古都京都を説明するに足る文化資産群」だと記されている。さらに高山寺に言及される箇所を見てみると、「この時代（鎌倉時代）を代表する資産としては、世俗や権力と縁を切り自然の中で精神的充足を求めた明恵上人の開基になる高山寺に石水院が残り、鎌倉時代の住宅的な建築様式を伝えている」とあるほか、「自然と調和した建築である石水院は、訪れる者に安堵感を与え、日本人にとっての日本文化のひとつの理想像を示すものでもある」とある。推薦提案書によれば、高山寺を世界文化遺産たらしめている重要な要素は、明恵と石水院ということになるらしい。

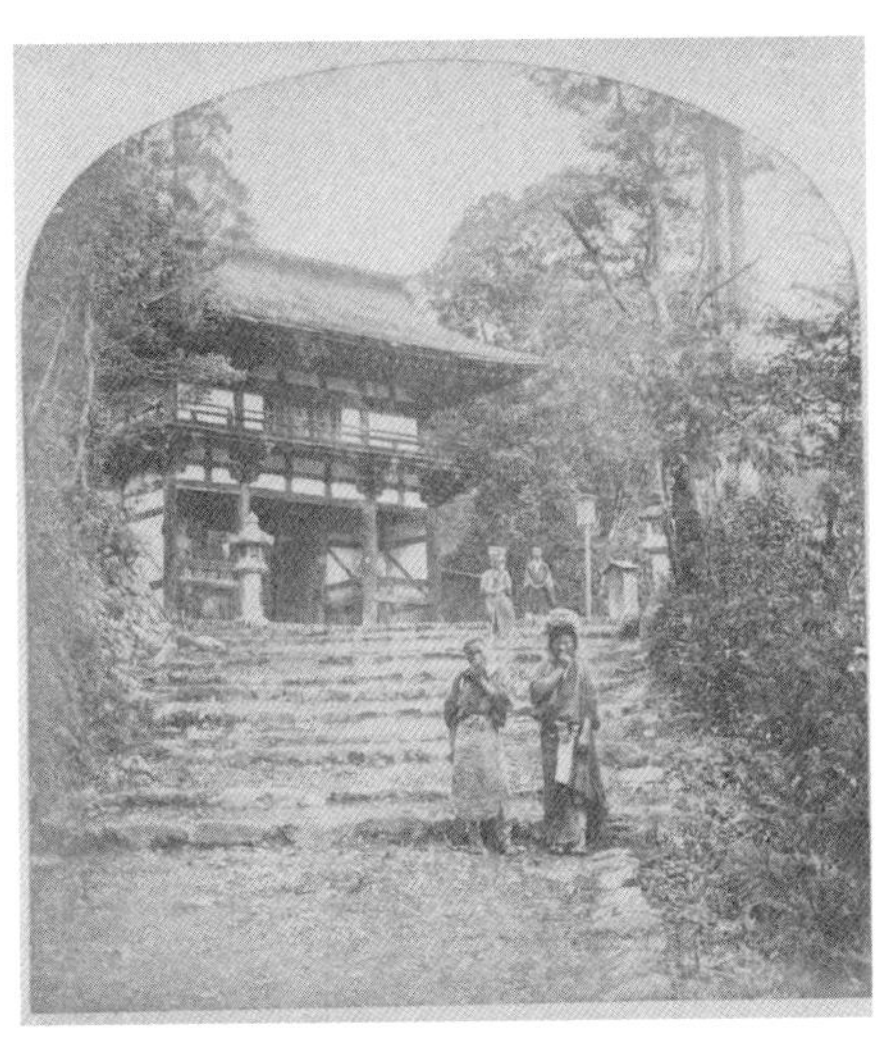

図2　「高山寺仁王門（壬申検査関係写真のうち）」横山松三郎撮影，明治5年　東京国立博物館所蔵　　焼失前の大門の様子．金剛力士像も小さく見える．

国宝　石水院

かつて高山寺には十ほどの堂舎が建ち並んでいたが、明治十四年（一八八一）、清滝川に架かる白雲橋対岸の火災が飛び火し、その大半が焼失する。この火災により、運慶の長男で明恵在世時に高山寺の彫刻作品を多く手がけた湛慶作の金剛力士像も大門（仁王門）とともに焼失してしまう（図2。高山寺の彫刻群に関しては本書淺湫論文参照）。このほか、失われてしまった文化財は数多くあったことだろう。

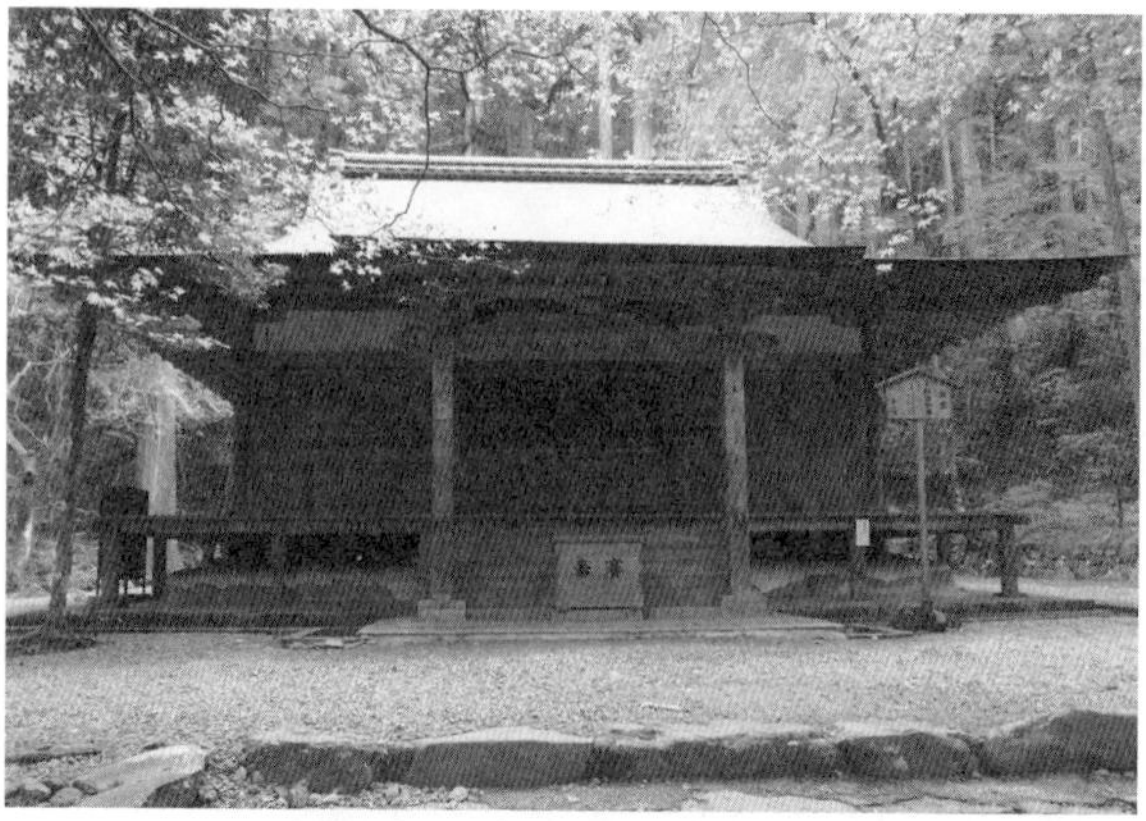

図3　釈迦如来坐像を祀る金堂

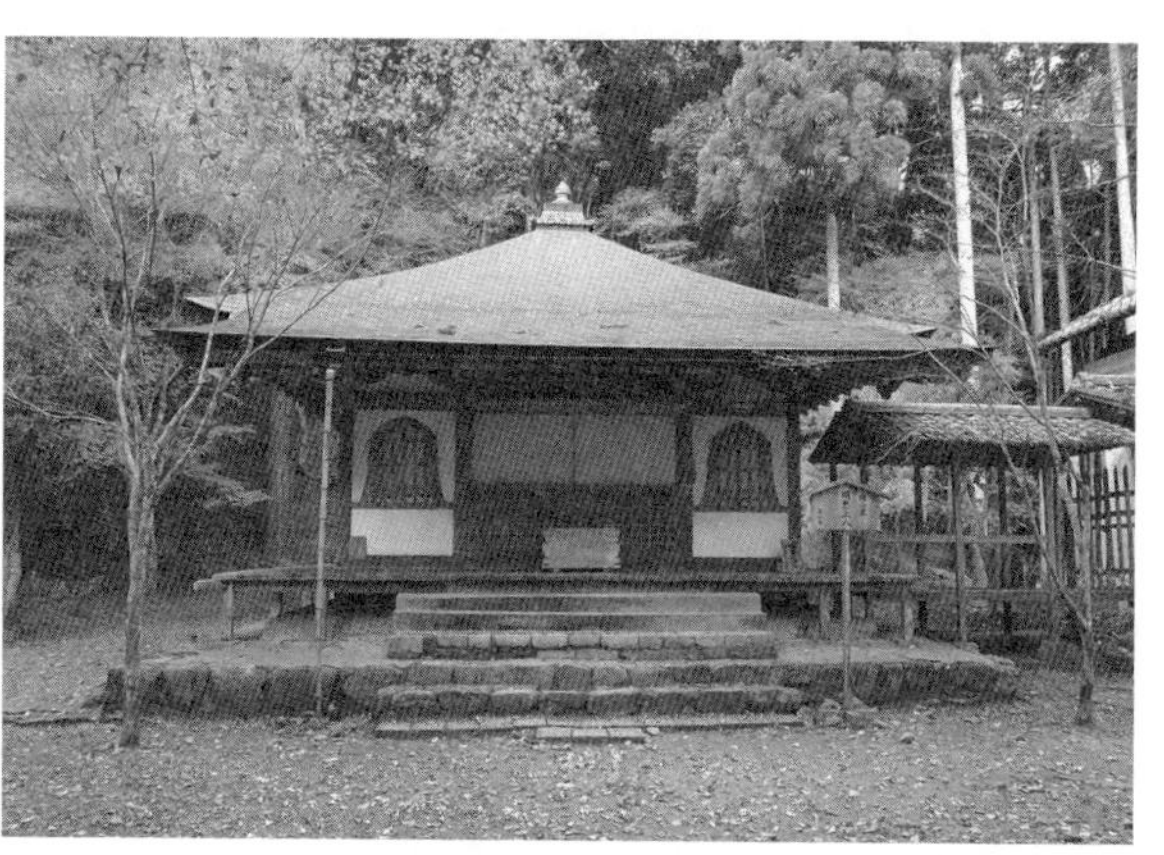

図4　明恵上人坐像を安置する開山堂

現在の高山寺境内の各所には、石積みの基壇で区画されたなかに多くの礎石が残されており、往時の様子を偲ぶことができる。

この火災の難を免れたのは、寺域の北西隅、表参道の突き当たりの高台にある金堂（図3）と、その東側にあった石水院、さらにその東に位置する開山堂（図4）程度であったという。金堂は寛永十一年（一六三四）、仁和寺真光院を移築したもので、本尊釈迦如来坐像を祀る。開山堂は明恵が入寂した禅堂院跡地に建てられたもので、「明恵上人坐像」（図5）が安置されている。この二つの建物は今なお同じ位置にあるが、石水院は明治二十二年、焼失した三尊院跡地に移築され（図6）、現在に至る。

この石水院の創建時の様子はよく分かっていない。建保三年（一二一五）に建立された、現在の金堂の背面、楞伽山の山頂にあった練若台と呼ばれる庵室を移築したものが石水院と呼ばれていたようだが、その建物は安貞二年（一二二八）、洪水に遭ってしまう。その後、明恵没後になる文暦二年（一二三五）、石水院に安置されて

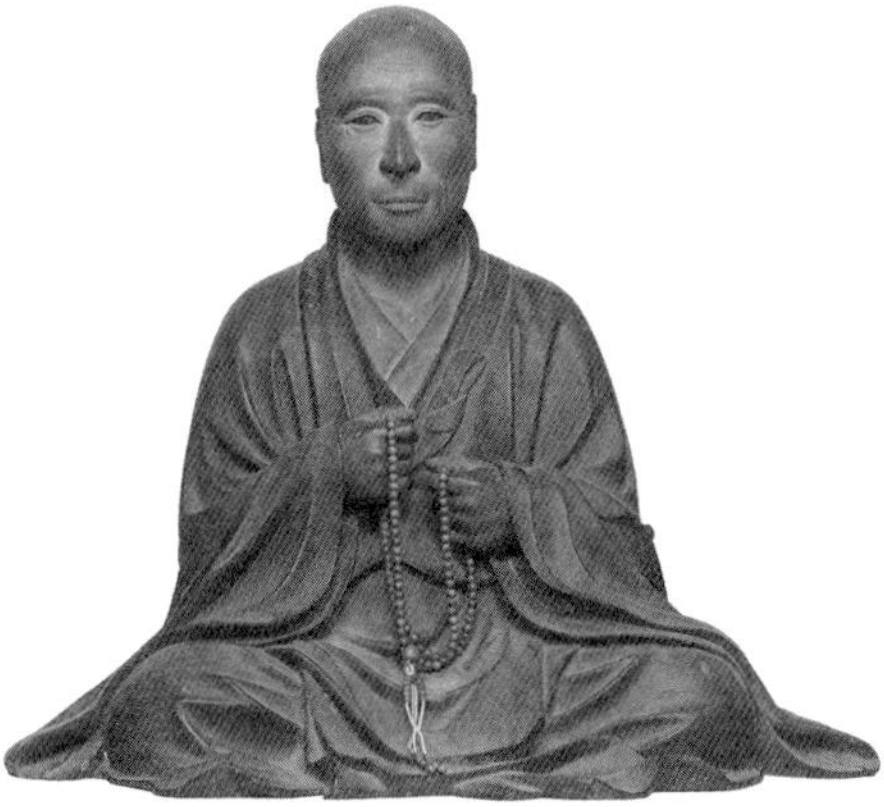

図5　明恵上人坐像　高山寺所蔵

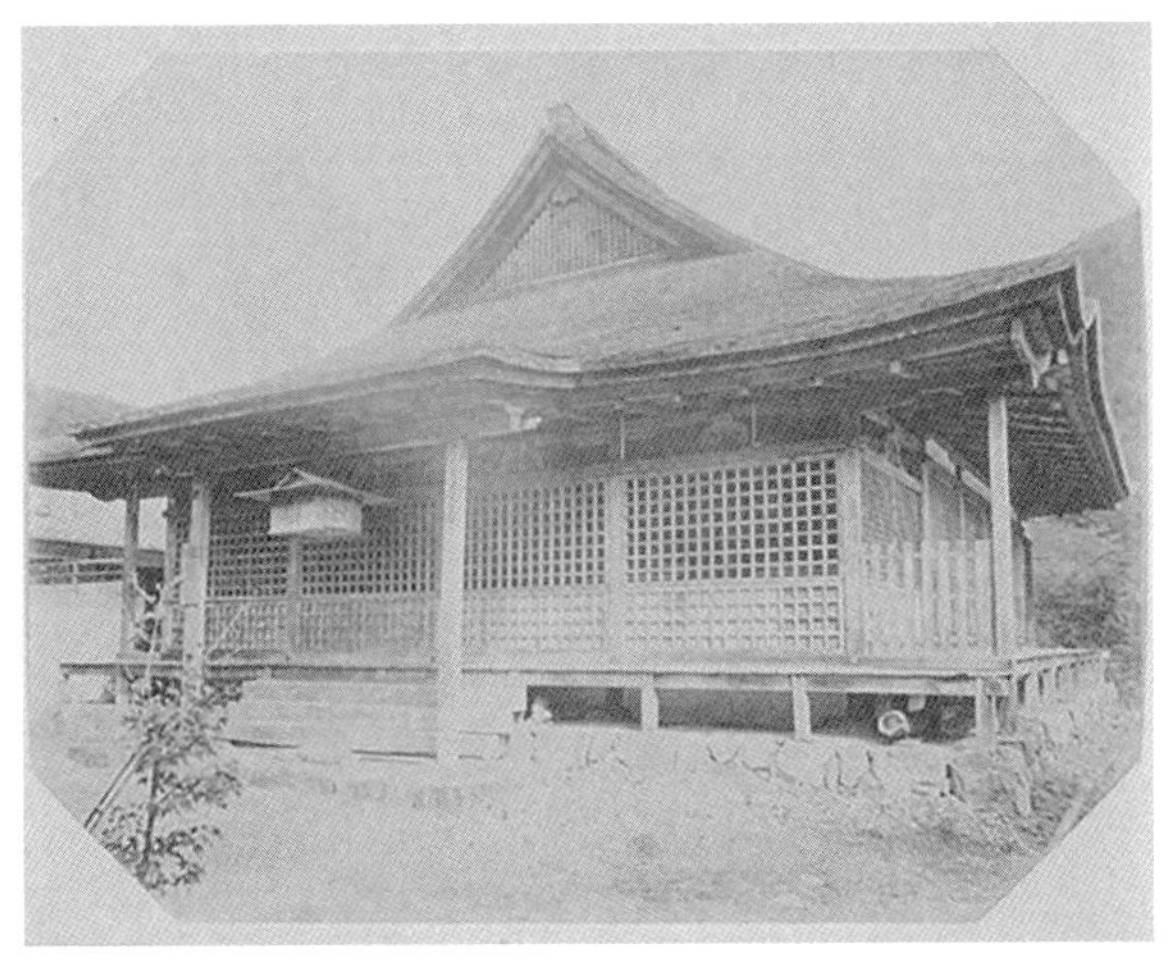

図6　「栂尾（社寺建築写真帖のうち）」工藤利三郎撮影　東京国立博物館所蔵　　石水院が現在地に移築されて間もない頃の写真.

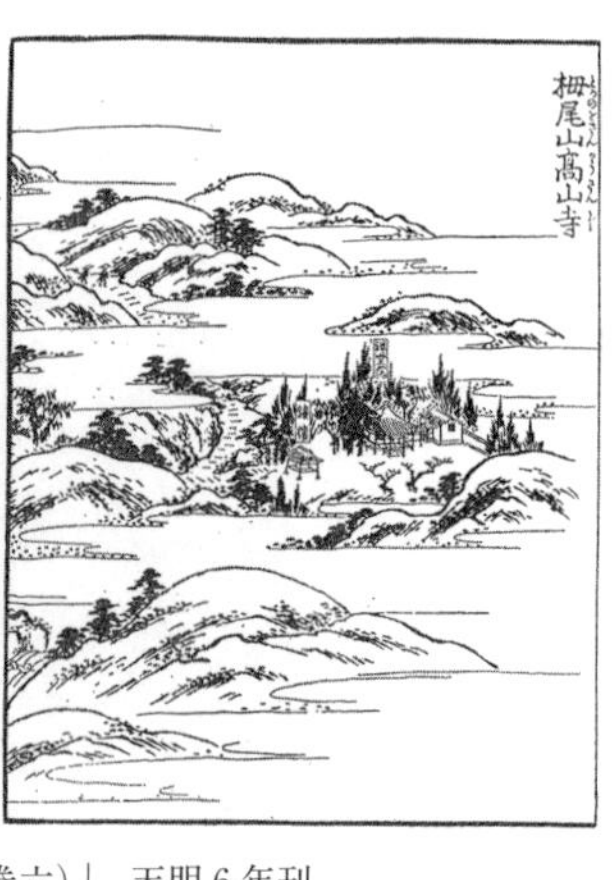

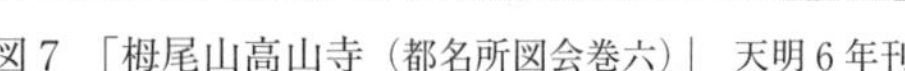
図7　「栂尾山高山寺（都名所図会巻六）」　天明6年刊

いた春日・住吉明神像を谷向かいにあった東経蔵に安置したと記録にある。これにより東経蔵が石水院の名を継承し、社殿兼経蔵としての機能を果たすことになったと考えられている。現在の石水院にも聖教棚が残され、経蔵であった際の名残を留めている。近世の「都名所図会」には（図7）、石水院の場所に「春日」「住吉」とあり、その外観も現在とそう変わらない様子が写し留められているが、中近世を通じて行なわれた、明恵の感得したこの両明神を拝する栂尾開帳はまさにこの石水院で行なわれていた。

幾度かの移築、改築を経てはいるが、鎌倉期の建築を留めるものとして明治三十一年（一八九八）に旧国宝、昭和二十八年（一九五三）に現制度の国宝に指定された。明恵存命中唯一の遺構であるとともに、相次ぐ火災や戦火、とりわけ応仁の乱で市中の大半が焼失した京都市内にあって、鎌倉時代にさかのぼる建築として大変貴重なものである。

高山寺の草創

そもそも高山寺は奈良時代末の宝亀五年（七七四）、光仁天皇の勅願（ちょくがん）により開創したと伝わる。その時は神願寺都賀尾房と呼ばれ、弘仁五年（八一四）には都賀尾十無尽院（じゅうむじんいん）と改称された。その後は高山寺の位置する栂尾とは峯違いに隣接する高雄・神護寺（じんごじ）の別院だったようだ。ただ、平安時代を通じてこの寺院に関する記録を確認することができない。おそらくは無住で荒廃に任せるまま、明恵という稀代の僧の誕生を待っていたのだろう。

この寺が「高山寺」として確固とした歩みを見せるのは鎌倉時代はじめ、建永元年（一二〇六）十一月のことである。学僧として名声を得ていた明恵に対し、後鳥羽院は院宣を下して「神護寺の内、栂尾の別所」「十無尽院」を与えた。この時、明恵の学ぶ華厳宗の根本経典『華厳経』如来性起品に記される「譬如日出先照一切諸大山王」の文言に基づき、後鳥羽院は自ら「日出先照高山之寺」と揮毫し、下したと伝わる。今なお高山寺石水院に掲げられる扁額は（図8）、この宸翰をもとに後鳥羽院の近臣である民部卿藤原長房が作らせたものである。

以後、この栂尾の僧房が高山寺と呼ばれるようになった。ただ、この段階の高山寺には粗末な庵室程度の建物しかなく、経典類も明恵や同行が私的に持つ、わずかなものしかなかったことだろう。「学問寺」と呼ばれる高山寺には、先にも触れた重要文化財指定されている「高山寺典籍文書類」が約九千点、未指定品も含めるとその総数約一万二千点が収蔵されている。これはひとえに八百年におよぶ高山寺の活動のあかしだが、すべては明恵という一人の僧の信仰と求法から始まったことは改めて留意しておきたい。

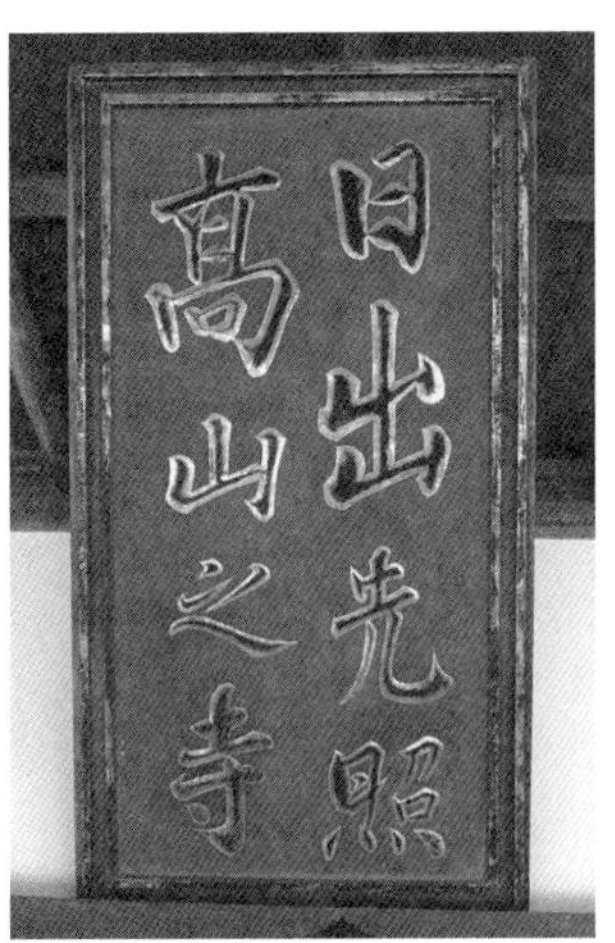

図8　扁額「日出先照高山之寺」
高山寺所蔵

高山寺という寺院を考えるうえでは、明恵は欠くことのできない存在である。そして、高山寺の美術を考えることは、明恵の信仰の在り方に迫るということでもある。そのためには明恵の事跡を押さえておくことが肝要となる。ただここでその魅力的な生涯を漏らさず紹介することはかなわないため、以下では本書を読み進めるうえで参考となるであろう、明恵と美術のかかわりを中心に、その生涯をたどっていくことにしたい。

二　明恵の前半生―誕生から高雄、紀州での修学―

誕生と父母の死

明恵は平安時代末の承安三年（一一七三）、紀州有田郡で生まれた。父平重国は武士で、高倉院の武者所に仕えていた伊勢平氏の一党だった。母は紀州に地盤を持ち、平治の乱の際に功績のあった湯浅宗重の女。いずれも平家ゆかりの一族である。幼名は薬師丸と言い、母が懐妊中より明恵を神護寺の薬師如来のもとで修行させようと誓っていたため、名付けられたという。

明恵が誕生した年には、浄土真宗を開いた親鸞が生まれており、高山寺伝来の彫刻を数多く手がけた湛慶も同年に生まれている。その少し前には重源や栄西が宋から帰国、承安五年には法然が念仏の教えを広めはじめ、治承四年（一一八〇）には平家による南都焼き討ちと、その後の南都復興があった。いわゆる鎌倉旧仏教と新仏教の諸派によって新たな思想や教義が生み出され、宗教界が大いに活性化していた時期にあたる。

明恵八歳の治承四年、源頼朝が伊豆に挙兵すると、重国は追討のため東下した上総国で戦死。明恵はその半年ほど前に母も亡くしており、母の妹の夫、崎山良貞のもとで養われることになった。高山寺には明恵の母が用いていたとされる漆塗りの櫛が伝わる。

神護寺入山と東大寺受戒

翌養和元年（一一八一）、明恵は上覚について京都・高雄の神護寺に入山し、文覚の弟子となる。上覚は湯浅宗重の子で、明恵にとっては母方の叔父にあたる。慈円『愚管抄』では、平治の乱が起きた際、熊野詣から都に戻る平清盛に従って戦ったと記されており、その後出家し、文覚に師事したようである。上覚の経歴で重要視すべきは、彼が勧修寺興然から密教の教えを受けているという点である。図像の収集でも知られ、「五十巻鈔」などの図像集を編んだ興然から明恵も付法を受けており、高山寺に興然ゆかりの白描図像が集積されたのも、こうしたネットワークによるところが大きい。加えて、上覚は和歌にも秀でていたようで、建久九年（一一九八）に著した歌論書『和歌色葉』は後鳥羽院にも進覧された。明恵が和歌をよく詠んだのも、上覚の影響によるものなのかもしれない。

文覚は衰退していた神護寺を復興すべく精力的に活動しており、後白河法皇に荘園寄進を強要するなどして配流されたが、後に法皇の信任を得て荘園の寄進を受け、神護寺の経済基盤を整えた。高野山へ移されていた空海ゆかりの「高雄曼荼羅」の返還に成功したのも文覚の功績である。文治二年（一一八六）、十四歳の明恵に自身の病気平癒を薬師如来に祈らせるなど、早くから明恵に期待を寄せていたようである。

十三歳から十九歳の七年間、明恵は毎日神護寺金堂に入堂し祈請する日々を続けたが、この間、仁和寺の尊実、景雅、尊印のもとで密教、華厳、悉曇などの修学につとめた。後の高山寺と仁和寺の密な関係も、遡ればこうした明恵と仁和寺との関係にたどり着く。

文治四年（一一八八）には出家得度、成弁と名乗り、東大寺戒壇院で具足戒を受ける。名実ともに、宗教者明恵が新たなスタートを切った瞬間である。その後景雅の弟子聖詮や東大寺尊勝院より借覧した華厳関係の聖教を精力的に書写し、さらに勧修寺興然より種々の密教の伝授を受けた。建久四年（一一九三）には東大寺尊勝院弁暁の請いにより出仕するも一年ほどでやめてしまうなど、僧階をのぼるよりも遁世の志がひとしお強かった明恵の心性がうかがわれる。

高雄にいた十九歳の建久二年頃より、『夢記』を記し始めるようになる（図9）。晩年五十八歳の寛喜二年（一

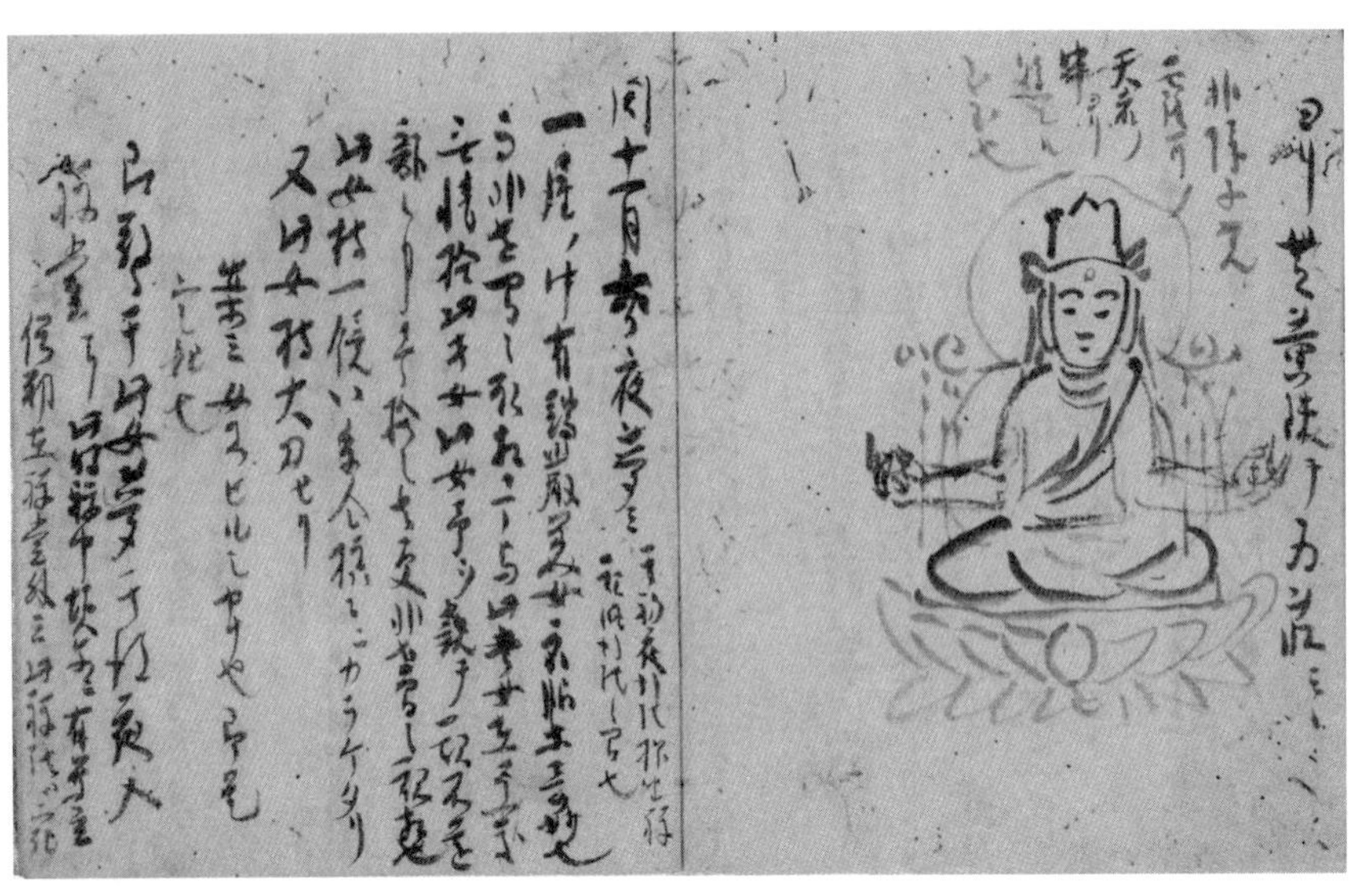

図9　夢記　承久二年　明恵筆　高山寺所蔵

二三〇）までの約四十年分が現存しており、世界的にもきわめて稀有な事例である。『夢記』には過去に遡って記事を整理・追記した箇所も見られ、単なる夢の記録というよりは明恵の思想や信仰を記し留めた日記のような側面を有する。明恵の伝記類とともに、その生涯を知る一級史料として知られる。

高雄と紀州の往還

建久六年秋頃、俗世間の喧噪を嫌った明恵は聖教、本尊を持って高雄を出て、故郷紀州湯浅の栖原(すはら)村白上の峯に移る。この白上では、高雄時代から深い信仰を寄せていた「仏眼仏母像(ぶつげんぶつもぞう)」（口絵2）の前で右耳を切る（「仏眼仏母像」に関しては本書谷口論文参照）。その夜の夢には、明恵の行ないを記録したという梵僧が現われるとともに、金色の獅子に乗った文殊菩薩が顕現したという。高山寺には明恵感得と伝わる「文殊菩薩像」が伝来する（図10）。

紀州の地では聖教も満足になかったためか、建久九年、文覚より高雄に還住するよう要請されると、紀州を後にする。その際、明恵に対し文覚は、栂尾の地で思うままに閑居すべきこと、運慶の釈迦如来像、唐本の十六羅漢像を与えることなどを約束する。ただ同じ年の秋、高雄に騒動が起こったとのことで再び白上に戻り、さらに奥の筏立(いかだち)に移る。

釈迦追慕と天竺憧憬

高雄に一時還住した時期を挟む建久の末年頃、明恵は湯浅湾にある鷹島、苅藻(かるも)島に渡り(図11)、修行することがあった。ここでは、釈迦の画像を掛けて祈りを捧げ、西方の島をインドに見立て、礼拝をしていたという。明恵周辺では後に、独自の構成を持つ涅槃図(ねはんず)も作られた(口絵3。明恵の釈迦信仰に関しては本書森實論文参照)。

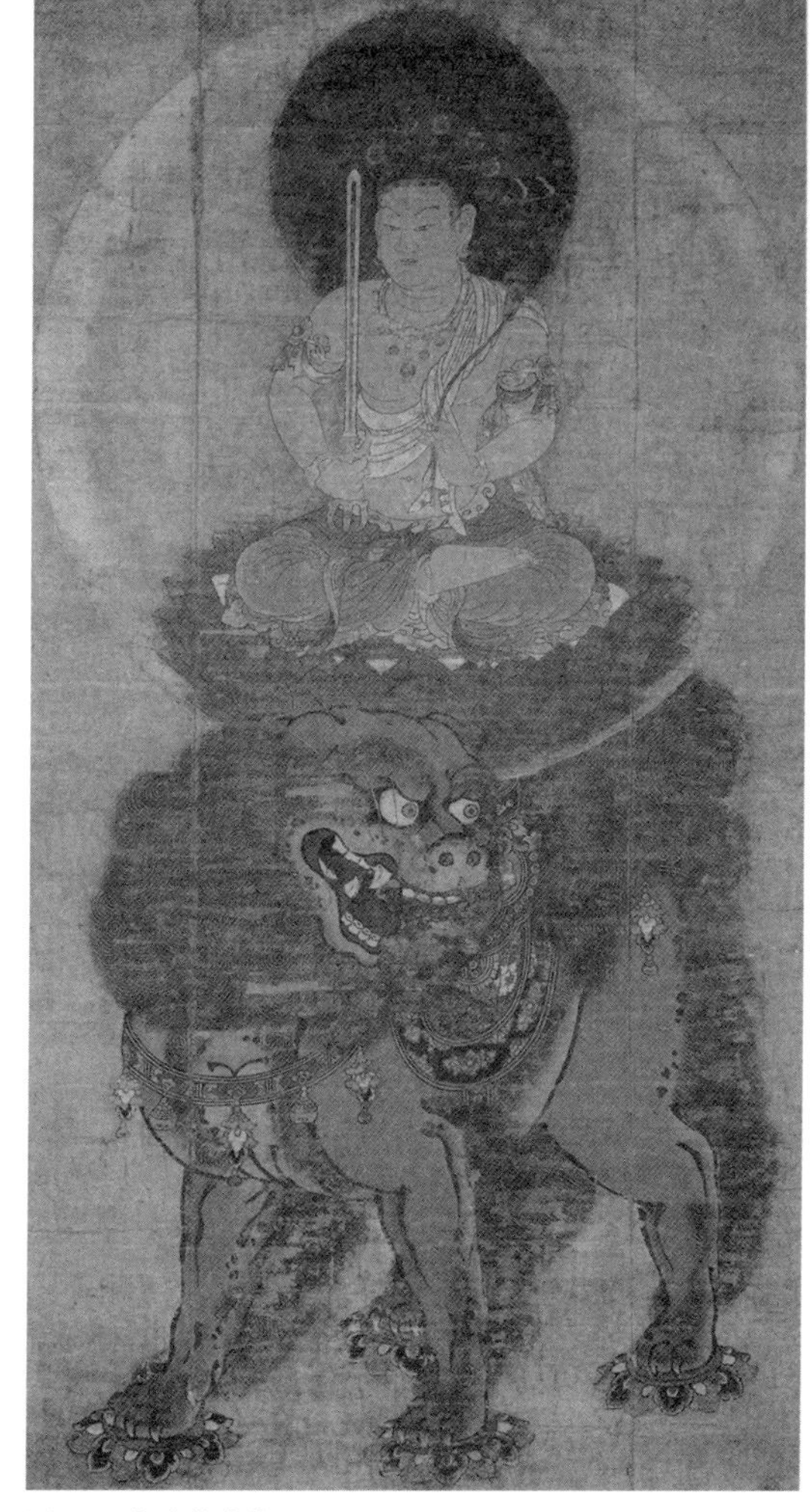

図10　文殊菩薩像　高山寺所蔵

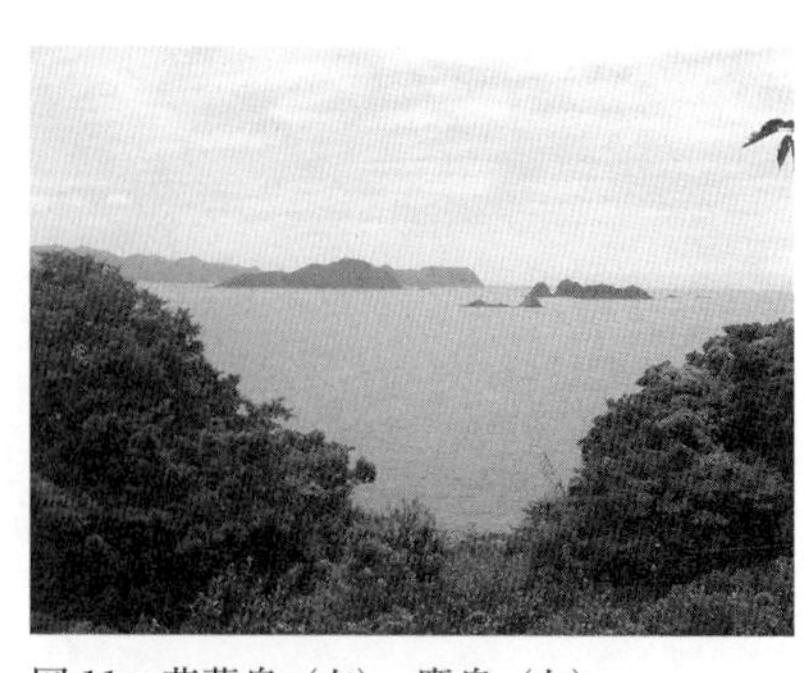

図11　苅藻島（右），鷹島（左）

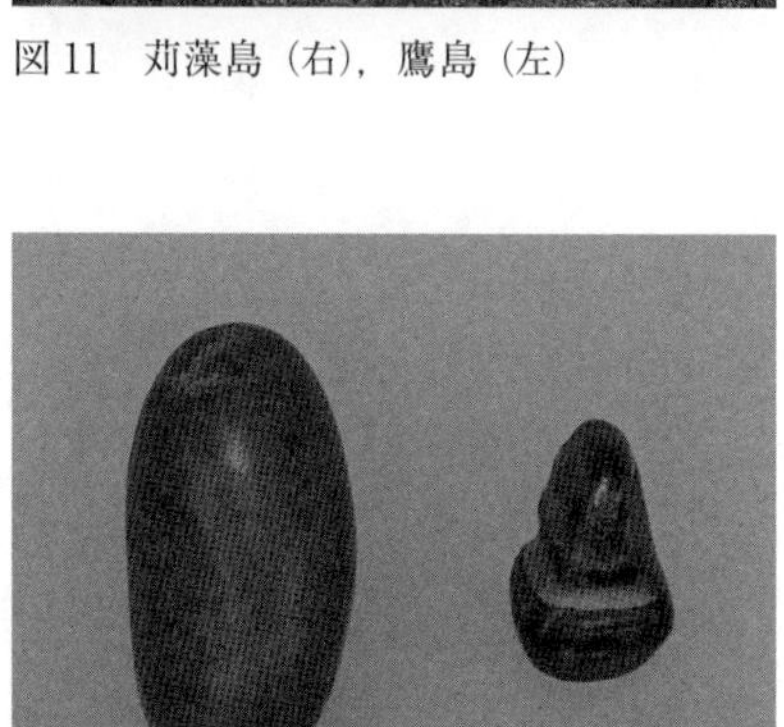

図12　蘇婆石（右），鷹島石（左）
高山寺所蔵

そしてこの海辺で明恵は二つの石を拾い、終生持ち続けることになる（図12）。「遺跡を洗へる水も入海の石と思へばなつかしき哉」との和歌からうかがえるのは、釈迦のいた天竺（インド）の遺跡蘇婆河から流れ出た水もこの岸部を洗っている、ゆえにこの石も釈迦の形見であるという想いである。明恵は晩年「我なくて後に愛するひとなくば飛びてかへれね高嶋の石」の歌を詠むが、この石には今もなお、明恵自筆と思われるこの歌の一部が記されている。

釈迦に生き遅れたとの思いは、釈迦の遺跡のある天竺への強烈な憧憬となり、ついに明恵をして唐、天竺への渡航を思い立たせるに至る。玄奘の『大唐西域記』に基づき、唐の長安から天竺までの距離、日程を記した自筆の「大唐天竺里程書」（本書森實論文図1）が残されており、明恵の切実な想いを今に伝える。そして明恵は二度にわたり天竺渡航を試みるが、結果的にいずれも断念するにいたっている。

建仁三年（一二〇三）、一度目の渡航計画時は、春日明神が湯浅宗光の妻、橘氏女に降臨して託宣し、渡航を止めた。その後春日社に参詣した際に鹿が膝を屈したという話や、笠置山の貞慶を訪れ、舎利を分けられたといった話は、「春日権現験記絵」巻十七、十八の二巻にわたり描かれているところである。

その後紀州に戻った明恵は、絵師俊賀に春日・住吉両明神の画像を描かせ、開眼供養を行なっている。この

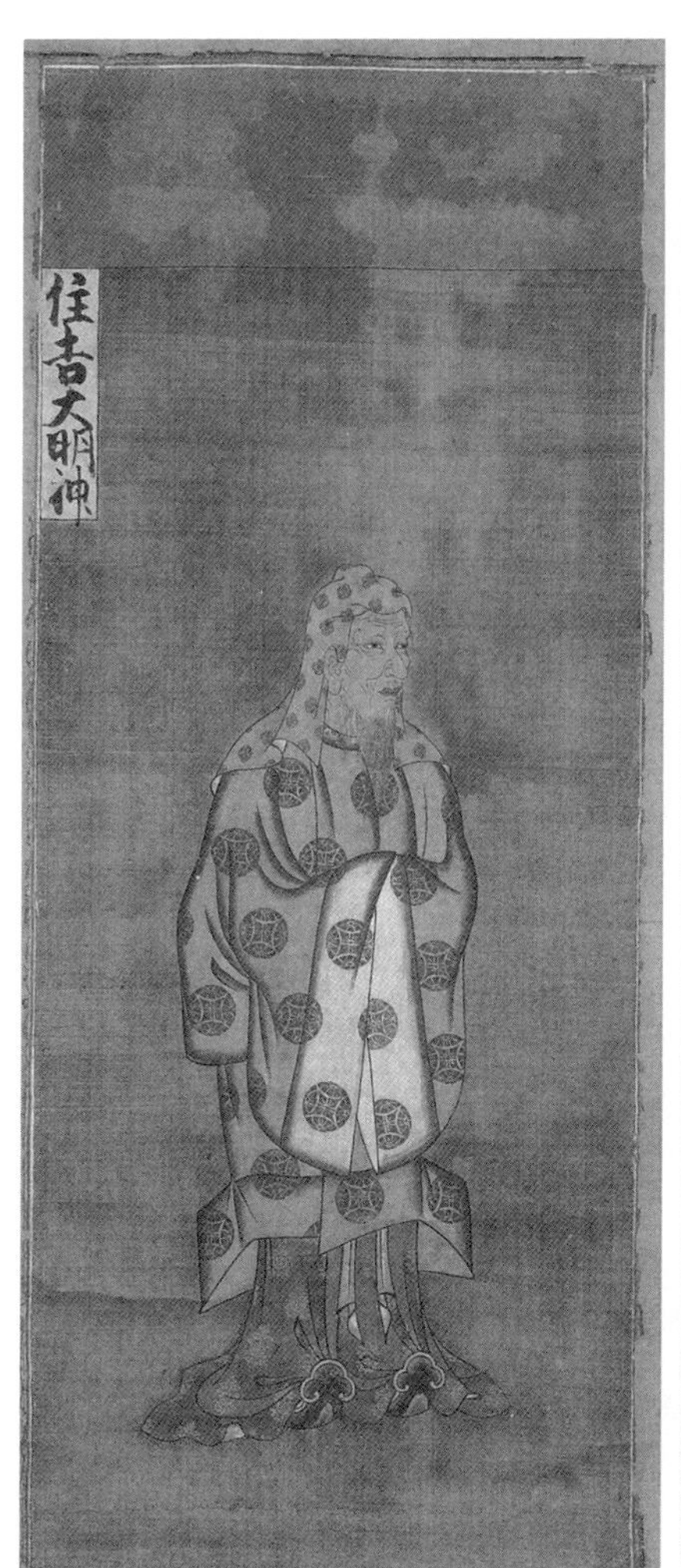

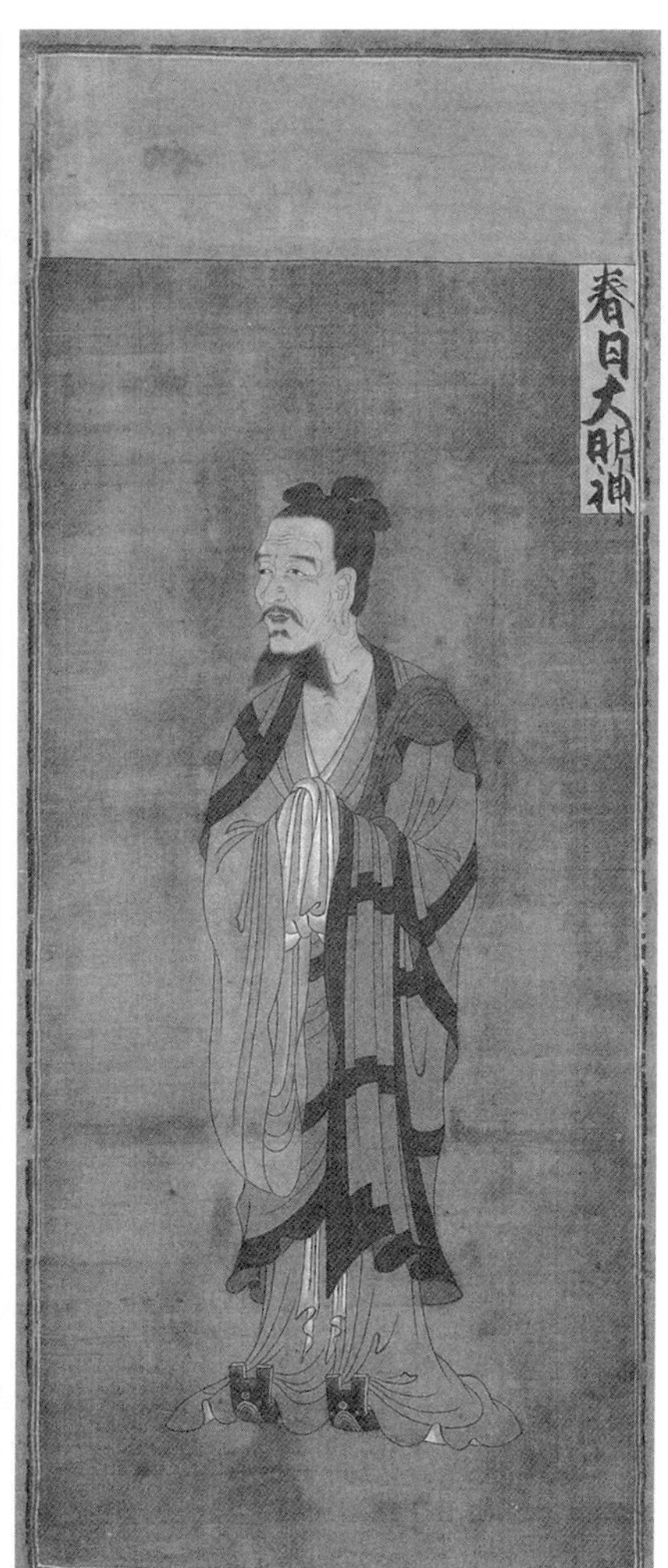

図13　春日大明神像（右），住吉大明神像（左）　高山寺所蔵

画像は春日明神から直接教えられた形像をもとに描かれたもので、先に述べた高山寺石水院の両明神像はこの時の画像に基づく（図13）。なお、画像を写した俊賀は、建仁元年、明恵の指示で「華厳五十五善知識」を描いており、『華厳経』入法界品に基づくこの画像は「華厳海会（かいえ）善知識曼荼羅」として明恵の周辺で多く流布することになる（図14）。

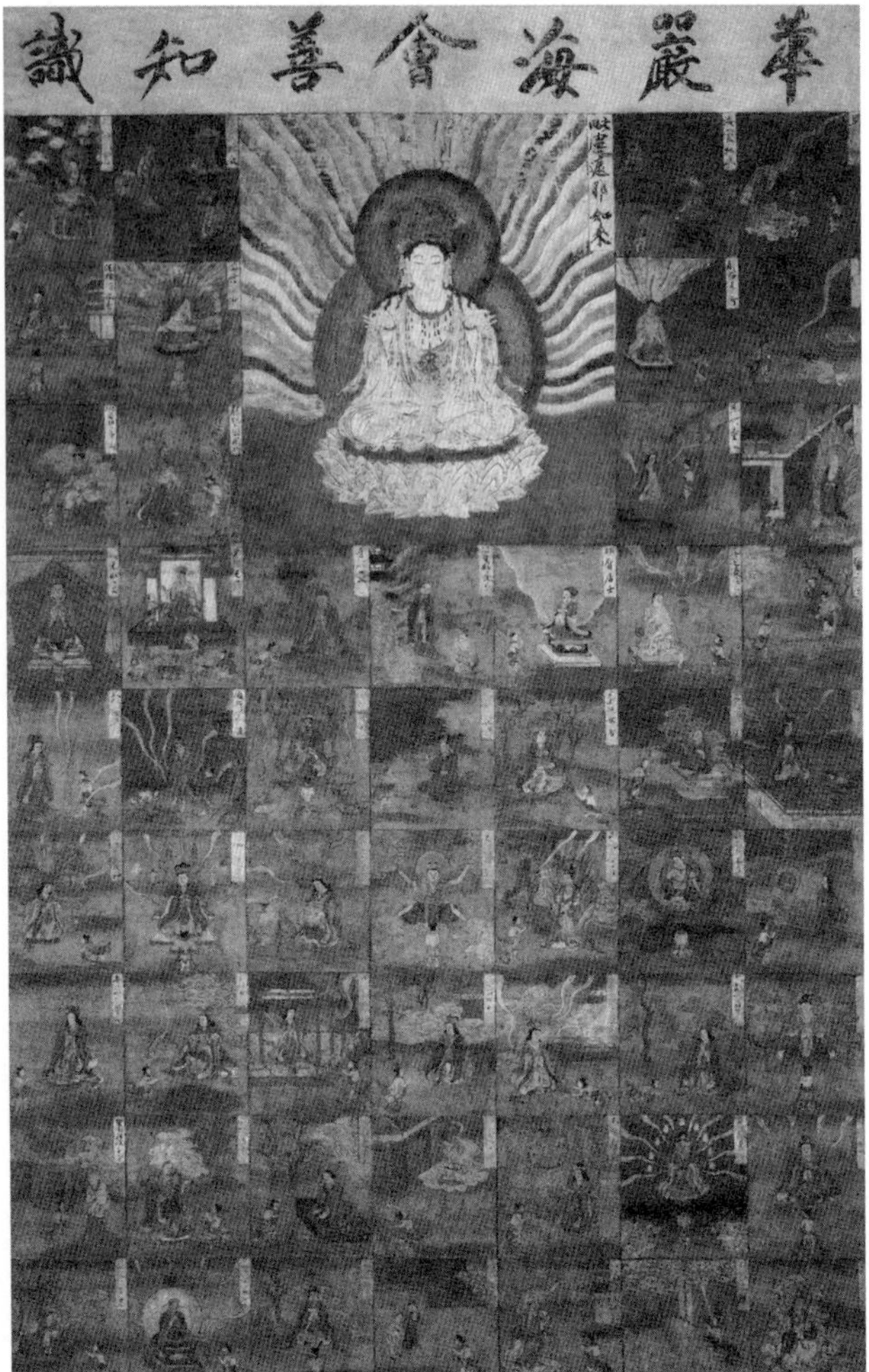

図14　華厳海会善知識曼荼羅　奈良・東大寺所蔵

二度目の元久二年（一二〇五）の際は、渡航直前に体調不良が続いたため、釈迦、華厳五十五善知識、春日明神の前で籤を引くこととなった。その結果はいずれも渡航を止めるもので、結局天竺行を思いとどまることになった。

明恵のこうした天竺憧憬を想起させる品が高山寺に伝来する。明恵が護持したと伝えられる「龍子（タツノオトシゴ）」である。入手の経路などは不明ながら、紀州を通じて終生海と関わりの深かった明恵の遙か異国への思いが偲ばれる品と言えるだろう。

三　明恵の後半生―高山寺を得てから入滅まで―

高山寺を得る

明恵の前半生は高雄と紀州を往還し、長く一所にとどまる生活ではなかった。特に紀州においては転々と居を移している。そこには明恵の目標とする隠遁、遁世の生活と、豊富な聖教に基づいての修学や後進への講義という二つのベクトルが時に相反した結果であったろう。これが臨界点を超えた結果が天竺渡航計画であった。その後も明恵は賀茂などに拠点を移すこと度々であったが、先にも述べた明恵三十四歳の時、建永元年（一二〇六）、後鳥羽院の院宣により高山寺寺地を賜わると、ここが明恵の重要な拠点としての位置を占めるようになる。

承元元年（一二〇七）には東大寺尊勝院学頭として華厳宗を興隆すべきとの院宣を受け、数年の間、伝法のため春秋を東大寺に下向することになった。青年期のような信仰に純粋性を求める頑なさが明恵の中で次第に解消していった様を読み取ることができるだろう。承元四年頃には、出家以降名乗っていた「成弁」を「高弁（こうべん）」と改めた。

建暦元年（一二一一）には同行とともに『華厳経（八十華厳）』書写を発願し、霊典（れいてん）らの高弟が分担書写した。

なかには成忍の名も見え、この人物こそ、高山寺背面の楞伽山で瞑想坐禅する明恵の姿を描いた国宝「明恵上人像（樹上坐禅像）」の筆者として永らく伝えられた人物である（口絵1。「樹上坐禅像」に関しては本書大原論文参照）。なお成忍は、承久三年（一二二一）、比丘尼十忍房の発願による『華厳経（四十華厳）』も書写しており、明恵とは相当近い位置にあったとみられる。

教学の深化

三十代後半から四十代にかけて、明恵は教学の研究を深め、多くの著作を記していく。建暦二年には法然の『選択本願念仏集』を批判した『摧邪輪』を、翌年には『摧邪輪荘厳記』を記す。建保三年（一二一五）には『四座講式』『十無尽院舎利講式』を著わして涅槃会の形式を整えた。釈迦信仰に基づく、明恵、そしてそれを継承した高山寺の舎利信仰を今に伝えるのが「輪宝羯磨蒔絵舎利厨子」である（口絵5。この舎利厨子に関しては本書伊藤論文参照）。

建保六年には一時期賀茂に、承久二年（一二二〇）には槇尾に、さらに翌三年（一二二一）には再び賀茂に移る。二度目の賀茂移住の際には、高山寺本堂の快慶作釈迦如来像と弥勒菩薩像も移座しているが、貞応元年（一二二二）暮れには栂尾に還住している。この間、建保三年（一二一五）に『三時三宝礼釈』、承久元年（一二一九）に『入解脱門義』、同三年に『華厳信種義』、貞応元年に『光明真言句義釈』、『華厳仏光三昧観秘宝蔵』といった、明恵を代表する著作が記された。

善妙寺の建立

承久三年（一二二一）、承久の乱により後鳥羽院が隠岐へ配流されるとともに、院方についた公家や武家の多くが処分を受ける。なかでも処刑された中御門宗行の妻（出家して戒光と名乗る）をはじめとして、夫を失った女性たちが明恵を頼った。こうした女性たちに対し、西園寺公経が高山寺と洛中との中間点にあたる平岡の地に古堂を移してできたのが善妙寺である。

貞応二年（一二二三）、神護寺を管領していた師の上覚は明恵に対し善妙寺を高山寺に附する旨の契状をしたためた。同年にはもとは地蔵十輪院に安置されていた運慶作の丈六釈迦如来像と四天王像が公経の沙汰で高山寺金堂に移され、これに伴いもともと金堂にあった快慶作の釈迦如来像は善妙寺本尊として移すことになった。

善妙寺の名は、新羅国の華厳宗の祖、義湘を支えた善妙という女性に由来する。この二人の物語を描いたのが国宝「華厳宗祖師絵伝」義湘絵であり、同じく新羅の華厳僧元暁の物語を描く元暁絵とともに、明恵周辺で制作され、今に伝わる（口絵6・7。この絵巻に関しては本書井並論文参照）。そしてこの善妙は、インド・ヒマラヤの雪山を神格化した白光神、春日明神とともに高山寺の鎮守として祀られた（当初鎮守はこの三神で、後に住吉明神が遷座された）。高山寺には、小ぶりながら美しい彩色と装飾で名高い善妙神像、白光神像が今に伝わる（口絵4および本書淺湫論文図1）。元仁元年（一二二四）には唐本十六羅漢像と成忍筆の阿難尊者像が善妙寺本堂で開眼供養され、鎮守拝殿には湛慶作の善妙神像、獅子・狛犬も安置されるに至った。

明恵没後の貞永元年（一二三二）、善妙寺に集った女性たちは師の追善のため『華厳経（善妙寺尼経）』を書写している。明恵を慕う女性たちの想いが今に伝わる品である。

密教僧としての明恵

安貞二年（一二二八）、明恵は『光明真言土沙勧信記』『光明真言土沙勧信記別記』を記す。明恵は元暁の『遊心安楽道』の所説に拠ってこの加持土沙の存在を知ったとされ、この土沙は後世のみならず、現世における除病、富貴、敬愛、美貌を得るといった直接的な利益を発揮するとされていた。後にこの土沙の功徳を描く「光明真言功徳絵」が作られ、一時期高山寺にも収蔵されていた。

明恵はたびたび「温病加持」、すなわち病をいやす修法を行なっているが、その一つの到達点がこの光明真言土沙であったと言える。こうした点から改めてうかがわれるのが、明恵の密教僧＝祈禱僧としての側面である。明恵の帰依者の中には、近衛基通、兼経、九条兼実、道家、西園寺公経、督三位局といった京中の高位の男女が多く含まれている。彼らが期待したのは、明恵の高潔な精神性はもとより、平安以来の「密教僧」的性格を引き継ぐ現世利益的な力であったとも言える。

「真言師」にはなりたくないと語った明恵だったが、こうした行動を現実社会との折り合いの中での妥協と捉えるのは早計である。救済を切に求め願う人びとには手をさしのべる。明恵の真の宗教者としての側面をここに読み取るべきだろう。

明恵を慕ったのは老若男女貴賤を問わないものだったが、その救済の対象は人間のみならず畜類にも及んだ。『明恵上人行状』には、手桶に落ちた蜂、庵の後ろの竹藪で鷹にさいなまれる小鳥、蛇に食べられそうな雀を、その場にいないにもかかわらず弟子に助けさせたといった話が載せられている。この他、建保元年（一二一三）、紀州湯浅の鷹島に渡った折、明恵は海中に住む「魚鼈鯨鯢螺鱗」のために陀羅尼を誦し、畜生道からの救済を祈った。明恵の慈しみの心を垣間見るエピソードである。

入滅前後—明恵教学の到達点—

『明恵上人行状』などには、明恵入滅時の様子が詳細に記されている。

寛喜三年（一二三一）十月十日、病状の悪化した明恵は、弥勒像の前で宝号を唱え、自らの臨終の模擬的な様子を弟子たちに示し、説戒した。

翌寛喜四年（一二三二）正月十日、死期を悟った明恵は先に示した臨終行儀に則り、手を洗い、浄衣を着て、袈裟を懸けて結跏趺坐する。その間、「弥勒ノ帳ノ前ニ安置スルトコロノ土砂」が忽ちに紺青に変じ、光明が室内を照らした。十二日、多くの同行が昼夜不断に「文殊ノ五字真言」を誦し、明恵自身も端坐し、行法坐禅称名おこたることがなかった。十五日には威儀をととのえ、「弥勒ニ対シ奉テ坐禅」し、傍らの人びとが宝号を唱え真言を誦していると、「弥勒ノ像、動揺シテ空中ニ浮」かぶなどの奇瑞があった。十六日には「不動尊」が現じ、釈迦入滅の故事に倣って「右脇臥ノ儀」で臨終に臨もうと、弥勒像の安置場所を変えた。さらに、「毗盧舎那、文殊、普賢、観音、弥勒」から成る「五聖ノ曼荼羅」を禅堂院学問所の東壁に安置し、南を枕に東を向き、右脇臥することになった。十九日、「毗盧遮那五聖ノ曼荼羅」に対して、光明真言と「南無弥勒井（菩薩）」を唱える五字陀羅尼の布字観があり、さまざまな説戒があった。その後定印（じょういん）を結び坐禅していたが、最後に臨んで右脇臥し、「我戒ヲ護ル中ヨリ来ル」の言葉を残し入滅。間もなく禅堂院の後ろに葬られた。

これら明恵入滅時に登場する尊像の数々は、残された美術作品からその様相を復元的にうかがうことができる。明恵は臨終に際して弥勒菩薩を本尊としたが、寺伝では弥勒菩薩を表わしたとされる「菩薩像（伝弥勒菩薩像）」（図15）が高山寺に伝わる。臨終の本尊は木像であったと考えられるが、「阿字螺鈿（らでん）蒔絵月輪形厨子（鏡弥勒像）」（口絵10）は、明恵が直接制作には関与していないとされるものの、定印を結ぶ弥勒は明恵の発想と考えられ、臨終の場に安置されたのはこうした定印の弥勒菩薩坐像であったとみられる。

毘盧遮那、文殊、普賢、観音、弥勒を描いた「五聖ノ曼荼羅」は「五聖曼荼羅」（図16）として今に伝わる。『高山寺縁起』に拠れば、ここに描かれる五尊と同じ構成の木像が高山寺三重宝塔に安置されていた。これらの中尊である毘盧遮那如来は『華厳経』の教主であり、毘盧遮那を中心に『華厳経』の世界を描いたのが「華厳海会諸聖衆曼荼羅」（図17）である。『高山寺縁起』には、この五尊を安置する三重宝塔の四柱には「華厳海会聖衆曼荼羅」が、さらにこの塔の後壁正面には「五秘密像」（図18）、その裏面に「華厳海会善知識曼荼羅」が描かれていたと記される。

また、禅堂院西面の持仏堂、東側の壁には中央には「五秘密像」、南側の壁には「華厳海会諸聖衆曼荼羅」が、北側の壁には「華厳海会善知識曼荼羅」が掛けられていたという。「華厳海会聖衆曼荼羅」と「華厳海会善知識

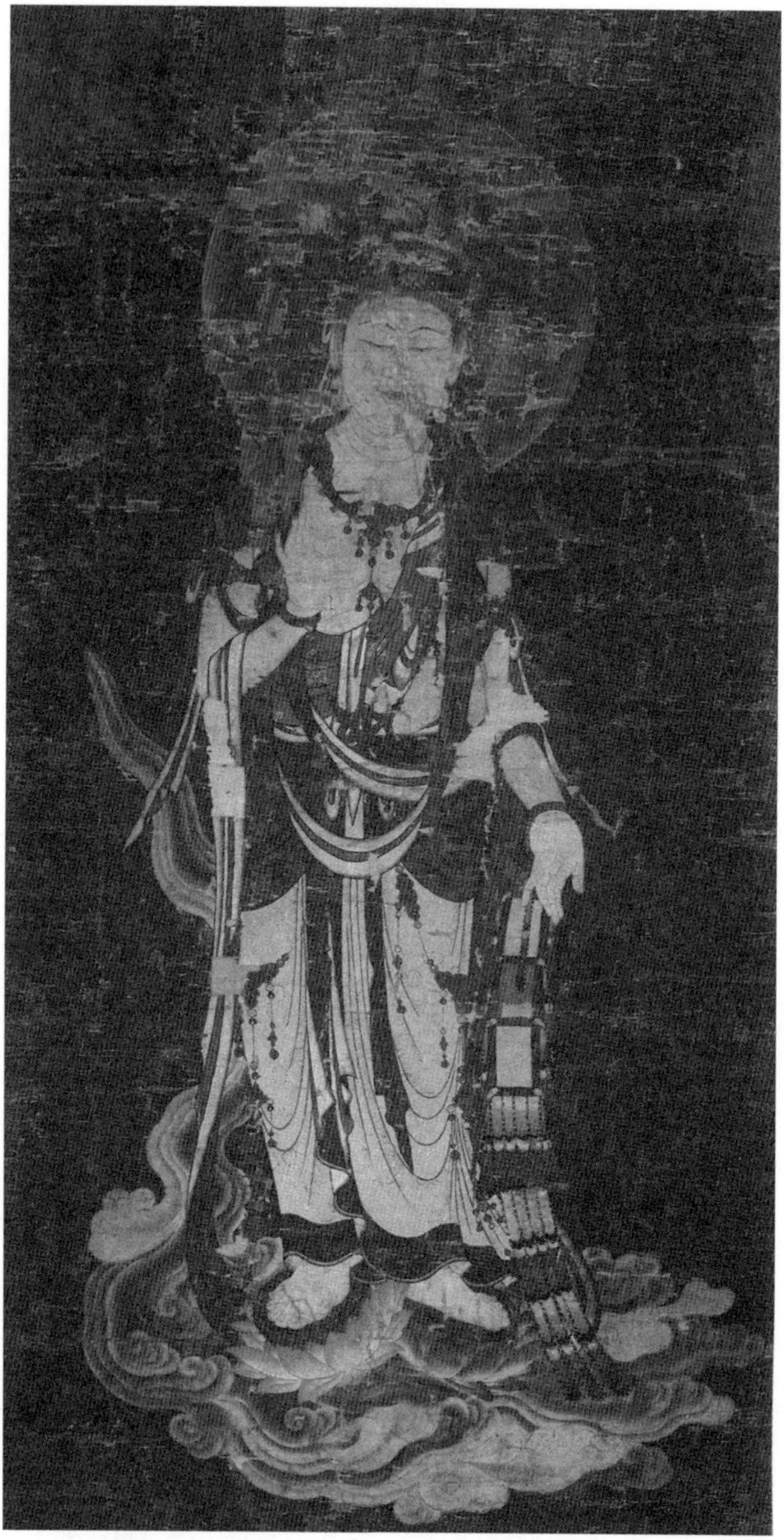

図15　菩薩像（伝弥勒菩薩像）　高山寺所蔵

曼荼羅」、「五聖曼荼羅」と「五秘密像」がそれぞれ対となって明恵の華厳経世界を構築していたことがうかがわれる。加えて、これらに描かれる毘盧遮那の脇侍の特異な組み合わせを考えると、明恵の中では毘盧遮那と大日、釈迦、そして阿弥陀の四尊同体説があったことも推察される。

明恵が最後に残した「我戒ヲ護ル中ヨリ来ル」の言葉は、弥勒菩薩が善財童子に告げた言葉をもとにしたものだと『明恵上人行状』に注記されている。『華厳経』入法界品に説かれる、善財童子の善知識歴参を描く「華厳海会善知識曼荼羅」を明恵は生涯護持し、その普及に努めた。明恵最後の言葉が、この善財童子説話に関わるも

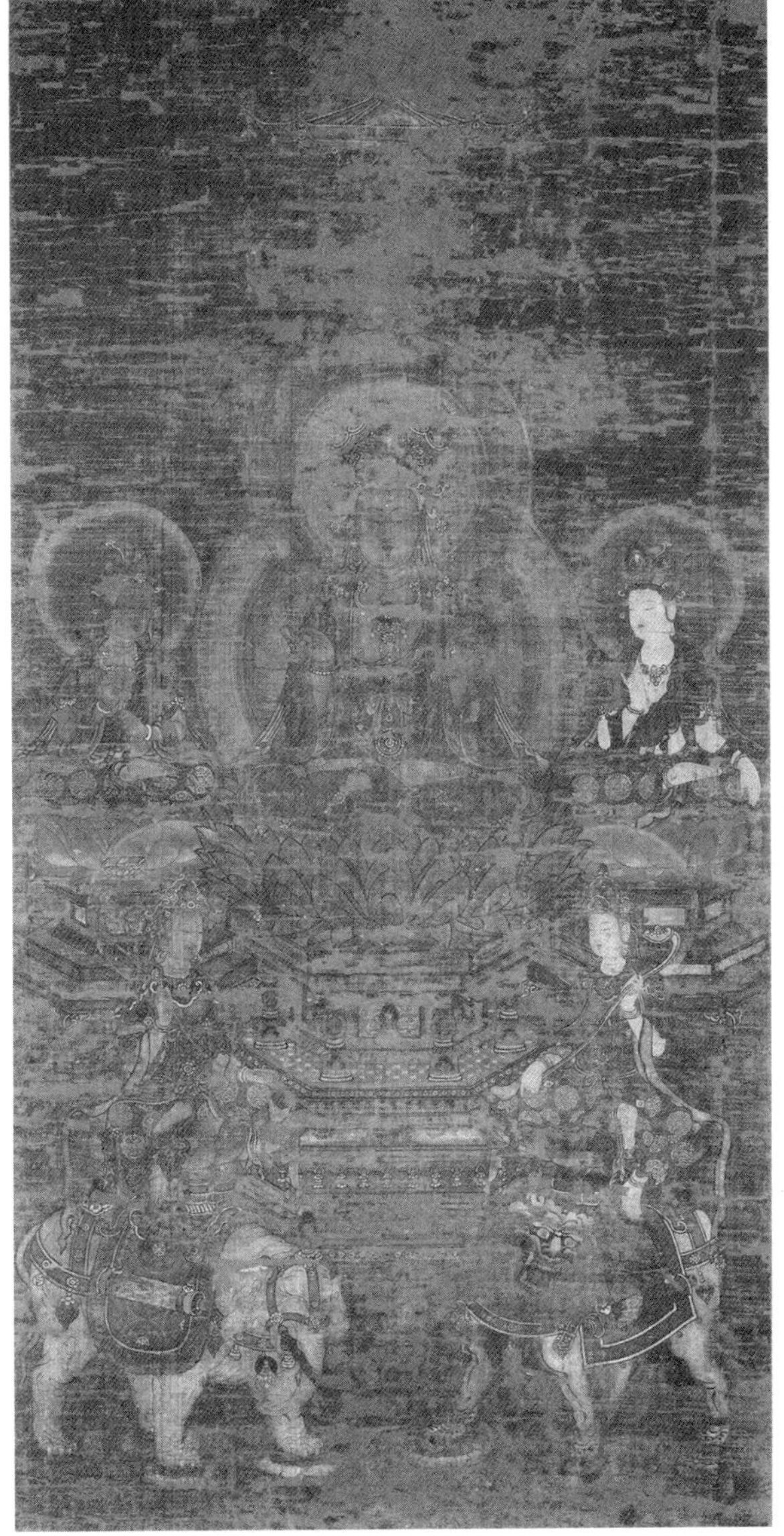
図16　五聖曼荼羅　高山寺所蔵

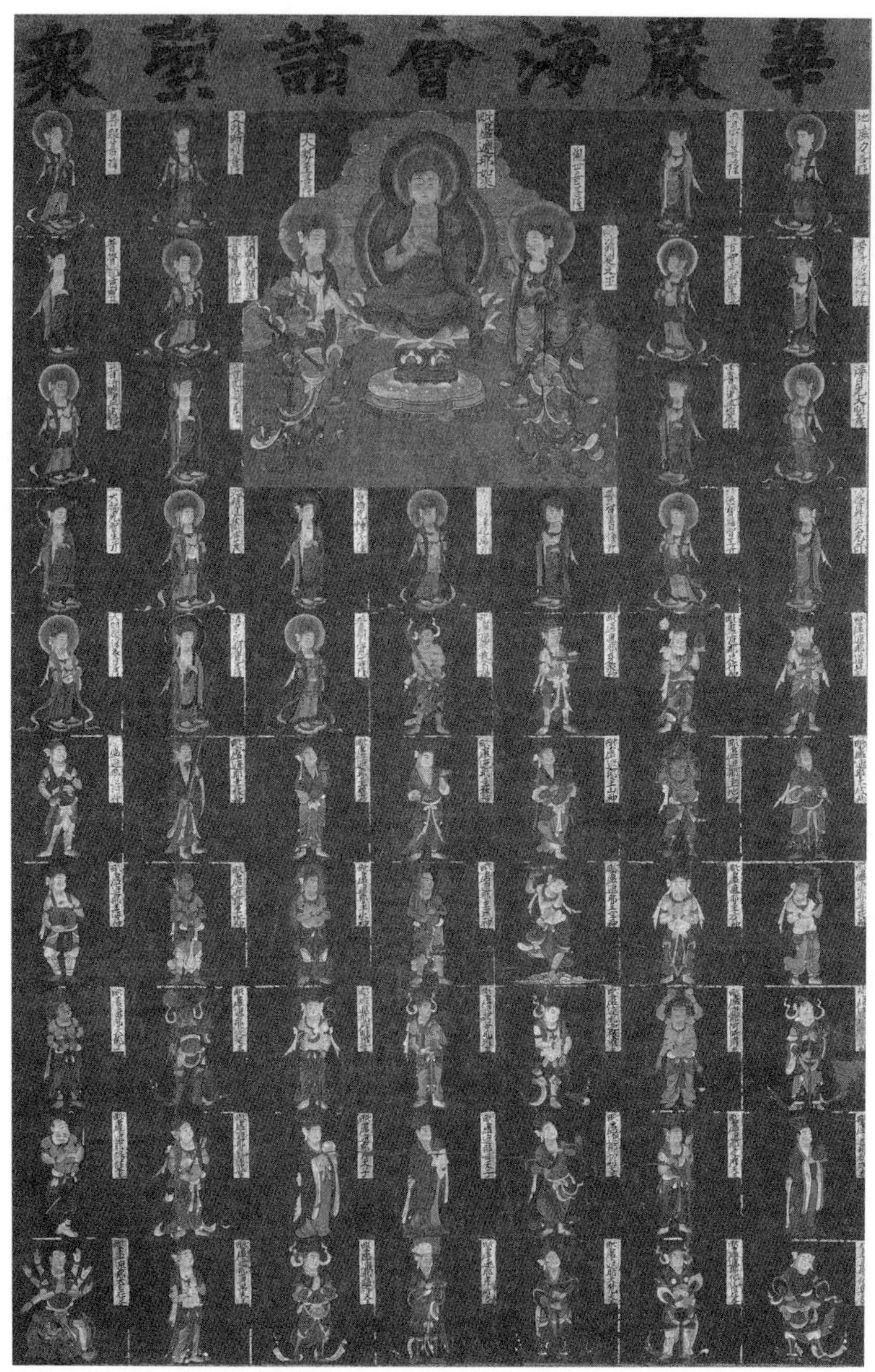

図 17　華厳海会諸聖衆曼荼羅図　高山寺所蔵

のであり、さらにそれが他ならぬ弥勒菩薩から善財童子に告げられた言葉だということはなんとも象徴的である。清らかな心で仏法に接する善財童子に、自らの姿を重ねていたのかもしれない。

高山寺の美術と明恵の信仰世界

明恵の宗教者としてのスタートは神護寺の真言に始まり、東大寺の華厳を軸としたことから、その思想は両者を融合した「厳密」としてとらえられることがある。だが、明恵の複雑な仏法観は一寺院、一宗派の枠にとどまるものではなかった。春日、住吉、白光、善妙というきわめて個性的な仏法外護者の概念、それまでの宗教者があまり注目することのなかった仏菩薩の選択や組み合わせなど、明恵の信仰のあり方は多面的でかつ斬新である。

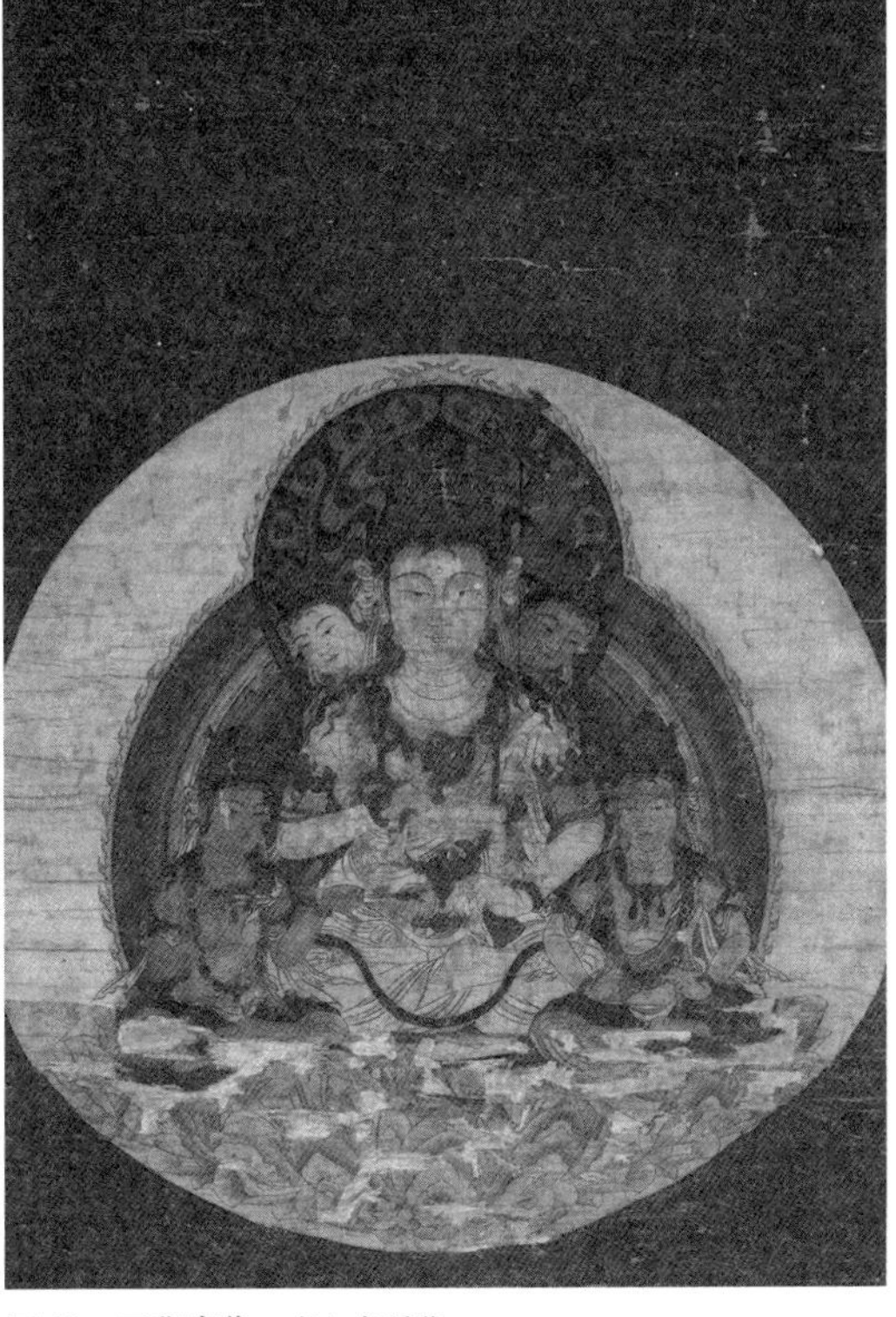
図18　五秘密像　高山寺所蔵

生涯にわたり、仏法に真正面から対峙し、その真理を探ろうとした明恵の内なる信仰世界。すでに涅槃をむかえた釈迦からは直接教えを請うことができないと明恵が嘆いたように、今に生きる私たちもすでにこの世にない明恵の内面を直に尋ねることはできない。だが、高山寺に残された個性豊かな美術作品の背景には、明恵の複雑な信仰世界が横たわっている。こうした美術作品の検討は、文字で記された著作類では表わしきれない、明恵の多様な信仰のあり方に迫ることを意味しているのである。

四　明恵没後の高山寺

『明恵上人置文』と伝記、目録、縁起類の編纂

寛喜四年（一二三二）正月十一日、明恵は死に臨んで自らのこれまでの人生を回顧し、今後の高山寺のありようについて弟子たちに示した。『明恵上人置文（おきぶみ）』と呼ばれる、いわば遺言状のようなものである。そこには寺内の行事や日常の細々とした注意事項などが記され、明恵の人柄が偲ばれる。高山寺の経営に関しては、寺主に定真（じょうしん）（東房方便智院）、学頭に喜海（きかい）（閼伽井坊十無尽院）、知事に霊典（東谷池坊覚薗院）、説戒に信慶（尾崎坊三尊院）と性実（田中坊善財院）を指名した。

明恵の死後、その生涯や教えをまとめる動きも活発化する。明恵の没した翌年の天福元年（一二三三）、弟子の喜海により山内の明恵ゆかりの遺跡に板塔婆が立てられる。この板塔婆は朽損のため、明恵九十年忌の元亨二年（一三二二）、明雲尼により石塔婆に立て替えられた。

同じく喜海がまとめた仮名書きの『明恵上人行状（仮名行状）』は、隆澄（りゅうちょう）が漢文体になおし、さらに高信が補訂を加え、建長七年（一二五五）に『明恵上人行状（漢文行状）』として完成し、後嵯峨院に進覧された。明恵伝の基本的史料である。

これと系統を異にする『栂尾明恵上人伝記』は説話的要素がより増補され、鎌倉時代末には成立していたとみ

られる。寛文五年（一六六五）に開版され、以降の明恵イメージの形成に大きな役割を果たした。承久の乱の際の鎌倉方総大将で、後に明恵に深く師事した執権北条泰時関係説話もこの『伝記』で大幅に増補されている。潤色が加えられているとは言え、明恵支持層は都の貴族階級のみならず、武家をはじめとする当時の社会に広く及ぶものであったことを示している。

『栂尾明恵上人伝記』には、暦仁元年（一二三八）、高信の跋がある『明恵上人遺訓』が付けられている。明恵の言行を抄出したこのテキストの冒頭が、明恵の言葉として有名な「阿留辺畿夜宇和」である。僧は僧の、俗は俗の、帝王は帝王の、臣下は臣下のあるべき様をたもつべきであるという言葉は、現代にも受け継がれる明恵からのメッセージだろう。明恵の言行は嘉禎元年（一二三五）から長円によって編まれた『却廃忘記』にもまとめられている。宝治二年（一二四八）には、高信が明恵の和歌をまとめた『明恵上人歌集』も編纂された。

こうした明恵顕彰と合わせ、高山寺そのものも「明恵の寺」から公的な寺院としての整備が進められていく。建長二年（一二五〇）頃、霊典により山内に所蔵される典籍類をまとめた『高山寺聖教目録』のほか、『法鼓臺聖教目録』『高山寺経蔵内真言書目録』などが編纂された。これらの目録に記された箱番号や通し番号は今でも照合可能なものが多数ある。この目録の精度の高さ、そして鎌倉以降の高山寺がいかに多くの聖教類を守り伝えてきたのかが改めて知られる。

建長五年（一二五三）には、高信によって『高山寺縁起』が編まれ、後嵯峨院に進覧される。高山寺の草創などを詳しく記すというよりは、現状の山内堂舎、および関連寺院の由来、安置仏、行事等を記すもので、古代的な資財帳のような性格を有する。おそらく、高山寺の成り立ちや関連寺院の歴史的な記述は明恵の伝記によって補うという意識があったためだろう。この『高山寺縁起』には、建長五年段階の高山寺内の美術に関する記事が豊富に記されている。主なものを表（三十三頁）にまとめた。

南北朝・室町時代の高山寺

元応二年（一三二〇）花園院、後伏見院が高山寺に御幸した。明恵が感得し、石水院に奉安された春日・住吉明神像を拝する「栂尾開帳」のためである。以後たびたび、都の貴顕をはじめ興福寺一条院、大乗院の院主が参詣に訪れた。高山寺は春日社の奥の院と呼ばれるようになり、一時期この両明神の画像は興福寺に移されることもあった。応仁の乱以後一時断絶するが、江戸時代に再興され、開帳時には多くの参拝者で賑わっていたことが知られる。

南北朝・室町時代の高山寺の実態についてはいまだ不明な点が多い。京都側の記録では、後崇光院貞成親王の『看聞日記』永享五年（一四三三）六月十六日条に「義湘大師絵四局、青丘大師絵二巻」、すなわち「華厳宗祖師絵伝」を借覧したなど、わずかな記録が残るばかりである。

応仁の乱（一四六七～七八）では、西軍の山名方が高山寺を占拠したため、これを東軍細川方が攻撃し、山内は灰燼に帰したという。この時焼け残ったのは石水院、御廟、経蔵、大門、いくつかの住房程度であったとみられている。「華厳宗祖師絵伝」の焼失痕や「鳥獣戯画」の水損痕は、おそらくこの際の被害によるものと思われる。この他、明恵以来の貴重な寺宝の多くも焼失してしまったことだろう。

その後山内は荒廃に任せた状態が続いており、さらに塔頭の相続、領有などをめぐって訴訟が起こっていた。永正十六年（一五一九）の『東経蔵本尊御道具以下請取注文之事』は、こうした混乱期の高山寺にあって、寺宝の管理を誰が担っていたのかを知る貴重な史料だが、その背景には、高山寺に進出した仁和寺僧との対立があったとみられる。『仁和寺諸院家記』の「仁和寺別院」の項には、高山寺内の塔頭を列記し、「金剛定院　道深親王御庵室也」、「禅河院　法守親王御庵室也」、「観海院　開田准后法助御住房也」と、歴代の御室が高山寺に住房を持ち、そこに住していたことが知られる。仁和寺側からは、高山寺は別所の一つとして認知されていたようだ。

こうした高山寺と仁和寺の関係は、たとえば高山寺善財院本を写した明恵撰述の『摧邪輪』が現在仁和寺に所蔵されるなど、文化財の交流レベルからも垣間見られる。おそらくはその逆もまた然りで、現在高山寺に所蔵される文化財の中にも、仁和寺由来のものが含まれている可能性が高い。その筆頭こそが、高山寺の寺宝としては最も著名とも言える「鳥獣戯画」だったと考えられる（「鳥獣戯画」に関しては本書土屋論文参照）。

江戸時代の高山寺

荒廃した高山寺の復興がなされたのは江戸時代の初め、寛永年間だった。高山寺では秀融上人、永弁上人等が復興に尽力したが、これを強力に推し進めたのが仁和寺覚深法親王（後南御室）と顕証である。

覚深法親王は後陽成天皇の第一皇子で、仁和寺とともに高山寺の復興にも力を注いだ。この時、御室御所であった双ヶ岡の仁和寺真光院を高山寺に移築したのが現在の高山寺金堂である。寛永四年（一六二七）の「仁和寺宮覚深法親王令旨案」では、高山寺の春日・住吉社の復興を指示し、寛永九年九月からひと月ほどの間高山寺に滞在し、「顕密聖教之離脱」を改めさせるため、「新目録八巻」を記させた。寛永十年には「仁和寺宮覚深法親王高山寺置文」を定め、高山寺収蔵書の点検を指示し、寛永十一年には再び「仁和寺宮覚深法親王高山寺置文」が出され、寺僧の守るべきさまざまな規則が示されている。このように、覚深法親王は、高山寺諸堂の整備、寛永の蔵書点検、栂尾開帳の管理など、高山寺の復興に多大な尽力があった。ちょうどこの頃は、寛永八年の明恵の四百年遠忌を挟む時期であった。

こうした覚深法親王の意を受け、実務を取り仕切ったのが仁和寺の顕証である。寛永の蔵書点検はこの顕証によって実質的に進められたとみられる。仁和寺には『高山寺聖教目録』『高山寺聖教内真言書目録』『法皷臺聖教目録』をはじめ、顕証が高山寺で書写した聖教、典籍類が多く伝来している。

寛永期の復興に続く大きな画期が宝暦十二年（一七六二）、宥深、宥証による大規模な寺宝の修理事業である。宥深、宥証はいずれも仁和寺僧で、「春日・住吉明神像」をはじめ多くの寺宝修理を行ない、高山寺の栂尾開帳関係の整備を進めた。

現在の高山寺寺宝の伝来を考える上で決定的な役割を果たした人物の一人が、幕末の慧友（一七七五〜一八五三）である。僧護とも号した慧友は智積院謙順のもとで出家得度したのち高山寺報恩院、続いて三尊院に移住。山務に補せられ十無尽院主を兼ね、天保二年（一八三一）正月十九日には明恵上人六百年遠忌で華厳三昧を十七日修した。慧友は絵画、彫刻等に加えて石水院などの建造物の修理も行なっている。また、図像を含む聖教、典籍類の修理も広く行ない、高山寺伝来品のかなり広い範囲の修理を行なっている。慧友による幕末の修理により、高山寺伝来文化財の多くが次世代に伝えられたことは間違いなく、その功績は極めて大きい。

高山寺の近代、現代

明治維新を迎え、新政府によって進められた神仏分離政策は、多くの寺院で寺領の縮小、さらには廃仏毀釈運動として展開した。こうした流れはむろん高山寺にも及び、大きな打撃を受けた。

そうしたなか、明治四年（一八七一）、新政府により「古器旧物保存方」が設置され、改めて文化財の保護が意識されるようになり、翌明治五年には、文部省博物局によって「壬申検査」と呼ばれる近代初の文化財調査が行なわれることになった。明治期の文化財行政を担った町田久成、蜷川式胤らが参加し、初めて写真による記録が行なわれた。この調査団は七月二十一日から二十三日の間に高山寺に滞在し、「仏眼仏母像」や「明恵上人像（樹上坐禅像）」など、多くの文化財を調査している（この時撮影された写真の一つが図2である）。おそらくはこの宝物調査により修理の必要性が説かれ、「鳥獣戯画」、および「華厳宗祖師絵伝」はおよそ十年後の明治十四年から十六年にかけて、博物局によって「修繕」が施された。

先述したように、明治十四年には火災により伽藍の大半が焼失し、明治二十二年には石水院を現在地（焼失した三尊院跡地）に移築した。収蔵施設が整わない状況下で、明治二十年には寺宝の多くを東寺宝蔵に移すことになった。明治五年の太政官布告により高山寺は真言宗所轄となり、真言宗長者たる東寺管理下に置くとの措置によるものである。

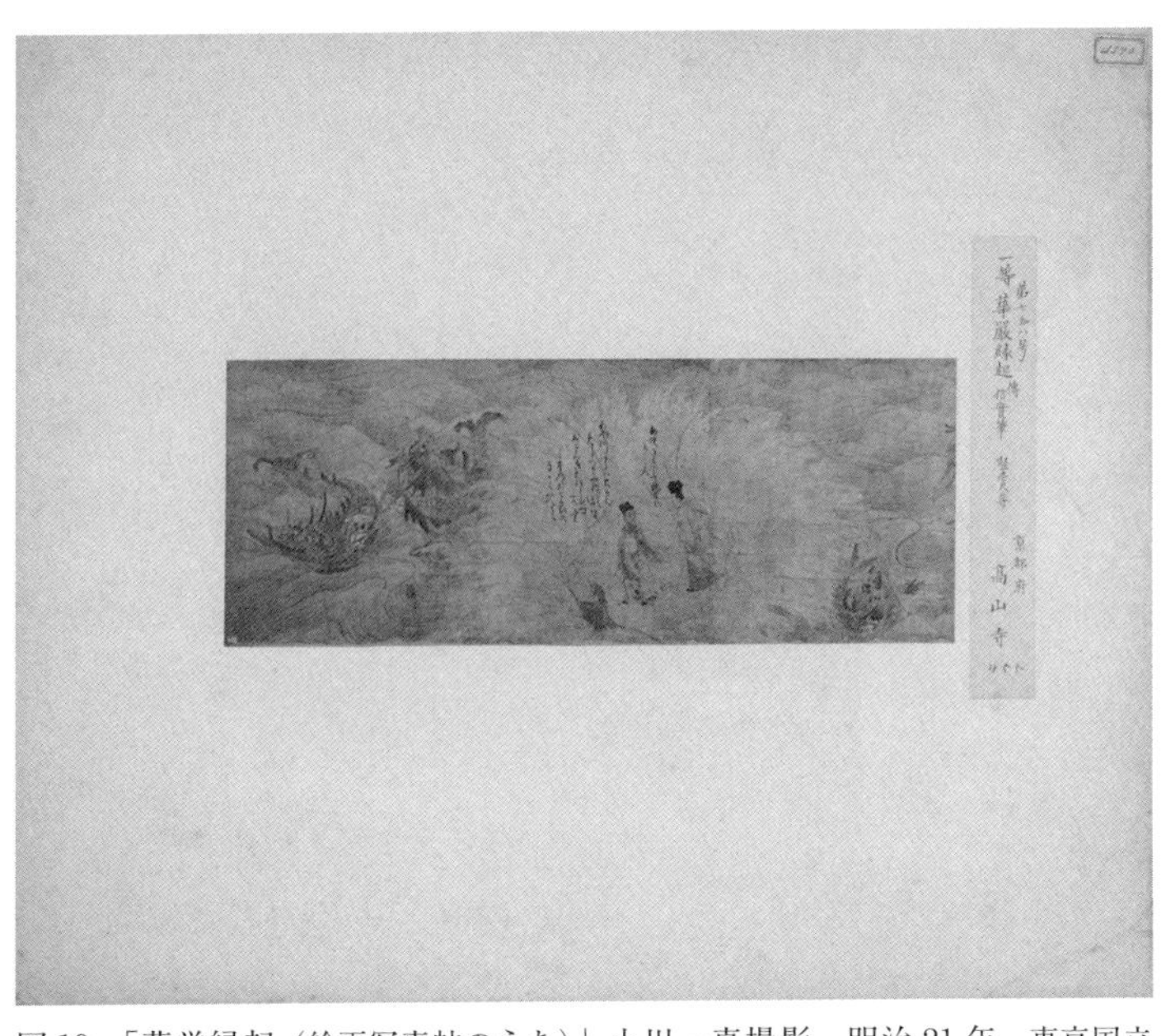

図19　「華厳縁起（絵画写真帖のうち）」小川一真撮影，明治21年　東京国立博物館所蔵

明治二十一年、九鬼隆一（くきりゅういち）、岡倉天心（おかくらてんしん）、フェノロサらによって行なわれた近畿宝物調査の際、高山寺寺宝は東寺宝蔵において調査、および写真撮影がなされた（図19）。この時の宝物調査の際に押された「検」の方印は、高山寺作品に限らず多くの作品でみられるものである。

明治期に高山寺住職を務めた土宜法龍（どぎほうりゅう）は寺宝の散逸を防ぎ、南方熊楠（みなかたくまぐす）と交流を持つなど、高山寺の復興に尽力した。またこの時期、「明恵上人旧廬之図」などを描いた文人画家・富岡鉄斎（とみおかてっさい）がたびたび高山寺を訪れている。高山寺表参道の「栂尾山 高山寺」の石碑や、石水院に掛かる「石水院」の扁額（図20）を揮毫したのも鉄斎である。

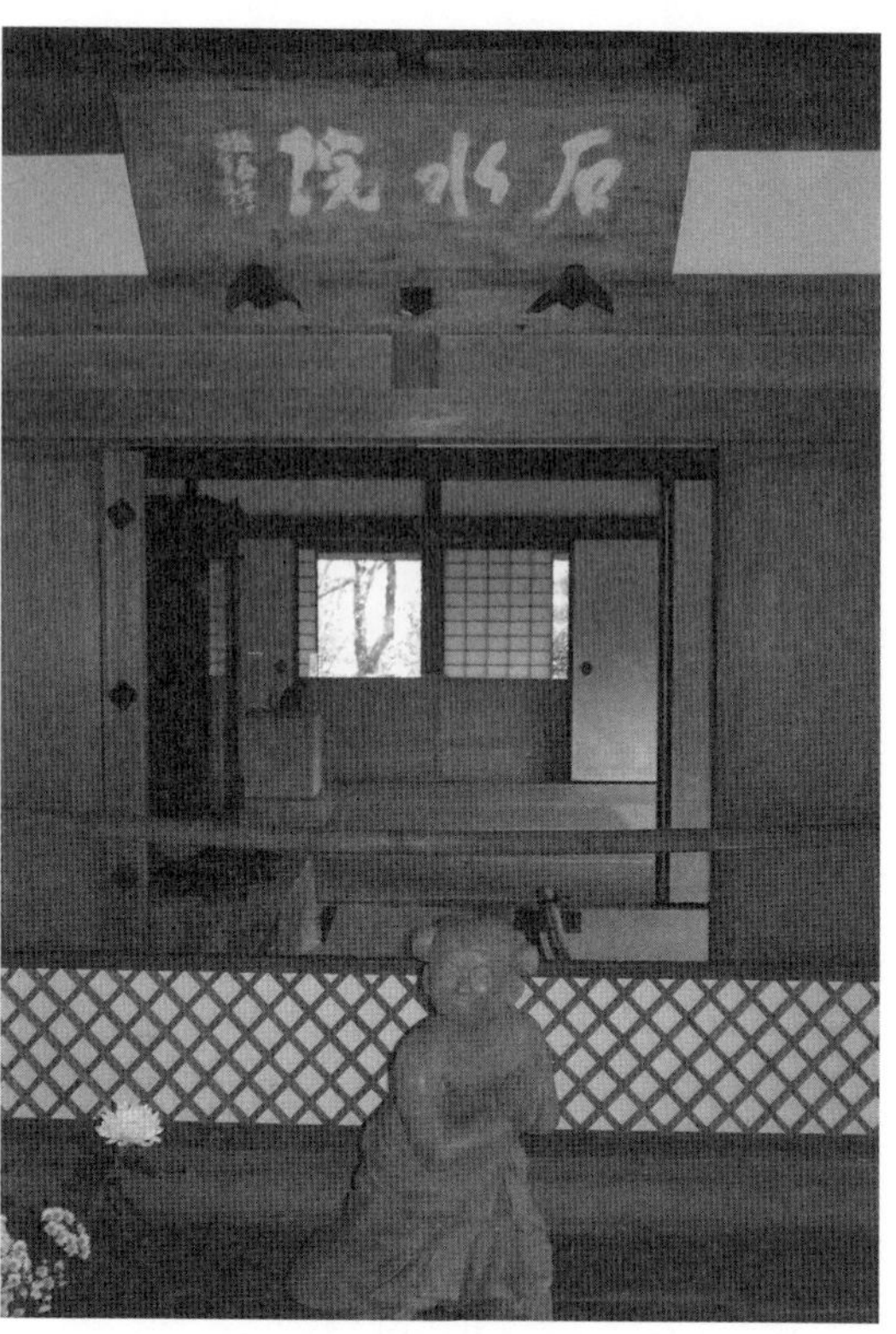

図 20　石水院に掛かる富岡鉄斎の扁額

昭和六年（一九三一）は明恵七百年遠忌にあたり、境内整備の一環として茶室遺香庵が建造された。実業家で茶人であった高橋箒庵、古美術商の土橋嘉兵衛が発起人となり、益田鈍翁、野村徳七、原三渓、田中親美ら名だたる実業家、茶人、文化人をはじめとする全国百五十人以上の篤志による。遺香庵は平成七年（一九九五）に京都市指定名勝となった。

戦後の昭和三十四年（一九五九）には、開山堂の下に収蔵庫（法鼓台文庫）が、昭和四十四年には法鼓台道場が建設され、高山寺に伝わる多くの寺宝の収蔵、調査に用いられることになった。その前年に結成された高山寺典籍文書総合調査団による高山寺聖教類の調査は今なお続けられている。

昭和四十一年には文部省より寺域が史跡に指定され、平成六年（一九九四）には世界文化遺産に登録された。

おわりに―近代文化人にも愛された明恵と高山寺―

明恵、そして高山寺は多くの文化人をも魅了し続けてきた。

たとえば川端康成は、昭和四十三年（一九六八）、ノーベル文学賞を受賞した際の記念講演『美しい日本の私―その序説』の冒頭で、明恵の詠んだ「雲を出でて我にともなふ冬の月風や身にしむ雪や冷たき」に触れ、日本人の自然観や美意識を紹介した。

また、美術愛好家としても知られる白洲正子は、高山寺について次のように述べている。

高山寺は、今でも清らかなお寺です。周山街道からそれて、紅葉にかこまれた参道を登って行くと、心が洗われるような思いがします。苔むした石垣は、昔の僧坊の跡なのでしょう、かつてはここに甍を並べた堂塔も、現在は石水院が残るのみで、それも水害のため、元あった所から、現在の位置に移されたと聞きます。（中略）観光ブームの今日、こんなにさっぱりしたお寺は珍しい。ある日私が行った時は、知人に会い、その人は京都の住人なのに、高山寺ははじめてで、「有名なお寺なので、見物に来たが、何も見るものがないのでびっくりした」と、がっかりしたような顔つきでいいましたが、私は反ってそういう所に、高山寺本来の姿があると思います。ただ見るべきものは自然の景色だけで、石水院の前には、美しい山が重なり合い、松風の音に唱和して、清滝川のせせらぎが聞こえて来る。紅葉の秋も、新緑の夏も、月も雪もその時々で風情があり、そこには明恵の魂が生きつづけている。一木一草にも、明恵の愛が宿っている。これ以上、私達に、何を望むことがありましょうか。（『栂尾高山寺　明恵上人』「高雄から栂尾へ」）

もとは昭和四十一年から翌年にかけて、『学鐙（がくとう）』という丸善のPR誌に「明恵上人」と題して連載されたなかの一文である。今から半世紀以上前に書かれたものでありながら、高山寺のありようをこれほど的確に表わした文章を見つけるのは難しい。そして、白洲正子が記すように、明恵の精神は今なお高山寺に生き続けている。

さて、以下本書では、三部構成で明恵と高山寺をめぐる美術を論じていく。

第一部「明恵上人の信仰と造形」では、明恵が直接にその造形化に携わったと考えられる作品を取り上げる。浅湫論文は、『高山寺縁起』などで造像の記録が多く残る快慶・湛慶と高山寺の彫刻をその人的ネットワークから考察する。谷口論文は、明恵がその前で右耳を切ったというあまりに著名なエピソードとともに語られる国宝「仏眼仏母像」の実際の制作年代などについての新知見を提示する。森實論文は、熱烈な釈迦信仰を有した明恵による涅槃会とそこで用いられた涅槃図等について、特異な構成を持つ三幅対の仏画の存在から明らかにする。

第二部「高山寺という場と明恵上人」では、明恵その人の関与はもちろんのことながら、彼を取り巻く高山寺という環境がどのような作品を生み出したのかを考える。大原論文は、明恵の肖像画として認知度の高い国宝「明恵上人像（樹上坐禅像）」の画面が実際の高山寺や明恵をめぐる状況を反映したものと指摘する（画中小動物がリスではなくモモンガであるとの見解は今後大きな反響を呼ぶことになるだろう）。伊藤論文は、明恵の舎利信仰を歴史的な文脈の中で捉え直し、高山寺に伝わる「輪宝羯磨蒔絵舎利厨子」の精緻な表現の背景を考察する。

第三部「高山寺の国宝絵巻」では、高山寺に伝わる二つの国宝絵巻を取り上げる。井並論文は、国宝「華厳宗祖師絵伝」の研究史を丹念に追いながら、絵巻史上最初期の事例となる画中詞の用法などから、この絵巻の解釈や読みについて問題提起する。土屋論文は、国宝「鳥獣戯画」の制作年代や作画の環境について、「平成の修理」の成果を踏まえた見解を示す。

本書においてこれから紹介していく高山寺の美術作品から、明恵の想いや人柄に少しでも触れていただければと願っている。

建長五年（一二五三）頃の高山寺諸堂および関連寺院

＊高信編『高山寺縁起』より抄出し、美術関連の事項は太字にした。

堂舎	創建の由来、沿革	堂内の様子、明恵との関わりなど
金堂	文覚が発願するも完成せず。明恵の頃、喜海、霊典ら多くの助力により完成。	本尊は運慶作木像**丈六盧舎那如来**（地蔵十輪院伝来）。脇侍は**十一面観自在菩薩**（伝教大師本尊、弘法大師作の伝）、**弥勒菩薩**。等身の**四天王像**（地蔵十輪院伝来。円慶（運覚）作**持国天**、湛慶作**増長天**、康運（定慶）作**広目天**、康海（康勝）作**多聞天**）安置。礼堂に恵日房成忍筆**自在天**安置。
阿弥陀堂	平教盛の東山別業の仏閣を藤原雅経後室比丘尼が施入。覚厳法眼の沙汰で寛喜元年（一二二九）移築。	本尊は木像**阿弥陀如来**。脇侍は**如意輪観世音菩薩**、**地蔵菩薩**。明恵百箇日追善のため門弟、檀那等により作られた**弥勒菩薩像一千躰**、**地蔵菩薩像一千躰**を安置。この尊像仏閣は慶政が供養。
三重宝塔	覚厳法眼の沙汰で嘉禄三年（一二二七）上棟、寛喜年間（一二二九～三二）に完成。	本尊は湛慶作木像金色**毘盧舎那仏**（西園寺公経沙汰）。定慶作**文殊**（藤原行兼沙汰。明恵が開眼供養）、**普賢**（藤原公相沙汰）、湛慶作**観音**（九条道家沙汰）、湛慶作**弥勒**（刑部大輔知宣沙汰）安置。貞慶相伝の舎利を納めた**舎利塔一基**、帳の内に安置。後壁正面には**五秘密曼荼羅**、後壁後面には**華厳善財善知識**、四柱には**華厳海会聖衆曼荼羅**、東西北の扉には**六天像**（いずれも俊賀法橋筆）。
羅漢堂	もとは賀茂神主能久が賀茂仏光山に寄進した禅堂。嘉禄元年（一二二五）、**賓頭盧尊者**を本堂より移して羅漢堂とする。俊賀が唐本を写した**絵像十六羅漢**を安置するも狭小のため、定真、喜海らが明恵十三回忌を期して仁治二年（一二四一）上棟。	本尊は**唐本絵像釈迦三尊三幅**（信慶施入）、**十六羅漢十六幅**（仁和寺成俊の弟子成暹施入）、**廿天一幅**（信慶施入）。後面に**唐本絵像阿弥陀如来一幅**（信慶施入）。湛慶作木像**比丘形文殊師利菩薩**、運慶作**賓頭盧尊者**安置。
東経蔵	もとは羅漢堂の東にあり、羅漢堂造立時に石水院西岸に移築。	一切経のほか、華厳、天台、法相、真言書等計五三五一巻、仏像等を収蔵。文暦二年（一二三五）、経蔵西面に**春日、住吉両大明神御形像**を安置。

建物	経緯	内容
西経蔵	法性寺刑部入道の沙汰。	一切経ほか計六三三九巻、中央に木像**大日如来像一軀**を安置。
鎮守社壇	寛喜元年（一二二九）、西経蔵造営の際に移座。	当初は中央に大白光神、右方（南）に春日大明神、左方（北）に善妙神を祀る。三社の宝殿、**獅子狛犬**、**白光善妙両神御躰**等は行寛法印の沙汰。両神像は嘉禄元年（一二二五）奉納。春日神像は安置せず。右方（南端）の住吉明神、富小路盛兼の沙汰で嘉禎四年（一二三八）遷宮。
鐘楼		承久元年（一二一九）、明恵自筆の銘のある**金銅鐘**。
大門	安貞三年（一二二九）、覚厳法眼の沙汰で建立。	湛慶作**金剛力士各一軀**を安置。
禅堂院	安貞二年（一二二八）の洪水で石水院が破損した際、賀茂神主能久造営の仏光山の庵を移築。	三加禅、禅河院といった山内籠居施設の機能を継承。明恵臨終の場。
禅堂院 持仏堂	禅堂院の西面。	中央に**五秘密曼荼羅**、その左右に**両界曼荼羅**、その右に**香象**、左に**弘法両祖師影像**、南壁に**華厳聖衆曼荼羅**、北壁に**善財五十五善知識**。聖衆曼荼羅の西に後鳥羽院宸筆**金泥漢字阿弥陀三尊**、善知識曼荼羅の西に兼康筆**毗沙門**。**壇上の仏具**は明恵年来所持の仏具で、右耳を切った際に血が散じた仏具のため、他の仏具とは別してここに置く。 持仏堂南二間は縄床禅所。縄床の左障子に恵日房成忍筆、銘明恵筆の**縄床樹坐禅真影**が明恵在世中より有り。高山寺創建に功績のあった成忍筆**慈心房覚真（民部卿藤原長房）の真影**もあり。
禅堂院 学問所	禅堂院の南面。	右壁に成忍筆**毗盧舎那五聖曼荼羅一幅**（明恵臨終本尊）、成忍筆・梵漢字明恵筆の**[illegible]字宮殿法門図一幅**、成忍筆**毗沙門天霊夢像一幅**。左角に**善財童子木像一軀**、その帳の扉に信慶施入、成忍筆**梵天**、**帝尺**、**毗沙門天**、**韋駄天等の像**。 明恵の常の坐の後障子には、成忍が明恵の目鼻等の寸法を採り描いた**明恵の真影一幅**（机の前で筆を執る姿）。ここには明恵が日常

		用いた持経、香炉、脇息、硯箱、団扇、法螺貝、火炉、水瓶などの什物を置き、食事や薬湯を捧げ、燭を灯し、生前と同じように奉仕。
十三重宝塔	禅堂院の東南角。覚厳の沙汰で嘉禎二年（一二三六）造立。	本尊は快慶作・明恵年来の持仏である**弥勒菩薩像**。脇侍は快慶作**制多迦童子**、**梵天**、**帝釈**、**毘沙門**。後壁正面に**宝楼閣曼荼羅**、後壁後面に**都率天曼荼羅**、四柱に**神変十六羅漢像**、四隅の八方に**八大師影像**（仁和寺道深法親王施入）。嘉禎三年（一二三七）、大僧正行遍開眼供養の**千体釈迦像**。渡廊に**上人木像真影**を安置。
法鼓台	禅堂院の西南角。	明恵生前の時、太鼓を打って衆僧に聴聞を呼びかけた。
客殿	法鼓台の西北角。	禅河院にあったものを移築。
世事所	禅堂院の北東角。	食事や茶の準備のための施設。
練若台	建保三年（一二一五）、寺内の喧噪を避け西峯に建立。	行法坐禅等の場。
石水院	建保の末頃、仁和寺覚遍法橋の沙汰で建立。安貞二年（一二二八）の洪水で破損。賀茂神主能久寄進の賀茂の坊舎を移築。	練若台の庵室が手狭で水気が多く環境もよくなかったため建立。
楞伽山	籠居のため後峯に草庵（督三位局の沙汰か）を建てたのが始まり。この山を楞伽山を名付け、花宮殿、羅婆坊と名付けた庵室を建てる。	花宮殿東の高欄の上に屋台を作り、紀州で明恵が入手した**蘇婆石**を安置する（この石はのちに富小路盛兼の請いで歓喜園明恵影所に移す）。花宮殿の西にある松を縄床樹、その下の石を定心石と名付け、明恵はここで常に坐禅入観していた。さらに奥にある石窟を仏足石になぞらえて遺跡窟と名付けてここでも坐禅入観していた。
三加禅	寛喜元年（一二二九）に作られた庵室。	籠居のため楞伽山の東谷に建てられるが、一両月ほどで使わなくなる。
禅河院	寛喜二年（一二三〇）、三加禅を移築。	禅堂院ができるとそちらに移住し、使われなくなる。

外畑 歓喜園	富小路盛兼が高山寺の麓に建立。	天福二年（一二三四）、**釈迦如来三尺之像**を安置。明恵の影所には盛兼が高信より譲られた明恵遺愛の**蘇婆石**を安置。明恵の髪爪を納めた、阿育王塔を模した**石塔**もあり。
平岡 善妙寺	西園寺公経が古堂を移築し造立。中御門宗行後室禅尼が移す。	貞応二年（一二二三）、高山寺本堂にあった督三位局沙汰・快慶作**半丈六釈迦像**を移座。同三年、成忍筆**唐本十六羅漢并阿難尊者**を本堂に安置。同年、鎮守として湛慶作**善妙御躰**、**獅子狛犬**等を安置。
紀州湯浅 白上	建久六年（一一九五）、明恵が聖教、仏像等を持って閑居した場所。	**仏眼尊**の前で右耳を切る。
同石垣庄 筏立	建久九年（一一九八）、高雄の騒動により移る。	**釈迦像**の前で唯心観行などの修行をする。
同石垣庄 糸野	建仁（一二〇一〜〇四）の頃、滞在。	初めて涅槃会を行なう。
同神谷 後峯		建仁の末頃、大仏頂法を行なう。
同田殿庄 崎山	崎山貞良旧宅に後室尼公信性が伽藍を建てる。	経蔵、**仏像**を安置。
同保田 星尾	湯浅宗光旧宅に子の宗成が伽藍を建てる。	春日大明神影向の地。
同石垣吉 原歓喜寺	湯浅宗光三男宗氏が建立。	明恵誕生の地。
同巣原 施無畏寺	森景基が一堂を建立。	明恵修行の地。**観世音菩薩像**安置。明恵没後、高信が**明恵影像**、三部華厳経を施入する。

〔主要参考文献〕

○高山寺について
井上靖・葉上照澄『高山寺（古寺巡礼京都十五）』淡交社、一九七七年
小川千恵・阿川佐和子『高山寺（新版古寺巡礼京都三十二）』淡交社、二〇〇九年
○明恵について
高山寺典籍文書綜合調査団編『明恵上人資料一～五』東京大学出版会、一九七一・一九七八・一九八七・一九九八・二〇〇〇年
田中久夫『明恵（人物叢書）』吉川弘文館、一九六一年
平泉洸『明恵上人伝記（講談社学術文庫）』講談社、一九八〇年
久保田淳・山田明穂校注『明恵上人集（岩波文庫）』岩波書店、一九八一年
奥田勲『明恵　遍歴と夢』東京大学出版会、一九九四年
○展覧会図録
京都国立博物館『明恵上人没後七五〇年　高山寺展』一九八一年
和歌山県立博物館『明恵　故郷でみた夢』一九九六年
京都国立博物館『国宝鳥獣戯画と高山寺』二〇一四年
東京国立博物館『鳥獣戯画　京都高山寺の至宝』二〇一五年
九州国立博物館『京都高山寺と明恵上人　特別公開鳥獣戯画』二〇一六年
中之島香雪美術館『明恵の夢と高山寺』二〇一九年

第一部

明恵上人の信仰と造形

信仰をかたちに
―明恵上人と仏師快慶・湛慶―

淺湫　毅

はじめに

平成二十六年（二〇一四）秋～二十八年秋にかけての二年間は、京都国立博物館「国宝　鳥獣戯画と高山寺」（会期：平成二十六年十月七日～十一月二十四日）、東京国立博物館「鳥獣戯画　京都　高山寺の至宝」（会期：平成二十七年四月二十八日～六月七日）、九州国立博物館「京都高山寺と明恵上人―特別公開　鳥獣戯画―」（会期：平成二十八年十月四日～十一月二十日）という三つの特別展が続けざまに開催され、高山寺の歴史にとっても画期となった年といえよう。いずれの会場にも大勢の観覧者がおとずれ長蛇の列をなしたことは記憶に新しく、あらためて鳥獣戯画をはじめとする高山寺の宝物たちの魅力について知る二年間であった。

筆者が勤務する京都国立博物館では高山寺より多数の宝物をご寄託いただいており、貸出などをふくめていずれの展覧会にも関わり、京都国立博物館としても思い出深い一連の特別展であった。個人的には、これも運命のなせるわざかと思われるのだが、この時期に偶々二年間ほど東京国立博物館に移ることとなり、京博展ではなく東博展のほうに深くたずさわることとなった。

彫刻作品を貸し出すのではなく借用する立場となってあらためて白光神、善妙神といった神像や子犬をはじめとする動物彫刻たちをみて気付く点もあった。そのことについては、東博展の図録に「明恵上人と仏師湛慶をめぐる物語」と題した小論が掲載されているので、詳細は同論をお読みいただきたいが、趣旨は、高山寺には運慶の長男である湛慶が製作した像が多数伝来しており、また文献上確認できるものも圧倒的に湛慶によるものが多い。これらの像は明恵独自の思想や信仰を造形化したものであることが多く、湛慶はそのような求めに応じる能力をもった仏師であったことが一番の理由として考えられる。それに加えて、明恵と湛慶がともに承安三年（一一七三）生まれの同世代であったことも関係するのではないか、というものであった。ただ、紙数の限りもあり書き尽くせなかったこともあるので、同論と重なるところも多々あるが、本稿では明恵と湛慶の関係について、実際の作例を詳細にみながら、あらためて考えてみたい。

一　高山寺と仏師

明恵上人と慶派仏師

現在高山寺には金堂に釈迦如来が本尊として安置され、開山堂には明恵上人の肖像彫刻が祀られている。明恵が高山寺を中興した際の金堂本尊は当初、快慶作の釈迦如来が安置されており、その後、運慶が創建した地蔵十輪院に安置されていた盧舎那仏が移されてきた。『高山寺縁起』によると、その際に快慶作の釈迦像は高山寺の近隣、平岡の地に明恵が建立した尼寺の善妙寺に譲られたようである。残念ながら運慶作の盧舎那仏、快慶作の釈迦如来の両像はともに失われ、現在の金堂本尊は後世他所より移されてきたものである。

開山堂の明恵上人像は製作年、製作した仏師とも不明であるが、自らが切り取った右耳の様子まで写すなど、明恵の姿をきわめて写実的に表しているものと思われる。おそらくは没後まもなくにして、明恵の容貌をよく知る熟練の仏師によって製作されたであろうことがうかがえる。その写実的な作風からみて、慶派によるものと思われる。

さて、明恵が高山寺の地を後鳥羽上皇より賜ったのは、建永元年（一二〇六）のことである。しかし、金堂をはじめとする伽藍の整備はしばらく後のことで、金堂が完成したのは承久元年（一二一九）のことというから、じつに十三年以上の時が流れたことになる。

この金堂の当初の本尊が、先述の通り快慶作の釈迦如来坐像である。大きさは半丈六であったというから、坐高にして一メートル四〇センチほどの大きさであっただろうか。快慶は法然や東大寺を復興した重源といった高僧たちと親交があり、その独自の思想や信仰に基づく特異な尊像の製作にたずさわった。おそらくは高僧個人の頭の中にある独創的な尊像を、実際に造形化することに長けていた仏師であったのだろう。そのような快慶の造像のありようは、平成二十九年春に奈良国立博物館で開催された「快慶」展で目にされた方も多いだろう。

明恵も仏眼仏母像や白光神など、独自の思想に基づいた特殊な尊像への信仰があり、そのような能力を期待して、当初の金堂本尊の造立を快慶にゆだねたのであろうか。明恵と快慶との関係は、これだけではない。明恵が入滅した後の嘉禎二年（一二三六）、その遺徳を慕って覚厳が十三重宝塔を高山寺内に建立した。そこには本尊として快慶の手になる弥勒菩薩像に加え、脇侍として湛慶作の制多迦童子、梵天、帝釈天、毘沙門天が安置された。

快慶作の弥勒像は『高山寺縁起』の記載によると「上人年来本尊霊像」であったという。このことからも理解できるように、同像は明恵が長年手元に置いて礼拝した像だったようで、明恵が高山寺に入る以前からの念持仏であった可能性もあるだろう。したがって明恵と快慶の関係も、かなりさかのぼることになろう。

このように、高山寺の創建期前後において明恵は、仏師として快慶を重用していたようである。

一方、明恵と仏師運慶に関していえば、これも先述のごとく運慶が建立した洛中の地蔵十輪院が建保六年（一二一八）に火災にあったのち、その安置像であった運慶作の周丈六（周尺は普通の尺のほぼ八割程度の大きさなので、坐像であったとすれば坐高二メートルばかりであった）の盧舎那仏と、湛慶らが造った三尺の四天王を貞応二年（一二二三）に高山寺へと移したという記録がある。しかし、明恵と運慶の関係は管見の限りそれ以上のものは知られておらず、以下に述べるように、息子の湛慶との関係が極めて深かったようである。したがって高山寺あるいは明恵に関わる造像にたずさわったメイン仏師は、快慶から湛慶へと引き継がれたという言い方ができるかもしれない。

高山寺に現存する主な彫刻作品

現在高山寺には上記の釈迦、明恵上人像のほかに主な彫刻作品として、以下の像が伝えられている。

①白光神立像（図1）　一軀
②善妙神立像（口絵4）　一軀
③子犬（口絵11）　一軀
④神鹿（図2）　一対
⑤馬（図4）　一軀
⑥獅子・狛犬（図5～7）　三対
⑦獅子・狛犬（図8）　一対

いずれも鎌倉時代の作例で、ともに重要文化財に指定されている。個々の解説については次節で詳しく述べるが、①白光神、②善妙神、③子犬、④神鹿、⑥獅子・狛犬に関しては、これまでの先達による研究から湛慶の作と考えられている。

⑤の馬に関しては④の神鹿に比べると、表現にやや武骨な点がみられることなどから湛慶ではないと考えるむきもある。たしかにサラブレッドを見慣れた目からするとずんぐりとしてみえるが、これがまさに当時のわが国の馬の姿であり、それを写実的に表現する本像もまた湛慶とその工房、ないしは湛慶周辺の慶派仏師による可能性は否定できないのではないか。

また、⑦のほうの獅子・狛犬も同様に作者不明だが、⑥よりもやや造形に重いところがあることから、これも湛慶とは別の仏師の手になるとの説がある。製作年に関しても伝えるものがないが、嘉禎四年（一二三八）に住吉明神が高山寺に勧請されたときにあわせて製作されたものという説が有力である。その説に基づけば、白光神、春日明神、善妙神の三神が高山寺の鎮守として勧請された嘉禄元年（一二二五）にあわせて製作された⑥の獅子・狛犬たちよりも製作年代が下がることになる。したがって十数年の製作年の差が、両者の表現の違いになっているとも考えられるので、これも湛慶およびその工房、または周辺の仏師による造像である可能性は十分あるだろう。

どの像も、作者を明記する銘文などがあるわけではないので確定的なことは言えないが、いずれも写実性とともに穏やかさを併せもつ作風から、湛慶の造像様式からは大きく外れるものではなく、湛慶ないしはその工房の作、あるいは湛慶周辺の慶派仏師によるものと考えてよいだろう。

開山堂の明恵上人像は、明恵没後まもなくの造像かと想像されるものの、これもまた残念ながら作者に関しては伝えるものがない。しかし、これほど明恵の特徴をとらえた造形は、明恵と親しくし、その容貌をよく知る仏師にしか造れないのではないだろうか。その仏師として、あくまで私見ではあるが湛慶以外は考えがたいように思われる。残念ながら同像を精査する機会にはまだめぐまれていないので、これ以上の推論は避けるが、いずれにせよ高山寺に伝来する彫刻作品は、湛慶ないしはその周辺による造像とみられるものが多いということは間違いない。

文献から知られる湛慶作品

以上、現存作例からみると高山寺と明恵にとっては、湛慶がきわめて重要な仏師であったことが理解できる。そのことは現在失われてしまった主要堂宇の安置像のなかで湛慶によるものを『高山寺縁起』の記載から抜き出すことで、より一層鮮明になるだろう。

湛慶によると記される作例は

金堂　四天王のうち増長天（ぞうちょうてん）　貞応二年に移入

三重宝塔　中尊毘盧舎那仏

普賢

観音

弥勒　寛喜元年（一二二九）開眼

※一具の像のなかで文殊のみは定慶作

大門　金剛力士　安貞三年（一二二九）造立

十三重宝塔　制多迦童子

梵天

帝釈天

毘沙門天　　嘉禎二年造立
　※中尊弥勒菩薩（明恵年来の本尊）は快慶作
平岡善妙寺　善妙神
　獅子狛犬　　貞応三年造立

というように、圧倒的に仏師湛慶によるものが多い。

なぜ高山寺には湛慶作品が多いのであろうか。そのことについて試案を示したのが、冒頭でも述べた拙稿「明恵上人と仏師湛慶をめぐる物語」であった。繰り返しになるが、明恵と湛慶はともに承安三年（一一七三）に生まれ、現代的な言葉でいうならば「タメ年」である。白光神や神鹿像は他に類例のないきわめて特殊な像といえ、明恵独自の思想によるものと考えられる。このような特殊な造形を巧みにこなした湛慶の技量もさることながら、同年齢の仏師であったからこそ、明恵はさまざまな面で注文が付けやすかったのではないか。その結果として、他に類をみない造形が生まれたのであろう。

では、明恵と湛慶の関係はどこからはじまったのであろうか。筆者としてはそこに仏師快慶の存在を考えたいのである。

仏師運慶が実際に鎌倉まで下向したのかどうかというのは、彫刻史において長年の問題となっており、肯定する意見と否定する意見が現在も拮抗している。筆者としては下向したという立場から、かつて「練行衆「運慶」は仏師「運慶」か」という短いエッセイを書いたことがある。

結論を簡単に述べると、運慶は文治元年（一一八五）頃いったん関東に向かい、この時は一年程度で奈良へと戻ったが、願成就院像の製作を興福寺内の工房で終えたのち、同五年頃に再び関東へと向かい、この時は五〜六年程滞在した。そのことを、東大寺の文書『練行衆日記』に登場する運慶が、われらが仏師運慶その人であり、彼が日記に登場する年（奈良に在住？）、登場しない年（関東下向中？）の別と、関東における作例の製作年などから推定したものである。以下では、運慶がこの時期に関東へ下向した、ということを前提として述べる。

仏師快慶と湛慶

運慶が文治元年頃～建久五年（一一九四）頃まで関東に行っていたとすると、その時長男の湛慶は数えで十三～二十二歳という、仏師としてはまさに修業時代にあたる。父運慶が不在であるならば、まずは祖父である康慶のもとで修業したであろう。しかしながら康慶は、二月堂の修二会（お水取り）に際して読み上げられる、東大寺に功績のあった人物を列記する『二月堂修中過去帳』の記載順からみて、建久九年頃には没したとみられる。また、一一五〇年前後に生まれたと考えられている息子運慶の年齢からしても、すでに当時かなりの高齢で、おそらくは六十代後半から七十歳前後であったかと考えられる。したがって実際の修業は、快慶や興福寺東金堂の造像にたずさわった定慶、運慶の弟かとも考えられている定覚など、康慶の弟子世代の仏師のもとで行ったのではないだろうか。

運慶のとくに若年から壮年にかけての作風は、あたかもゴムボールが空気を入れることで内から外にむかってギュッと膨らむかのような力強い動きをみせ、彫技も自由闊達である。それにくらべると快慶の作風は、落ち着いた構図の中に安定したすがたでたたずみ、彫りも生真面目で生硬な感を与えるものといえよう。書に例えるならば運慶は勢いのある行書、快慶は端正な楷書といえば、あるいは理解しやすいかもしれない。

では湛慶の作風はどうかというと、興福寺天燈鬼・龍燈鬼の作者とみなされる運慶の三男康弁が、父運慶の作風をよく継ぐものであるのに対し、運慶とは異なる穏やかさ、静謐さといったものを含んでいるように思われる。湛慶は運慶一門の中では南都奈良でなく、京都を中心に造像を行っているので、貴紳たちの需要に応えるためにそのような作風を身につけたかとも考えられる。それは運慶以外の他派をふくめたさまざまな仏師たちのもとで修業し、一人前になったあとも彼らと共同作業を行ったことが大きく影響しているかもしれない。

妙法院三十三間堂の二十八部衆、風神・雷神像は湛慶一派による造像とみられているが、その謹直な表現は、高野山に伝来する快慶作の四天王や執金剛神(しゅこんごうしん)、深沙大将(じんじゃたいしょう)、定慶一門かとみられる興福寺東金堂の十二神将などの天部像と、「楷書的」という点で一脈通じるように感じる。湛慶と快慶、定慶らの関係には、単に父運慶の兄弟弟子という以上の関係を考えたくなる。湛慶が明恵と交流を深めたのが快慶を通じてであったのでは、と想像する所以である。

二　高山寺伝来の彫刻

白光神と善妙神―明恵上人の信仰をかたちに―

嘉禄元年(一二二五)、白光神、春日明神、善妙神の三神が高山寺の鎮守として勧請された。高山寺の縁起によると、白光神を中心に、その南に春日明神、北に善妙神が祀られ、白光神と善妙神のみ彫像が安置され、春日明神には理由は不明だがなぜか彫像は置かれなかったという。

現在高山寺に伝来する白光神立像(図1)は、その巧みな造形から嘉禄元年の三神勧請時に製作され安置された当初の像と考えられている。像高四二・三センチほどの小さな像ながら、穏やかな表情や細やかな指の表現など、細部にいたるまで実に入念な表現がなされている。しかも頭飾から台座の框(かまち)にいたるまで、当初の部分が残され、表面の彩色がよく残る点でも貴重である。残念ながら作者を確定するにいたる銘文や文献などは知られていないが(表面の彩色がきれいに残り像自体も傷みがほとんどないので解体修理は行われていないため確認されていいないが、像内に銘文が記されている可能性はある)、その作風から仏師湛慶によるものとみて間違いないだろう。

白光神とは、高山寺の縁起によると「鬱多羅迦神」「天竺雪山大神」であるという。前者はサンスクリットで北方を意味し、天竺とはインドのことであるから、インドの北方にそびえたつヒマラヤを神格化したものである。肉身も衣も白一色に塗られるが(真っ白な身色に比べると、衣の方はやや乳白色がかっているようにもみえる)。それは永遠の雪をたたえたヒマラヤの姿をあらわしている。わが国の現存作例でみる限り同様の例は皆無で、本像は明恵独自の発案によるものと考えられよう。

明恵にとっての白といえば、その像に亡き母を重ね合わせたという仏眼仏母像(高山寺伝来・口絵2参照)も全身が白であらわされている。幼くして母を亡くした上人にとって、白とは母のイメージをもつものだったのだろうか。

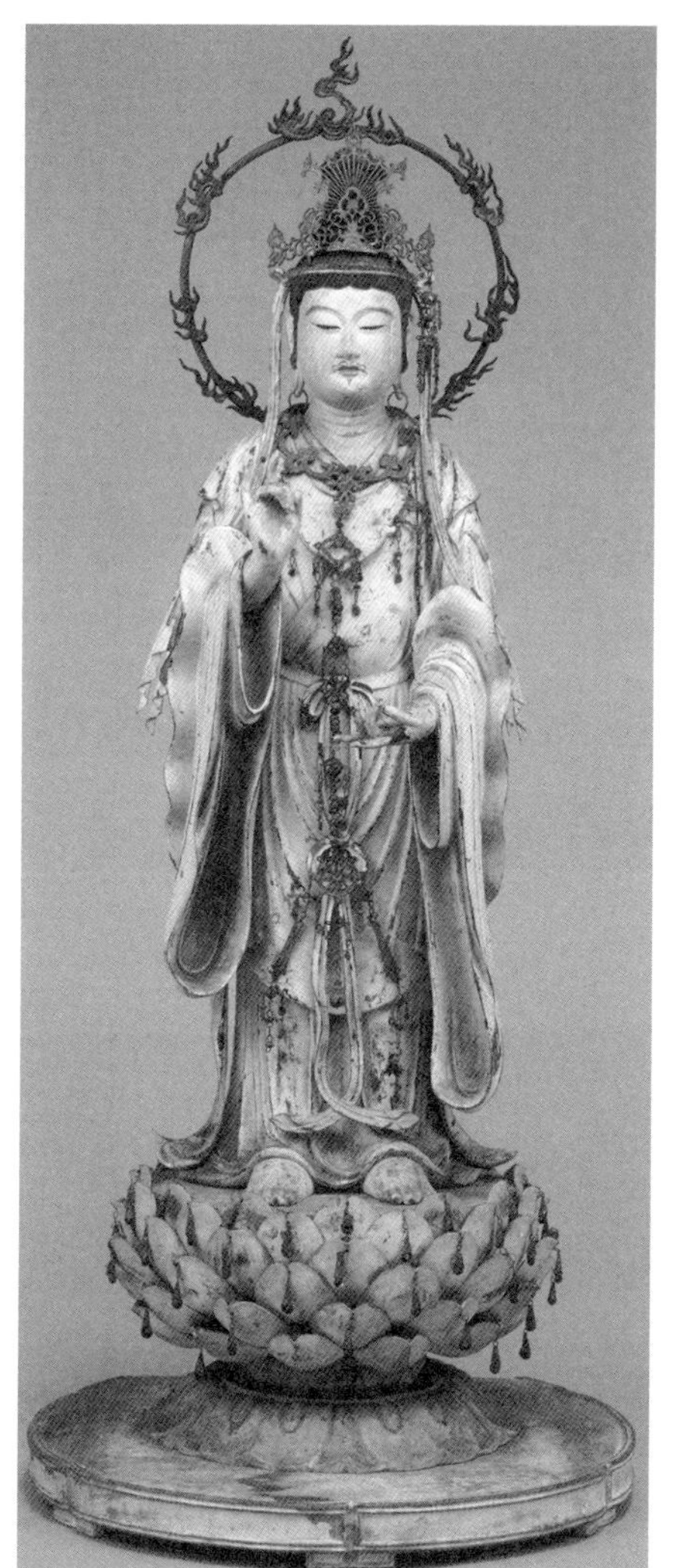

図1　白光神立像　高山寺所蔵, 画像提供 京都国立博物館

また、明恵はインドへのあこがれをもち続けたが、そのインドはわれわれが思うような熱帯の風景ではなく、ヒマラヤに象徴される白い世界だったのではないだろうか。それを具現化したものが白光神で、明恵の宗教観をあらわすだけではなく、もしかしたらそこには母のイメージも重ねられていたのかもしれない。

一方の善妙神立像（口絵4）も、嘉禄元年に三神が勧請された際に造立された当初の像とみられる。本像もまた、その穏やかな作風から湛慶によるものと考えられている。像高三二・四センチと、白光神像にくらべると一〇センチ以上も小ぶりなことから、『高山寺縁起』に記載のある尼寺・善妙寺の安置像を移してきたものではないか、という説もかつてはあった。

善妙寺は明恵ゆかりの寺で、高山寺近くの平岡にかつて存在した尼寺であった。その安置像は三神が高山寺に勧請される前年に、まさに仏師湛慶によって製作されたことがわかる。ただし体長八寸とあるから、高山寺伝存像よりもさらに一回り小ぶりであったようで、やはり伝存像は当初から高山寺に安置された像であった、と考えるべきであろう。

白光神との大きさの差は、白光神が上、春日明神が中、善妙神が下と縁起にも記されるように、三神に序列があったことに基づくものと考えられる。明恵にとっては、かつて渡航を夢見て春日明神のお告げによって断念した憧れの地天竺、すなわちインドがもっとも重要であったことをあらわしているのであろう。

さて、善妙は本来中国唐代の俗人女性である。新羅華厳宗の祖師である義湘が入唐した際に義湘へ想いを寄せるもかなわず、その帰国に際して、乗った船を護るため海に身を投げて龍となったという伝説をもつ。そのような伝説から華厳宗の守護神となったもので、高山寺を華厳の道場として位置づける明恵にふさわしい守護神といえるだろう。

本像もまた白光神像同様に、当初の彩色がよく残り保存状態がきわめてよい。明恵ゆかりの像として、寺内でいかに大切に護られてきたかということがよくわかる。

子犬―明恵上人の夢の世界―

高山寺は、中世にさかのぼる複数の動物彫刻が伝来することでも特筆される。そのなかでも代表となる作例のひとつが、この子犬像（口絵11）ではないだろうか。

左前足をわずかに前に出し、小首をかしげた愛らしい像である。一説によると明恵の故郷である紀州・和歌山の紀州犬であるともいう。中世彫刻としてはやはり他に例をみないもので、異例の作といってよいだろう。

明恵が自らの夢を記した『夢記』には、子犬の夢をみたという記載を複数みることができ、このような異例の彫像には、やはり明恵の意向が大きく反映しているのであろう。造像当初は白下地の上に彩色が施されていたと思われるが、現状ではほとんど剝落している。後述の神鹿や馬の彩色がよく残っているのとは好対照で、明恵が手元に置いて愛で、さらには明恵遺愛の像として代々ていねいに拭われてきたためかとの想像も可能だろう。かつては開山堂で明恵の肖像を納める厨子の脇に置かれていたことからも、その思いを強くする。

さて、本像は寺伝では仏師快慶の作ともされるが、穏やかな作風からみてこれも仏師湛慶の手になる可能性が高い。高知・雪蹊寺に伝えられる、毘沙門天立像と両脇侍の三尊のうち右脇侍の善膩師童子の表情、とくに小さな目元の表現が子犬のそれとよく似ていることもかねてより指摘されている。ちなみに雪蹊寺像は銘文より、湛慶作であることは確定するものの製作年は記されていない。しかし同寺の創建は嘉禄元年のことと伝えられており、本三尊の製作もその頃と考えられる。子犬像は快慶工房に製作を依頼したものの、快慶が病を得るあるいは病没するなどの何らかの事情で、実際は湛慶が造像にあたったという可能性を考えるべきかもしれない。

晩年の快慶は貞応二年（一二二三）に醍醐寺閻魔堂の諸像を、湛慶とともに造立している。これは現在知られる快慶の最後の事績であるが、これを湛慶とともに行っていることは、修業時代の湛慶が快慶にも教えを受けていたのではないかと想像する筆者には、きわめて興味深いことである。

快慶の没年はながらくわかっていなかったが、京都・城陽市の極楽寺に伝えられた、三尺の阿弥陀如来立像の内部より発見された納入文書に「過去法眼快慶」とあることから、同像が製作された嘉禄三年以前には亡くなっていたことが判明した。また、康慶の没年でもふれた『二月堂修中過去帳』には、快慶は貞応二年頃に没した人物の次に記されている。必ずしも記載順は没順に厳密ではないだろうが、おそらく快慶は醍醐寺の造像を終えるか終えないかという時期に没していたようだ。

先述の善膩師童子が嘉禄元年頃の製作とすれば、子犬像もそれと近い頃の造立と考えてもよいのではないだろうか。とするならば、まさに快慶が没して間もない頃の製作であり、当初快慶が依頼されたものを湛慶が引き継いだという筆者の想像も、あながち妄想とは言えないのではないかと思うのだが、いかがであろうか。

神鹿—春日明神の使い—

子犬とともによく知られるのが、雌雄一対の神鹿像（図2）である。いずれも脚を屈してうずくまるすがたを写実的に表現する。牡鹿は耳を立てて首をもたげ口を閉じ、心配げに左のほうへ頭を向ける。牝鹿は首を前方に伸び上がらせて、わずかに口を開いている。雌雄で阿吽になっているのであろう。牝の姿からは、悲しげにも思える鹿の鳴き声がまさに聞こえるかのようである。その腹はふくらんでいるようにもみえ、中に子を宿していることを表現している可能性が、かねてより指摘されている。

明恵は高山寺に入る以前に、インドへの渡航を願っていたが、春日明神のご託宣により渡航を断念した。建仁三年（一二〇三）のことという。明恵が同明神に参詣する際に東大寺において、鹿三十頭ばかりが膝を屈して一面に臥したという。本像はその場面をあらわしているものかもしれない。

前記のエピソードからも、本像は明恵および高山寺にとってきわめて意義深い像と思われるが、残念なことに当初の安置場所に関しては記録がない。同寺石水院（せきすいいん）における栂尾（とがのお）開帳の様子を記した近世の記録が仁和寺（にんなじ）に伝来

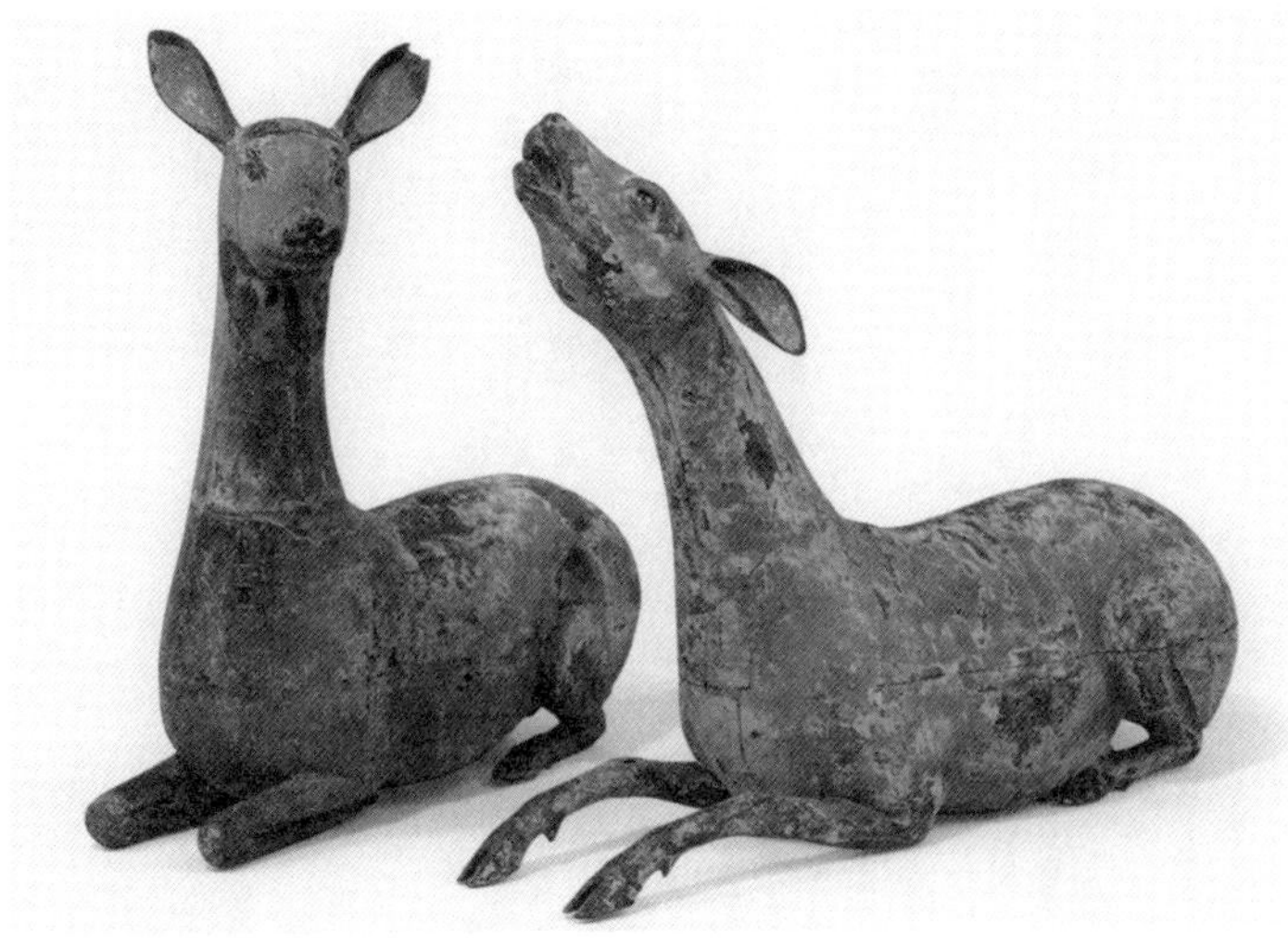

図2　神鹿　高山寺所蔵，画像提供 京都国立博物館

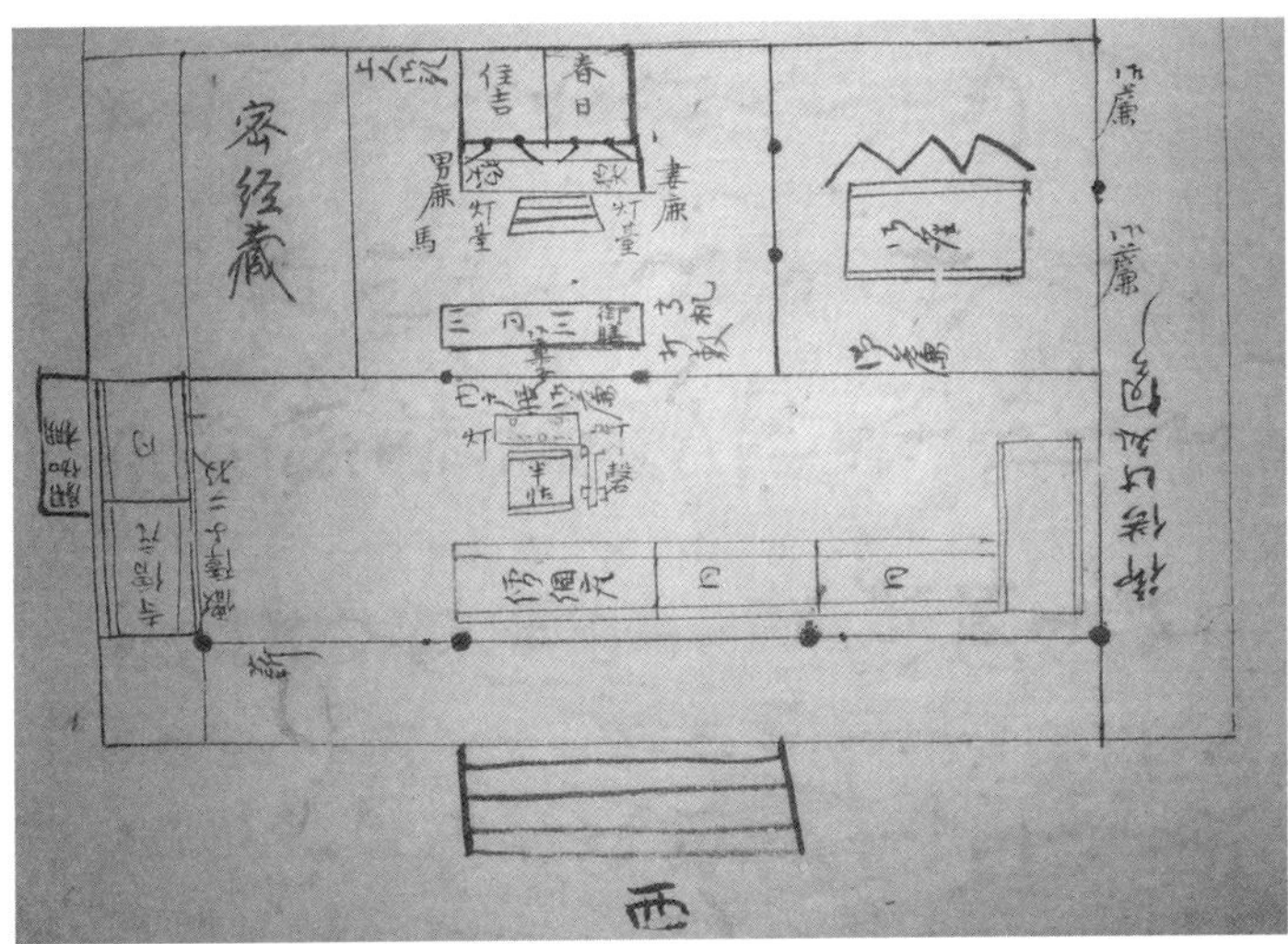

図3　栂尾両大明神御開帳記　京都・仁和寺所蔵

するが（図3）、それによると向かって右に春日明神、左に住吉明神を祀る厨子の前、その向かって左に「男鹿」、右に「妻鹿」との記載があるものの、それ以前の伝来に関しては不明である。

いうまでもなく、鹿は春日明神の使いである。高山寺では先述のごとく明恵が嘉禄元年に、白光神、善妙神とともに春日明神を勧請した。また、明恵没後の文暦二年（一二三五）、東経蔵（きょうぞう）に春日、住吉両明神の画像が懸けられている。造立時期としてはそのいずれかであろう。おそらく本像まで個人的な見解ではあるが、子犬像におとらず細部まで配慮がおよんだ造形には、明恵の意向が反映していると考えたい。とすれば嘉禄元年に勧請された春日明神に関連する像ということになろう。そして、その造立仏師としては先学の指摘にもあるように、やはり湛慶をおいて他にないだろう。

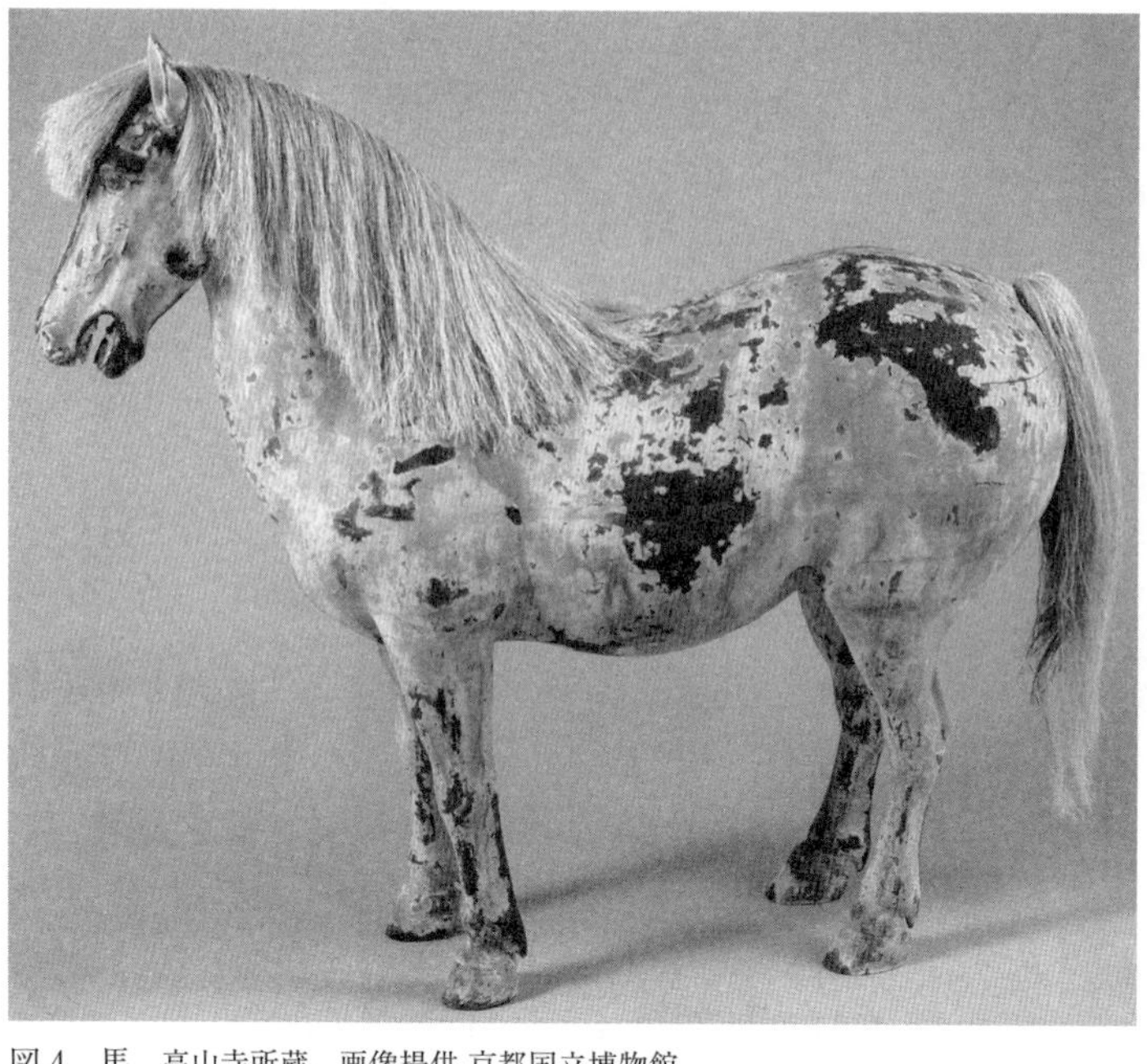

図4　馬　高山寺所蔵，画像提供 京都国立博物館

馬―住吉明神の使いか―

先に重要文化財に指定されていた他の動物彫刻に対し、遅れて平成十三年（二〇〇一）になって追加指定されたのが馬像（図4）である。

遅れた理由は、たてがみが抜け、腹部の一材も欠失するなど傷みが多かったせいかもしれないが、指定後の国庫補助による本格修理で、かなり当初の姿を取り戻した。

本像も、高山寺に伝来する他の動物彫刻同様に、その造立経緯や作者については不明であるが、写実的な作風からみる限り、おそくとも鎌倉時代の中頃までには造立されたとみられる。先に指摘したように、確証はないもののこの像に関しても湛慶ないしはその周辺の仏師が関与した可能性が考えられる。

栂尾開帳の記録によると住吉明神側、「男鹿」の前方に「馬」との記載がある。このようなことから考えて、本像は住吉明神の使いとして造立されたものかもしれない。高山寺の東経蔵には、文暦二年に春日明神とともに住吉明神の画像が懸けられた。また嘉禎四年には、嘉禄元年に勧請された三神の南に住吉明神が鎮守として加えられた。本像は、そのいずれかの年を契機として造立された可能性がある。

獅子・狛犬――湛慶の確立したスタイル――

さて、動物彫刻の最後として、現在高山寺に伝来する四対の獅子・狛犬を紹介する。これらはいずれも鎌倉時代の製作と考えられる。そのうちの三対（図5〜7）は、嘉禄元年の三神勧請時のものとみられ、それとはやや作風を異にする一対（図8）は、三神に加えて嘉禎四年に新たに住吉明神が勧請された際に造立されたものと考えられている。

一般的には狛犬と総称されるが、厳密に言うと頭上に角をもたないのが獅子で、もつものが狛犬と区別される。通常獅子が向かって右に置かれて開口し、狛犬が左に置かれて閉口することで、両者で阿吽となっている。

角をもつ守護獣は東アジア全般にみられるが、それを獅子と組み合わせるのはわが国独特のものである。遅くとも平安時代前期にはすでにこの組み合わせの作例がある。現在、神社などで目にするものは石造のものが多く

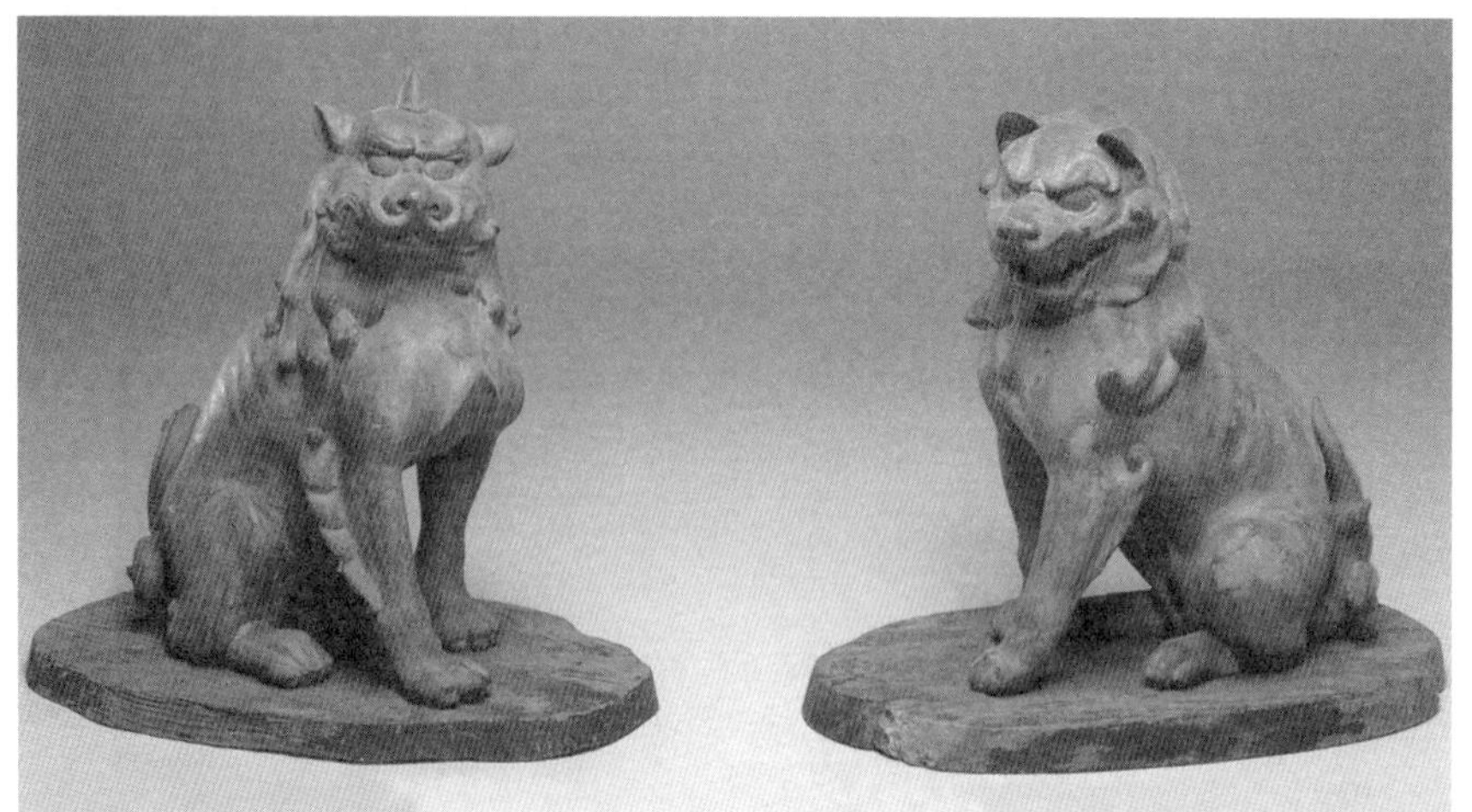

図5　獅子・狛犬　三対のうち　高山寺所蔵，画像提供 京都国立博物館

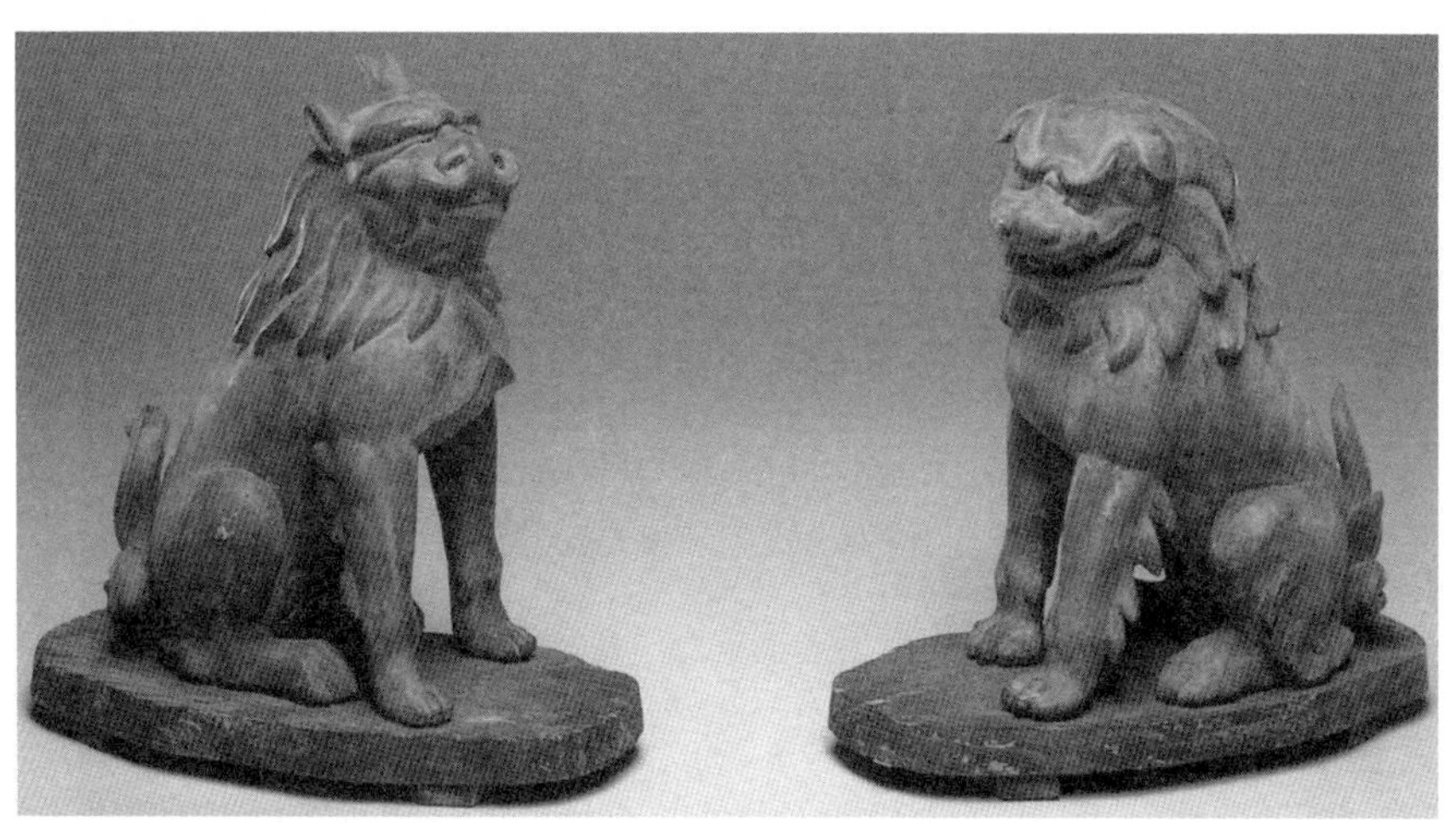

図6　獅子・狛犬　三対のうち　高山寺所蔵，画像提供 京都国立博物館

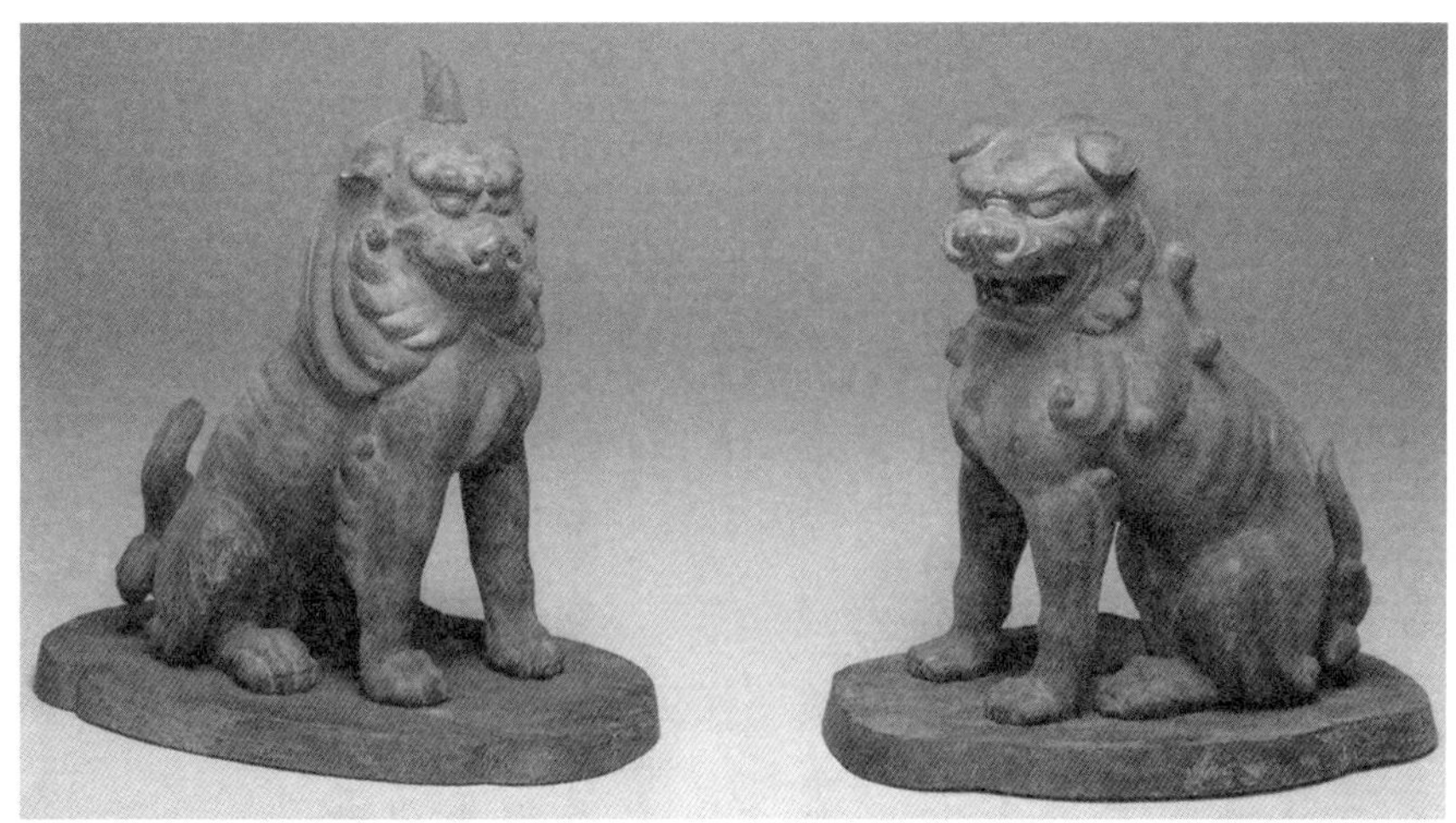
図7　獅子・狛犬　三対のうち　高山寺所蔵，画像提供 京都国立博物館

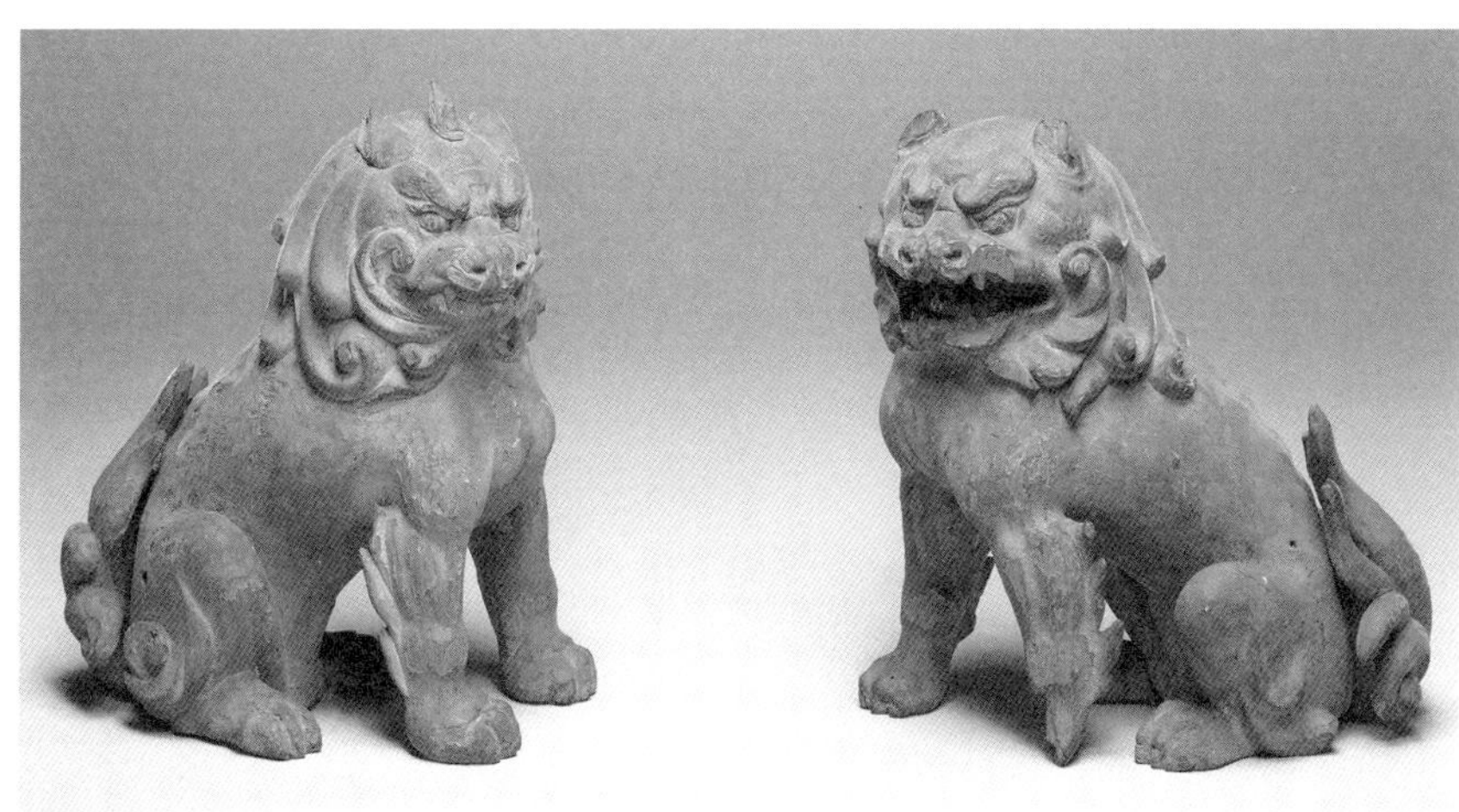
図8　獅子・狛犬　一対　高山寺所蔵，画像提供 京都国立博物館

屋外に置かれているが、古くは木製のものが多数つくられた。木製のものは社殿内部や軒下に置かれたもので、今でも由緒ある神社などではそこで相対する一対の獅子・狛犬像を、目にすることがあるだろう。

鎌倉時代に運慶ら慶派仏師によって、写実的で動きのある仏像がつくりだされ、それとあゆみをあわせるように、獅子・狛犬像も平安時代後期の作例に比べると力強いものがつくられるようになる。

三神勧請時の三対は肢体の筋肉の盛り上がりなど、鎌倉時代の慶派の流れに属するが、片方の前足をちょこんと出した姿は、先にみた子犬像同様に愛らしいものがある。これは父運慶の影響を強く受けながらも、独自の穏やかな作風を確立した湛慶の特徴を示すものとかねてより指摘されており、本像も湛慶とその工房による造立とみられる。

一方、嘉禎四年の住吉明神勧請時の製作とされる一対は、先の三対に比べると体軀が太づくりではあるものの、湛慶が創出した獅子・狛犬の延長線上にあるものといえ、湛慶その人とは断言できないものの、馬と同様にその工房ないしは周辺の仏師による可能性もあるのではないだろうか。

おわりに

以上、想像の世界に遊びすぎてしまったきらいもあるが、高山寺の彫刻作品について明恵、快慶、湛慶の人間関係をひとつの軸として考えてみた。しかし明恵に関わる造像がすべて慶派仏師によるものかというと、必ずしもそうではない。かつて京都・仁和寺の一院であった常楽院に伝来し、現在は国有となった釈迦如来立像は仏師院賢が嵯峨・清凉寺（せいりょうじ）の奝然請来像（ちょうねんしょうらいぞう）を模刻したものであることが指摘されているが、その造立に明恵が関わった可能性がある。

同像は高山寺ちかくの西明寺（さいみようじ）にいまも伝えられる、やはり清凉寺の模刻像と同木から彫出されているとの伝承もあり、三国伝来の釈迦の模刻像に対する信仰、すなわち釈迦そのものに対する明恵の思慕が、そこにあらわれているのではないかとも想像される。

今後もさらにさまざまな視点から、明恵および高山寺に関わる彫刻作品に関して調べていきたいと考えている。また、明恵とゆかりのある彫刻作品や新資料のさらなる発見も、まだまだ期待される。それは明恵の故郷和歌山なのか京都市中か、あるいは意外と高山寺の内部であったりするのかもしれない。

さらなる興味は尽きないが、このあたりで筆をおくこととする。

〔主要参考文献〕

毛利久「運慶・快慶と高山寺・十輪院」（『史迹と美術』二五五、一九五五年）

毛利久「高山寺神像・狛犬の作者について」（『仏教芸術』三二、一九五七年）

田邉三郎助「鎌倉彫刻の特質とその展開—湛慶様式の成立を中心に—」（『國華』一〇〇一、一九七八年）

西川杏太郎「高山寺の動物彫刻」（『國華』一〇八九、一九八五年）

塩澤寛樹「湛慶様式に関する基礎的研究」（『鹿島美術研究（年報第一三号別冊）』一九九六年）

伊東史朗「高山寺動物彫刻の意義と明恵上人」（『南都仏教』八二、二〇〇二年）

淺湫毅「練行衆「運慶」は仏師「運慶」か」（『別冊太陽一七六　運慶　時空をこえるかたち』平凡社、二〇一〇年）

淺湫毅「明恵上人と仏師湛慶をめぐる物語」（『鳥獣戯画　京都　高山寺の至宝』（図録）、東京国立博物館・朝日新聞社、二〇一五年）

慈母のまなざしに抱かれた修練の日々
—仏眼仏母像—

谷口耕生

はじめに

頭上に獅子を象った大きな冠を戴き、堂々たる白肉身に白衣をまとって白蓮華の上に坐す御仏。高山寺に数多く伝来する仏画の中でもひときわ高い画格を誇る国宝仏眼仏母像（口絵2）は、明恵その人の念持仏であることが画中の自筆賛文の存在によって判明する稀有な画像として広く知られている。

モロトモニアハレトヲホセワ仏ヨキミヨリホカニシル人モナシ　无耳法師之母御前也／哀愍我生々世々不暫離／南無母御前　〳〵／南無母御前　〳〵／釈迦如来滅後遺法御愛子成弁紀州山中乞者敬白

この自筆賛文において、成弁と名乗っていた若き明恵は、仏前で右耳を切るという行為で示される仏道への真摯な決意を「无耳法師」という自称に込めるとともに、自分の母と見なした仏眼仏母像に対する強い恋慕の思いを繰り返し表明している。そもそも仏眼仏母は、世界の真実の相をすべて見通すことができるという仏の眼を尊格化した密教尊であり、その仏眼に具わる優れた智恵は諸仏菩薩を出生する母であることから、仏母と称される。八歳で両親を失った若き明恵は、こうした仏眼仏母を実の母のように慕い、その眼差しに見守られながら日々の修行に励んだのである。

明恵の仏眼仏母尊に対する熱烈な信仰については、後に詳しく見ていくとおり、『高山寺明恵上人行状』(『仮名行状』『漢文行状』がありともに『明恵上人資料第一』所収、以下『行状』)をはじめとする明恵の伝記史料に詳述されている。その一方、現存する高山寺本仏眼仏母像(以下、高山寺本)そのものについての直接の言及はこれらの伝記史料には一切残されていないことから、多くの先行研究がありながらも、制作時期や画家、制作背景、大きな獅子冠を被る特異な姿に描かれる理由など、重要な問題が未だ十分に解明されているとはいいがたい。そこで本稿では、明恵の著作や伝記史料に残された仏眼仏母に対する祈りの足跡を丁寧にたどっていくことで、それらの謎に可能な限り迫ってみたいと思う。

一 仏眼法による修練

仏母との出会い

わずか九歳にして高雄神護寺(たかおじんごじ)で僧侶としての修行を始めた明恵は、文治四年(一一八八)に叔父の上覚房行慈(ぎょうじ)のもと十六歳で出家し、十九歳になった建久二年(一一九一)に上覚の師である理明房興然(こうねん)より金剛界を伝授されたという。ここに明恵は密教僧としての第一歩を記すこととなった。

『行状』にはその後の密教修練について「仏眼ヲ本尊トシテ恒ニ仏眼ノ法ヲ修スルヲ業トス」と記されており、若き明恵が仏眼仏母を本尊とする仏眼法を特に重視していたことが知られる。建久二年三月、明恵は高雄において『仏眼仏母念誦次第(ねんじゅしだい)』(高山寺聖教類第三部二三六)を書写しているが、その奥書によれば底本となったのは醍(だい)醐寺金剛王院(ごじこんごうおういん)流の開祖・三密房聖賢(せいけん)(一〇八三~一一四六)の本だったようだ。同年に金剛界法を明恵に授けた興然は内山永久寺の亮恵を介して聖賢の金剛王院流血脈を受けた人物であり、この本も興然が明恵に与えたものである可能性が高い。さらに二年後の建久四年九月には、仏眼仏母尊の経軌である金剛智訳『金剛峯楼閣一切瑜伽瑜祇経（瑜祇経）』巻下「金剛吉祥大成就品」（高山寺聖教類第二部六二（二））を東大寺尊勝院で書写しており、その奥書には「神護寺住僧兼東大寺住侶真言流子幷花厳末学大法師成辨」と署名していることから、東大寺での華厳修学と平行して仏眼法の修得にも努めていた様子がうかがわれる。

明恵が熱心に励んだ仏眼法は、毎日朝夕二度の勤行であり、朝に道場に入って夕刻に出堂し、さらに初夜に道場に入って時に暁の三時に及ぶこともあった。仏眼真言を一百八遍誦持すれば諸仏位および灌頂位が得られるという功能を特に強調し、長期間にわたって他行を交えず一心にその真言だけを誦していたという。そしてその修行中に不思議な好相や夢想を得ることも、一度や二度ではなかったようだ。

夢想・奇瑞の数々

明恵が生涯にわたって夢を見続け、『夢記』という形でその夢を日々克明に記録し、夢想や夢告として示された内容が明恵自身の仏道実践とも密接に関わっていることは広く知られている。とりわけ『行状』に取り上げられる夢の多くは、明恵の重要な宗教的な行動方針の決定や宗教的願望の達成という局面において記述されているという（参考文献奥田論文）。仏眼法の厳しい修練を通じて得られた夢想や奇瑞の数々も『行状』に列挙されており、ここから明恵が仏眼仏母尊に抱いていた特別な感情と、その祈りを通じて仏眼尊に対して期待した功徳の内容を垣間見ることができるので、以下に一つひとつ見ていくことにしよう。

冒頭に挙げられるのは、明恵が何日にもわたって一心に仏眼真言をとなえた時に見たという夢。天童が殊勝奇麗な宝で荘厳した輿に明恵をのせ「仏眼如来、仏眼如来」と連呼しながら練り歩くのを見て、明恵自身がすでに仏眼になったと思ったというものである。「仏眼如来、仏眼如来」と連呼するというのは、仏眼如来の真言をとなえることの暗示であり、仏眼真言誦持の修行の成果として得た好相がこの夢だったのだろう。

明恵の孫弟子にあたる高山寺の仁真が著した『真聞集』（『明恵上人資料第三』所収）には、仏眼の印言（印と真言）を誦持して「入我我入」、すなわち本尊である仏眼如来のすべての働きが修行者自身に入り込み、また修行者のすべての働きが仏眼如来に入り込む時、自らが仏母尊になるという明恵の口伝が記されている。仏眼真言を一心にとなえる行法中に見たという明恵自らが仏眼如来になる夢は、右記の口伝に示される仏眼法の観想を踏まえたものだったに違いない。

続いて、荒れた家にいる明恵の足元に無数のヘビやサソリなど恐ろしい悪虫がいたものの、仏眼如来に抱かれて逃れることができたという夢。この夢の中で明恵は仏眼如来に対し「我母ナリ」という思いを述べている。さらに馬に乗って険路を行く明恵を仏眼如来が指縄を引いて先導する夢や、仏眼の懐に抱かれて常に養育される夢からも、明恵は仏眼如来に対し、自らを懐に抱きながら庇護し、慈しみ育んでくれる母のような存在として心を寄せていたことがうかがわれる。慈母としての仏眼仏母尊への恋慕は、高山寺本の画中に明恵自身が記した「无耳法師之母御前也」という言葉にも端的に示されているものである。

さて、仏眼法の修行中に体験した数多くの夢や奇瑞の中でも、背中に星形をもつ猪が現れたという出来事は、

『行状』だけでなく『上人之事』『高山寺縁起』など弟子たちが編纂した伝記・縁起類にたびたび言及されており、明恵にとって特別の意味をもつものだったようだ。建久年間（一一九〇〜九九）のある日、後に高山寺の寺地となる栂尾山麓の外畑歓喜園において一心に仏眼法を修し、深夜丑刻になって堂を出て下方を見下ろしたところ、六〜七匹の猪の群れが現れ、その一番前を行く猪の背中に径三四寸ばかりの星形が五〜六個鮮やかに光り輝いていたという。明恵は、この時まみえた不可思議な瑞獣を北斗七星が降り下ったものと見なし、仏眼法が成就した

との瑞相であると解釈を加えるとともに、この奇瑞が猪によって北斗七星を捕らえたという一行禅師の説話と関連することを示唆している。一行は唐代の著名な密教僧であり、星宿信仰に関わる著述を多く残したことでも知られるが、ここにいう一行禅師の伝とは北宋・端拱元年（九八八）に編纂された『宋高僧伝』所収の一行伝であることが明らかにされている。一行の北斗七星信仰に関わる説話を前提としたこの奇瑞を仏眼法成就の瑞相と捉えていることは、明恵が仏眼法を星宿信仰と密接に関わる密教修法と見なしていたことの証しといえるだろう。

『行状』はさらに、明恵が遠く離れた死の瀬戸際にいる人に対し、使者を介して仏眼法を修し祈請したところ、延寿の前兆である白雉が現れるという奇瑞があったことを伝えている。この奇瑞と前後して明恵は、海に沈み入りそうになっていたこの病者を赤色の馬が背に乗せて助けるという夢を見たといい、これは七曜のうち金曜星の助けにより延寿の功徳が得られたものと解釈している。

最後に取り上げるのは、仏眼如来より一通の消息を受け取ったという夢。明恵が夢の中で受け取った消息の表書には「明恵房仏眼」と書かれていたといい、明恵の房号が仏眼仏母尊と密接な関わりをもって名付けられたことを示唆するものである。これは、仏眼真言を一心に読誦したところ明恵自らが仏眼如来になったと認識する冒頭に取り上げた夢と同様、夢の中で仏眼如来との一体化を感得することで、仏眼法の成就が暗示されているのだろう。『行状』はこの夢に続けて、これらの好相が、生死を離れて成仏の位に至るまで仏眼尊が常に慈悲の力を差し伸べてくれたことにより成就した瑞相である、という明恵自身の言葉を引用している。ここに示される「仏眼尊に導かれて成仏の位に至る」という瑞相は、「仏眼真言を誦持して諸仏位を得る」という、明恵が特に重視したと見られる仏眼法の功能に対応するものと見て間違いない。

以上の夢や奇瑞の数々を通じて示される、明恵が仏眼仏母を本尊とする仏眼法に期待した功徳は、おおよそ以下の四点に集約することができるだろう。すなわち第一に慈母のごとく寄り添いながら仏道修行に導いてくれる、第二に北斗七星や七曜などの星宿に対する信仰と密接な関係をもつ、第三に祈禱によって延命の功徳が得られる、第四に修法の成就によって仏位・灌頂位が得られる、というものだ。

特に第四の仏位・灌頂位が得られるという功徳については、明恵が高山寺本をどの時点で自らの本尊として迎えたのかを考える上で重要な手がかりを与えてくれるように思われるので、後ほど詳しく考察を加えたい。

『華厳経』「十地品」と右耳截断

あまたの夢想・奇瑞にまみえながらひたすら仏眼法の修練に打ち込んだ明恵は、仏眼仏母像の前で自らの耳を切るという、その生涯において最もセンセーショナルかつ、仏教者としての階梯を登る上で特別な意味をもつ行動を起こすことになる。

建久六年の秋頃、高雄神護寺を出ることを決意した明恵は、聖教を担い仏像を背負って故郷の紀州湯浅(ゆあさ)に下向し、栖原村の白上峯(しらかみのみね)に草庵を結んでそこを居所とした。明恵が仏眼如来像の前で耳を切ったのは、この白上峯での厳しい修行中でのことだった。

明恵は仏眼如来の御前で刀を取って右の耳を切ると、血が飛び散って本尊や仏具にかかり、その血は高弟喜海(きかい)が『行状』を記した時点でいまだ消えていなかったという。同じく高弟の高信が建長五年に著した『高山寺縁起』(『明恵上人資料第一』所収)「禅堂院」条には、この衝撃的な事件の状況が以下のようにより詳しく記されている。明恵が白上峯で練行の時、仏眼尊の前で右耳を切ったところ、その血が本尊の蓮華座ならびに閼伽器(あかき)などに飛び散り、血が朽ちてそのまま残っていた。遺弟たちはこのことを貴重に思い、彼の仏具を納置し、別の仏具をもって改めて据えたというのだ。

この仏眼仏母像の前における右耳截断という激烈な行為に続き、明恵は耳の痛みに耐えながら、泣く泣く声を上げて『華厳経』「十地品」の読誦を続けたという。すると、眼上の虚空に大きさ三尺ほどの金色身の文殊菩薩が、金獅子に乗って顕現したというのである。以上の右耳截断から「十地品」読誦、そして文殊顕現の感得へと至る出来事について、いずれも『華厳経』「十地品」の読誦を淵源とする一連の宗教体験だったと指摘されることは極めて重要な意味をもつ（参考文献柴崎論文）。

明恵は右耳を切ったその日の夜に夢を見た。その夢の中に一人の梵僧が現れ、如来の前で自己の耳を截断するという行為が、菩薩行のうち頭目手足を施与するという難行・苦行に相当すると告げたという。『華厳経』「十地品」は、菩薩が修行して得られる十の階梯である十地について説く。その十地のうち初地の歓喜地において成就すべき種々の布施行の中に、如来への供養として頭目耳鼻・肢節手足の布施が説かれているのだ。明恵が右耳截断の夜に見たという夢想は、この『華厳経』「十地品」に説く布施行に基づくと考えられており、文殊菩薩顕現の感得もまた十地の菩薩行を成就した好相とされる。

文殊菩薩の顕現に続いて『行状』に掲載される夢は、これら一連の宗教体験と『華厳経』との密接な関わりをさらに強く印象づけるものとなっている。その夢とは次のようなものだ。

大海の中に五十二位の石が、一丈ほど間を隔てて沖に向かって並んで置かれており、自らが踏んで進むべき石だと思われた。そこで、その石を一つずつ踏みながら十信・十住から十地・等覚へと次々と進んでついに妙覚の石に至り、その上に立って見ると、大海には水平線が広がっており、十方世界すべてを隔てるものなく見ることができた。明恵はこの十地を含む五十二位の石を踏み進む夢について、成仏得道までの道のりを示したものと解釈している。この夢は、善財童子がのべ五十五人の善知識を訪ね廻って修行を積み重ね、最後に菩薩五十二位の妙覚位に達することにより悟りを開くという、『華厳経』「入法界品」の内容を踏まえたものだろう。

さて、仏眼仏母像の御前で実践された一連の宗教行為の過程で見たというこの五十二位の石を踏み進む夢は、仏眼法で明恵が特に重視した諸仏位・灌頂位を得るという功能と決して無関係ではないように思われる。そもそも仏眼仏母の所依の経典である『瑜祇経』「金剛吉祥大成就品」には「十地を超過す」（『大正新脩大蔵経一八巻』一一六二頁）という功徳が説かれているのであり、若き明恵が日々励んだ仏眼法は、密教修法としての意義に加え、あるいはそれ以上に『華厳経』「十地品」「入法界品」に説く菩薩行の修練と見なしていた可能性を強調しておきたい。

建久七年の明恵

これまでに見てきたとおり、明恵が仏眼法による修練の最中に見たという夢想や奇瑞の数々、仏眼仏母尊を前に行った右耳截断に関する『行状』の記述は詳細を究める一方、個別の出来事の正確な年月日は示されておらず、各事績の前後関係も不明といわざるを得ない。そうした中で、明恵が二十四歳の時に仏前において自身の右耳を切って三宝に供養したという、弟子の禅浄房（ぜんじょうぼう）が記した『上人之事』（『明恵上人資料第一』所収）の記述は大変重要な手がかりを与えてくれる。明恵の二十四歳は建久七年に当たる。つまり仏眼仏母尊を前にした修練の成就の証しとして、右耳截断から文殊菩薩の見仏に至る一連の宗教体験があったとすれば、それは紀州白上峯で修行の日々を送っていた時期とされる建久七年の出来事だったことが判明するのである。

ここで建久七年の夏、明恵が高雄神護寺において仏眼法の集中的な修練を行っているという事実に注目すべきだろう。建永元年（一二〇六）六月二十日に明恵自身によって著された仏眼法の次第書である『仏眼』（高山寺聖教類第一部二七七）には、建久七年七月の神護寺における仏眼法で用いた図に関する、以下のような極めて重要な記述が認められる。

図　白色にして定印に住す。五仏宝冠を戴き、荘厳は常の如し。左右御腹従り各三仏頭流出し、化仏螺髪形也。化仏の頸以上現る云々。以上の真言幷図、是建久七年七月神護寺に於いて、殊に精誠を致し二七ヶ日の仏眼法を修す。其の間道場に於いて云々。

この史料によって、紀州白上峯で修行中だった建久七年七月、一時的に神護寺に戻って修行に励んでいた事実が判明することも興味深いが、何よりこの十四日間にわたって神護寺で修した仏眼法の本尊画像が、白肉身で定印を結び、五仏宝冠を戴くという通常の荘厳だったという記述は、当時明恵が礼拝していた仏眼仏母画像の像容を示すものとしてとりわけ重要な意味をもつ。この仏眼法の修法中、明恵は本尊画像の左右脇腹より各々三つずつ螺髪形の仏頭が現れるというなんとも異様な夢想を得ているが、これは明恵が修行を始めた当初から特に重視していた禅観・観仏に関する経論である曇摩蜜多訳『五門禅経要用法』（ごもんぜんきょうようようほう）のうち、「更に観じて即ち仏の出るを見る。満腋下及び腰中に仏の出る有り。凡そ四仏出る。四仏出で已に四仏身を見る」（『大正新脩大蔵経十五巻』三二六頁）という記述を想起させるものである。『行状』において仏眼法の最中に「仏眼尊親形を顕して其前に現ず」とあるのもこの時の出来事を指すと見られ、弟子たちによって後世まで語り継がれる特筆すべき奇瑞だったようだ。

以上に見てきたとおり、建久七年の夏は、明恵にとって仏眼法の修練に集中的に励み、多くの奇瑞・夢想を得ながら、同修法の一定の成就を遂げた時期に相当する。この時期に仏眼法の本尊として礼拝していた仏眼仏母像は、白肉身で定印を結び五仏宝冠を戴くという姿だったことが知られるが、明恵が自らの耳を截断したのも同じ仏眼仏母像の御前での出来事だったと考えてよいだろう。すると、五仏宝冠ではなく獅子冠を頭上に戴く高山寺本が、この建久七年時における明恵の仏眼法本尊であるという従来の見解に根本的な疑問が生じてくるのである。こうした問題意識を踏まえつつ、次節では高山寺本の相貌の秘密に深く迫ってみることにしよう。

二　仏母の相貌

白色等身

高山寺本に描かれる仏母の相貌を具体的に見ていくと、白い肉身に白い衣を着け、白い蓮華座の上に坐すという、全身真っ白な姿がまず目に飛び込んでくる。さらに高山寺本と正面から向き合うとき、堂々たる体軀を誇る尊容に誰もが圧倒されるに違いない。三枚の絹を継いだ縦一九三・三センチ、横一二八・四センチの大画面いっぱいに描かれる仏眼仏母像は、髪の生え際から膝下までの高さで九〇・五メートルを測る坐像であり、実際の人体の大きさとほぼ等しい等身像として表されていることがわかる。

このような全身白色の等身像という極めて特異な姿に表される典拠については、仏眼仏母尊の像容を説く『瑜祇経』「金剛吉祥大成就品」の「大白蓮に住し、身白月の暉を作す」、「等自身量にして之を図画す。凡そ一切瑜伽中の像、皆身自坐等量之を画く」という記述に忠実に基づいたものと見られる。つまり、建久四年（一一九三）にすでに東大寺尊勝院で書写していた『瑜祇経』「金剛吉祥大成就品」が、高山寺本の像容の極めて重要な典拠となっていることが確かめられるのである。

法界定印

両掌を重ねて両第一指（親指）を立てるその印相は、法界定印と呼ばれ、胎蔵界の大日如来の印相としてもよく知られているものである。仏眼仏母が胎蔵界の大日如来と同体であること、仏眼仏母が結ぶ法界定印が胎蔵界大日如来の印であることは、鎌倉時代初期になると真言密教、天台密教を問わず密教の事相書でしばしば語られ

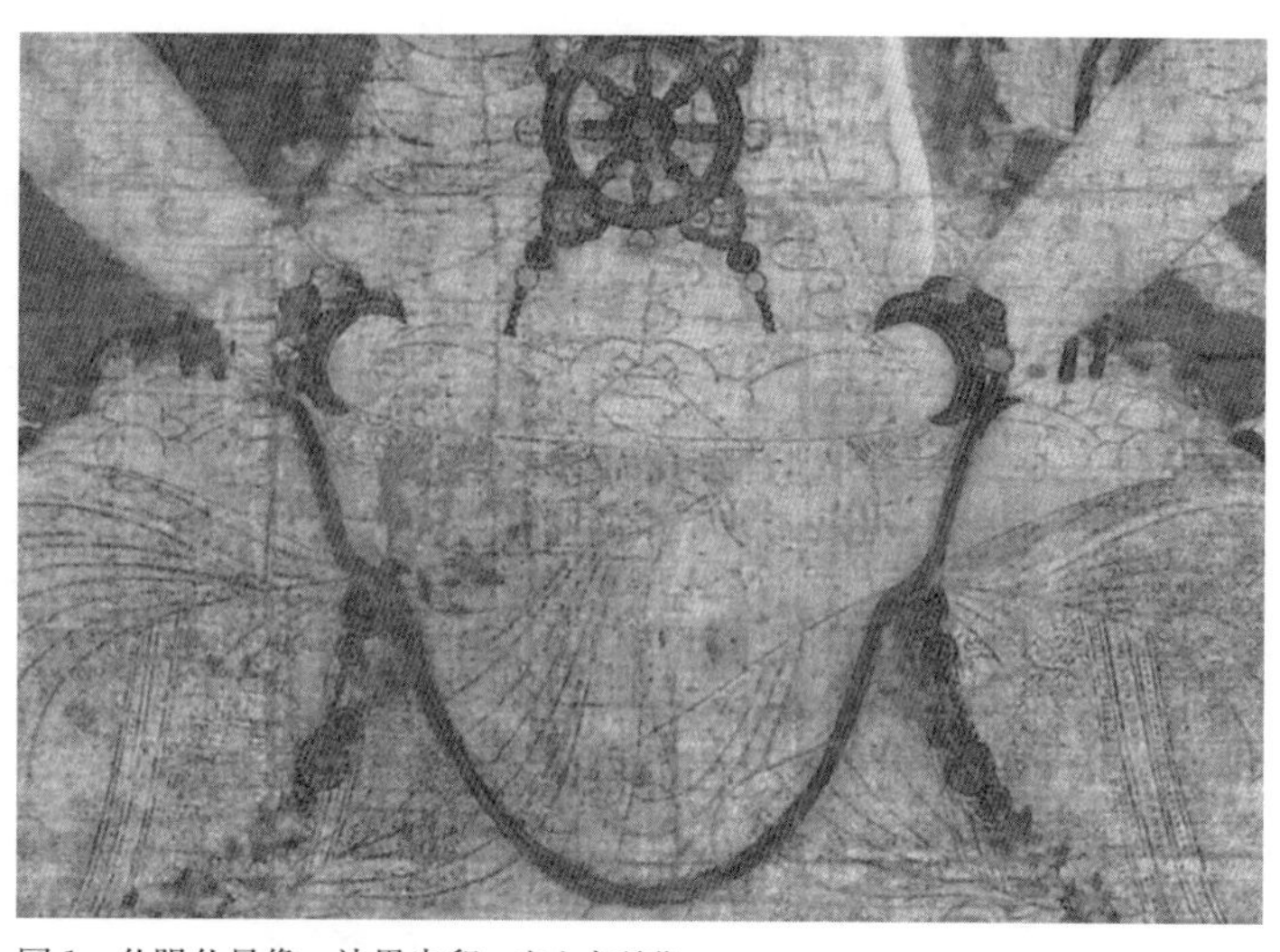

図1　仏眼仏母像　法界定印　高山寺所蔵

るようになるといい、法界定印を結ぶ高山寺本の像容もこうした胎蔵界大日との同体説を強く意識したものといえる。

さらに『瑜祇経』「金剛吉祥大成就品」では、仏眼仏母の観行・密印・曼荼羅法を説く中で「当に自身を我（仏眼仏母）形相の如く観じ、（中略）或いは根本印を結んで自身を加持し、法界定に住して速やかに当に一切智を獲得すべし」とあって、仏眼仏母の画像と対峙する密教修行者が、自分自身を仏眼仏母の形相であるかの如くに観想し、法界定印を結んで自身を加持すべきことを説いている。仏眼の印や真言を誦持すれば、仏眼如来と修行者自身の働きがお互いに入り込み、自らが仏眼仏母尊になるという明恵の口伝を先に引用したが、その出典はこの「金剛吉祥大成就品」の記述に基づくことは疑いない。すなわち、行者自身が仏眼仏母と一体化することを観想する際に、この法界定印が極めて重要な役割を果たすことが知られるのである。

ここで高山寺本の法界定印を結ぶ両掌の子細に観察すると（図1）、両手の五指を組んだ状態を詳細に描き込み、特に掌に隠れる指先の形までも朱線で描き起こしていることに気付く。これは、画像に対峙する人物が仏眼仏母の印相を詳細に観念し、自らも同様に法界定印を結ぶことで、仏眼仏母との一体化を観想できるように意図された表現と考えられる。

結跏趺坐

高山寺本において、仏母は白蓮華の上で両足を組み、それぞれの足の甲を反対の足の太ももの上に乗せるという、結跏趺坐（けっかふざ）の坐法で坐っている。特に本図のような右足で左足の太ももを圧する結跏趺坐の形は、悟りを開いた者の坐法として吉祥坐（きちじょうざ）と呼ばれ、種々の坐法の中で最も理想的なものとされる。この仏母の坐法でとりわけ注目されるのは、両足の甲が両太ももの上面に完全に乗るほど深く組み、その結跏趺坐の坐法がよく見えるように、組んだ足の全体を上方から見下ろすような視点で描いていることだ。こうした結跏趺坐の正しい坐法を強調して見せるような表現にも高山寺本の制作者の意図が強く反映されているように思われる。

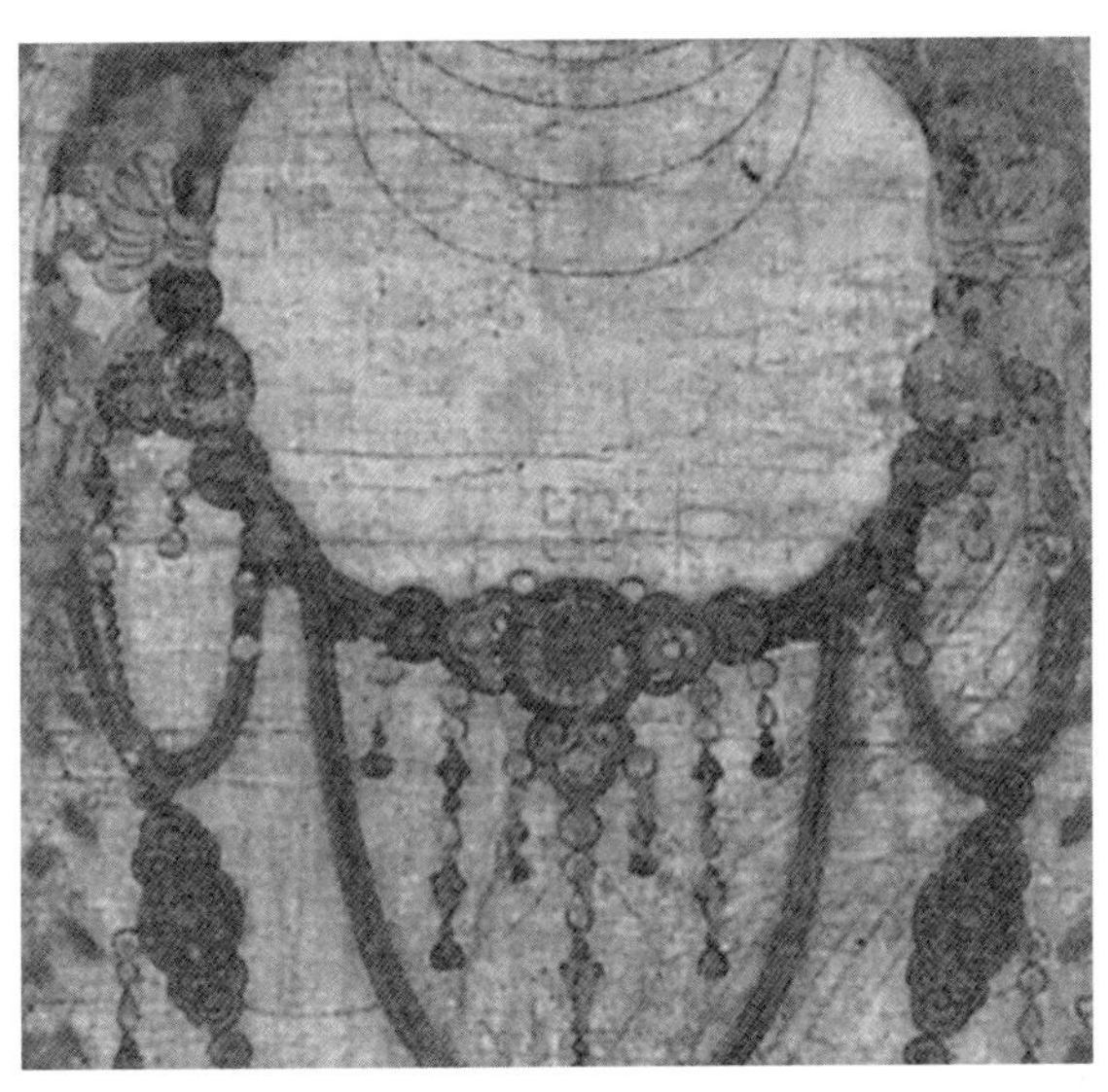

図2　仏眼仏母像　胸元の「卍」字形　高山寺所蔵

明恵が特に重視した禅観・観仏に関する経論として先に引用した『五門禅経要用法』では、「観るに已に蓮花有り。琉璃は茎と為る。黄金は台と為る。台上に仏の結跏趺坐する有り」とあって、観仏の対象となる仏の結跏趺坐する姿を強調している。明恵は当然この『五門禅経要用法』の文言を知っていたに違いなく、自身の観仏に際しても、結跏趺坐する仏の坐法を特に意識していたことは想像に難くない。高山寺本の結跏趺坐を強調した姿は、明恵が熱心に取り組んだ観仏の本尊として極めてふさわしいものであることが理解されるだろう。

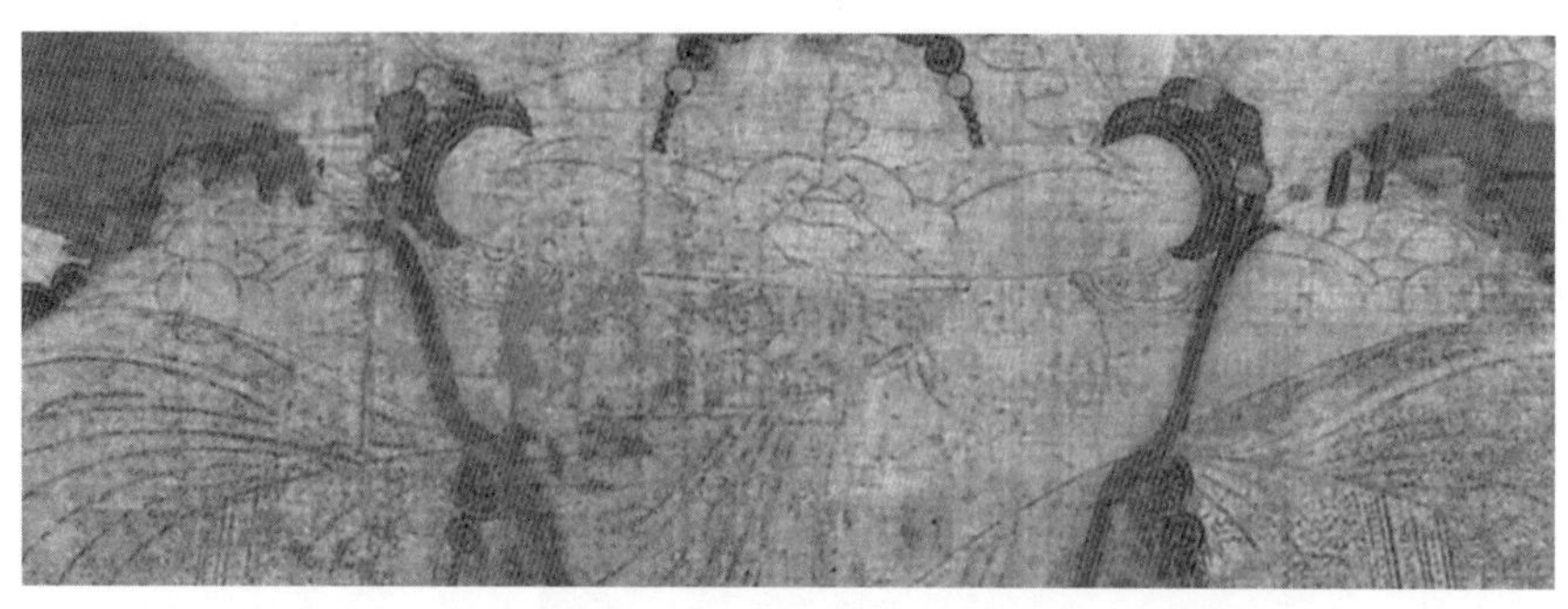

図3　仏眼仏母像　両足裏の輪宝を象った文様　高山寺所蔵

仏の相好

『五門禅経要用法』にはさらに「若し観仏の時、当に至心に仏の相好を観ずべし」とも説かれており、この記述も高山寺本の像容の重要な典拠となった可能性がある。「相好」とは三十二相八十種好を略した言葉で、仏の身体だけがもつという三十二および八十の特殊な特徴を指すものであるが、高山寺本にはこの三十二相を特に強調して表現したと思しき描写が認められるので、以下に一つずつ確認していこう。

まず仏母の胸元、胸飾の中央真上の白い肉身に、濃い朱線で直接「卍」の字形が書き起こされている（図2）。これは『長阿含経』などの経典に仏の三十二相の一つとして挙げられる「胸有万字」を表現したものに違いない。また、法界定印を結ぶ両手の各第一指と第二指の間をよく見ると、網目状の膜のようなものが墨線で描写されており、仏の手足の指間に水鳥のような水かきが付くという、三十二相のうち「手足縵網相」の表現と考えられる。さらに、両足裏の輪宝を象った文様（図3）は、三十二相のうち「千輻輪相」を表現したものである。

以上の卍相・縵網相・千輻輪相はいずれも仏の三十二相に基づく仏像表現の代表的なものだが、画像でこれらの描写をすべて具える作例が極めて稀であることから、ここにも高山寺本の発願者の意図が強く反映されていると考えられる。つまり、高山寺本の制作に当たって相好を具える理想的な仏母の姿が求められた結果、こうした三十二相を象徴する表現が選択されることになったのだろう。

獅子冠

これまでにたびたび取り上げてきたとおり、頭上に大きな獅子の頭部を象った冠を戴く（図4）ことが、高山寺本の極めて重要な図像上の特色となっている。このような仏眼仏母が戴く獅子冠の典拠については、すでに先行研究において関連する白描図像や口伝の存在が指摘される一方、経典上の典拠は確認できないことが明らかになっている。そして、高山寺本の獅子冠の特異なまでの大きさについては、仏眼仏母が胎蔵界大日如来と同体であるとする口伝を踏まえ、大日如来が戴く五仏宝冠を基に改変して描いた結果、必然的に背の高い大きな獅子冠となったという見解が示されている（参考文献内田論文）。

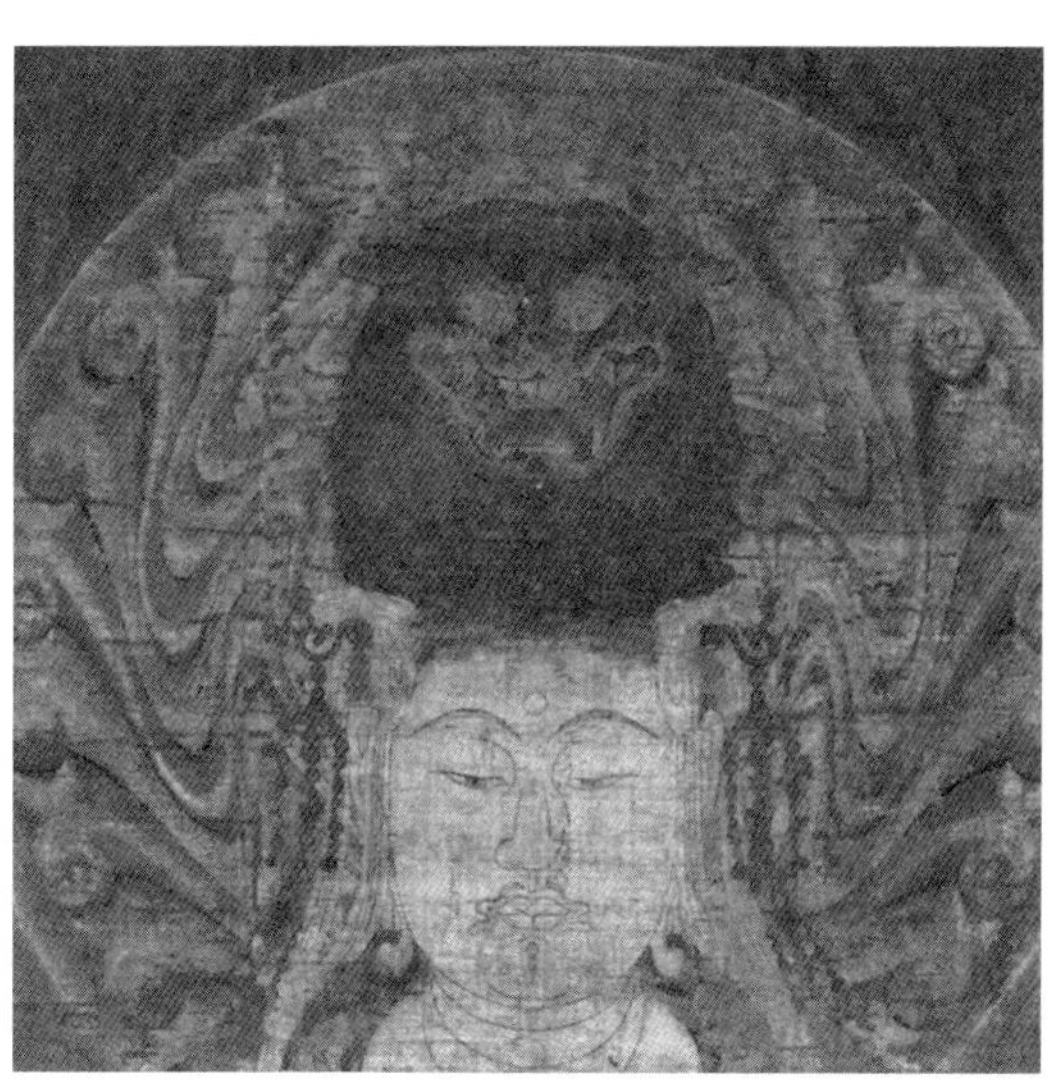

図４　仏眼仏母像　頭上の獅子冠　高山寺所蔵

実際、宝冠の大きさだけでなく、服制や腕釧（わんせん）・臂釧（ひせん）・胸飾などの装身具の形式、さらには広い肩幅に対して細く引き締まった腰を表す体軀表現に至るまで、神護寺伝来の高雄曼荼羅に描かれる金剛界および胎蔵界の大日如来像との図像上の近似を指摘する研究もあり（参考文献増記論文）、高山寺本の制作に当たって先行する大日如来像の図像が大いに参照されたことは疑いない。

しかし、こうした大きな獅子冠を戴く高山寺本の像容については、従来、明恵の仏眼仏母に対する信仰と直接結びつけて論じられることは無かったように思われる。ところが、先にも取り上げた明恵の孫弟子にあたる仁真の『真聞集』を紐解くと、「仏眼栂尾御口伝」つまり仏眼法に関する明恵の口伝の中に、「五仏冠ノ師子冠ト成ル事」という記述を見出すことができるのである。同口伝には「五仏冠は五智を表す。智恵は一切の菩提を断す。師子王の群獣を摧伏するにたとふるなり云々」とあって、五仏宝冠が獅子冠となる根拠を明示している。

さらにこの後に続く明恵の口伝には、「本尊は師子冠を戴けり。印に五仏冠の印を結ぶ事。仏眼は金剛サタの所反にて五仏冠をいただけり。吉祥門にいつる時、師子冠を戴く也。五仏冠か反して師子冠と成る也云々。已上、空達房之を記す。仏眼法の事はかりは空達房記す也」とあって、仏眼法の本尊が獅子冠を戴くこと、本尊が五仏冠の印を結ぶこと、五仏冠が変じて獅子冠となることを明らかにしている。これら口伝はまさに、高山寺本の大きな獅子冠が五仏宝冠を改変して成立したものとする先行研究の指摘を裏付けるものといえるだろう。

ここで注意しておきたいのは、以上の口伝が明恵の高弟・空達房定真（じょうしん）によって記されたものと言及されていることだ。定真は、密教を明恵と同様に理明房興然（こうねん）に学び、文覚（もんがく）や上覚（じょうかく）のもと高雄神護寺に所属し、のちに明恵に師事して高山寺の寺主を継いだ学僧である。特に最後の一文によって、明恵の仏眼法に関わるこれらの口伝は定真のみが記し伝えたものであることが強調されており、獅子冠を戴くという明恵の口伝が高山寺本の図像に投影された経緯にも、定真の一定の関与が示唆されているようで大変興味深い。

建久七年七月の神護寺における仏眼法、さらには同年の紀州白上峯における仏眼仏母像御前での右耳截断の時点で、明恵の仏眼法の修練は多くの夢想を伴いながら一定の成果を得ていたと見られるが、この時点における仏眼法本尊像はあくまで五仏宝冠を戴く通例の姿だった。これに対し、獅子冠を戴く高山寺本が成立するには、右記の口伝に示される明恵が到達した独自の仏眼仏母観の確立が不可欠であり、建久七年時点からさらに修練を進めて仏眼法の完成に至る極めて重要な契機があったことが予想されるのである。

唐本善知識曼荼羅からの影響

高山寺本の面貌は、面長の輪郭、上瞼が中央で少し波打つ切れ長の眼、強く張りのある弧線で表される長い眉と眼窩線、二本の線で鼻梁を表す大きな鼻と厚い唇をもつ。慈悲深い仏母でありながら、むしろ男性を想起させるような意志的で厳しい表情を作り出しているのだ。この鼻梁線を表す面長の造形は中国宋代の仏画に顕著に見られる特色であり、本図が先行する唐本画像、すなわち中国大陸から渡来した仏画を規範としていることは従来の研究でもしばしば指摘されてきた（参考文献石田論文、大原解説など）。

高山寺本の宋画から影響を受けたと見られる描写は面貌以外にも及んでいる。たとえば、仏母の白色の着衣に銀泥を用いて表される文様のうち、五重矢筈形菱入り二重斜格子文は承元二年（一二〇八）頃の東大寺俊乗堂阿弥陀如来立像、雷文繋ぎ文は承久三年（一二二一）頃の光台院阿弥陀三尊立像という、いずれも仏師快慶の彫刻作品に施される截金文様が年記の判明する最初期の採用事例となる。快慶作品については宋代彫刻の彩色技法から大きく影響を受けていることが明らかにされており、これら快慶作品と同じ文様が採用されている高山寺本の彩色も、同様に先行する宋画の技法を学んだ可能性が高い。また、高山寺本の基底材として用いられる画絹についても、経（縦糸）と緯（横糸）の織り組織が鎌倉時代前期の特徴を示す一方、経と緯の太さのバランスが同時期の南宋仏画に用いられるものに近似することから、宋から輸入した絹を用いた可能性が指摘されていることにも留意すべきだろう（参考文献泉論文）。

以上に見てきたとおり、高山寺本に用いられる表現技法や素材には、宋代仏画からの影響が明確に認められるのである。つまり、高山寺本の制作に当たって先行する唐本画像が参照された可能性は極めて高いといえるが、その唐本の姿を知る上で、高山寺に伝来した五聖曼荼羅は極めて重要な手がかりを与えてくれる。華厳の修行法である仏光三昧観の本尊として明恵が考案した五聖曼荼羅は、毘盧舎那如来を中尊として文殊・普賢・弥勒・観

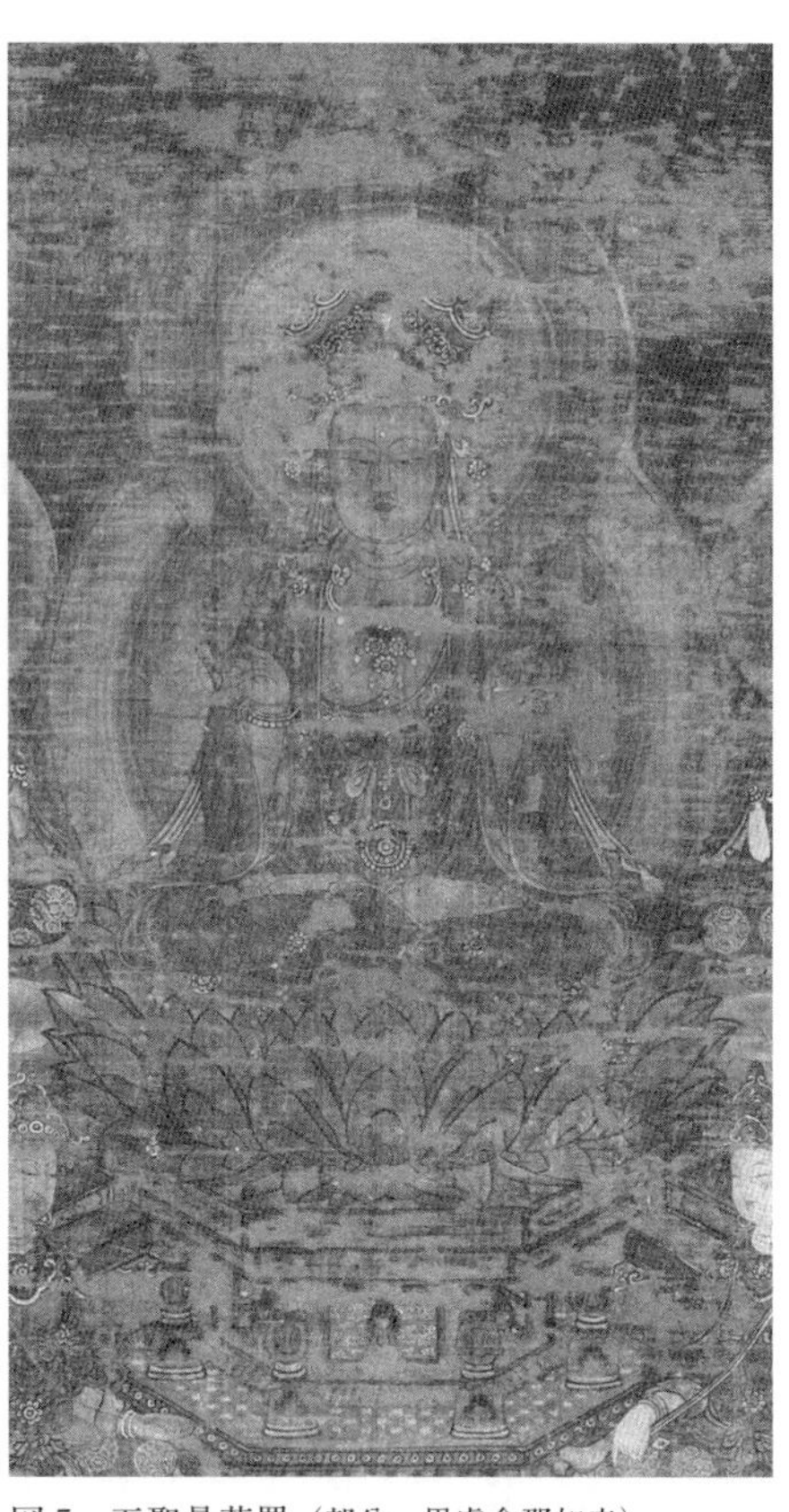

図5　五聖曼荼羅（部分，毘盧舎那如来）
高山寺所蔵

音の四菩薩が囲繞する五尊で構成される。このうち中尊の毘盧舎那如来（図5）に着目すると、鼻梁線を明確に表す面長の顔立ちや、両足裏に表される千輻輪文、白色を基調とする肉身や着衣、着衣に施される銀泥の雷文繋ぎ文、白い蓮弁を縦一列に四段配置する蓮華座など、その像容や表現が一見して高山寺本に近似していることに気付く。

高山寺本と五聖曼荼羅中尊の像容の近似は明恵の著作によっても確認することができる。たとえば、明恵の完成された仏光三昧観の式次第である『仏光観広次第』（『明恵上人資料第三』所収）は、五聖曼荼羅の中尊毘盧舎那如来について、「等身量也」「身色如白月」「足下千輻輪中各放百億大光明」、すなわち等身の大きさで白肉身、足裏に千輻輪文を表すという、高山寺本と共通する特色を具えた像容を観想すべきことを説いている。さらに明恵は『華厳仏光三昧観秘宝蔵』において毘盧舎那如来の像容を「唐本善知識中尊図」によるべきと記述しており

(『大正新脩大蔵経七二巻』九三頁)、ここに五聖曼荼羅中尊と高山寺本に共通して認められる宋風の典拠となった可能性のある唐本画像の存在を見出すことができるのである。

『華厳仏光三昧観秘宝蔵』が言及する「唐本善知識中尊図」とは、明恵が唐本図像に基づいて流布させた華厳海会善知識曼荼羅の中尊毘盧舎那如来像のことをさす。明恵は建仁元年(一二〇一)十一月に絵仏師俊賀法橋に初めて「善知識曼荼羅」を図絵させているが、『行状』によればこの曼荼羅は、明恵自らがそれ以前の建久年間(一一九〇~九九)に写し取った「唐本善財善知識図」の紙形に基づくものだったという。五聖曼荼羅中尊の典拠となった「唐本善知識中尊図」とは、この「唐本善財善知識図」の中尊像をさすことは間違いない。明恵の時代にさかのぼる華厳海会善知識曼荼羅は残念ながら現存しないものの、その姿を伝えると見られる東大寺本や園城寺本の中尊は、鼻梁線をもつ面長の面相、両掌を開いて上に向ける特殊な印相、白衣に施される雷文繋ぎ文、蓮華座の蓮弁の形式に至るまで五聖曼荼羅中尊に酷似しており、明恵が入手した唐本善財善知識図の姿を忠実に継承していることが確認できる。

つまり、明恵が直接まみえた唐本善財善知識図の紙形こそが、五聖曼荼羅にまで受け継がれていく宋代様式を色濃く反映した毘盧舎那図像の典拠になったと見るべきであり、その影響は高山寺本仏眼仏母像の図像や様式にも及んでいるに違いない。そもそも『華厳経』に説く毘盧舎那如来は密教の大日如来と同一の尊格であるが、明恵が胎蔵界大日如来と同体視される仏眼仏母像を制作するに当たり、先行する胎蔵界大日如来の図像に加え、手元にあった唐本善財善知識図紙形の中尊毘盧舎那如来像の像容も参照した可能性は極めて高いように思われる。等身で身色が白、雷文繋ぎをもつ白衣の表現といった高山寺本の特色は、明恵の意向を反映する形で唐本善知識図中尊を参照しつつて作り上げられたものだったと考えたい。

以上、高山寺本の他に例を見ない像容の特色について確認してきた。その結果、人体の大きさとほぼ等しい等身像として表されていることや、法界定印を結ぶ両手五指の詳細な描写、深く組んだ結跏趺坐の坐法、仏の三十二相に基づく卍相・縵網相・千輻輪相など、既存の図像だけでは説明できない、明恵の観法の実践と密接に関連して選択されたと見られる表現を見出すことができた。さらに明恵の口伝に基づいた可能性が高い巨大な獅子冠の描写や、明恵が所持していた唐本善知識図からの影響を受けたと見られる宋風表現を随所に確認した。

これらの事実から、高山寺本の像容は、明恵自らが手本とすべき紙形を提示し、細部の描写や形式に至るまで明恵が指示することで初めて成立するものであることが理解されるだろう。つまり高山寺本は、明恵自身の仏教実践の本尊として、明恵の強い意向を受けて制作が進められたと考えられるのである。

高山寺本については従来、若年の明恵が制作の主体となったと考えるよりも、上覚やその師である文覚など、しかるべき密教の師から与えられたものと一般的に考えられてきた。しかしその制作が、明恵の構想のもと、明恵自身の直接の関与によって進められたとすれば、それが可能となるのは従来考えられてきたよりも後の、明恵の仏眼法修行にとって特別の画期となるある特定の時期に想定すべきだろう。

三　仏眼法の完成と伝法灌頂

「釈迦如来滅後遺法御愛子」の署名

高山寺本の画中に記される自筆賛文において、明恵は自らのことを「无耳法師」「紀州山中乞者」と呼んでいることから、この賛文が書き付けられたのは、建久七年（一一九六）に紀州白上峯山中で自ら右耳を切った直後のことと一般に考えられている。しかしもう一つ、この賛文中で明恵が自らのことを「釈迦如来滅後遺法御愛子成弁」と名乗っていることに着目すると、これに近似する署名が特定のある時期に集中して用いられたものであることに気付く。

たとえば、建仁元年（一二〇一）三月十四日の日付をもつ『華厳唯心義』巻下の奥書に「如来滅後遺法狂師花厳宗沙門成弁」、建仁三年三月十一日の『夢記断簡』に「釈迦如来滅後遺法御愛子紀州海辺乞者」の自筆署名が認められる（参考文献野村論文）。また、紀州から高雄神護寺の上覚のもとに上洛する明恵が、本尊釈迦如来像との別れを惜しんで釈迦如来宝前に宛てた三通の消息が『漢文行状別記』に記載されており、この消息は前後の状況から元久二年（一二〇五）頃に記されたものと考えられている（参考文献熊田論文）。その奥書には「遺法御愛子成弁」あるいは「弟子乞者成弁」とあって、高山寺本の署名と近似することは明らかだ。このように高山寺本の賛文に見える「釈迦如来滅後遺法御愛子」の自署は、現存作例で見る限り、建仁元年以降の数年間に集中して用いられたと考えられるのである。

この「釈迦如来滅後遺法御愛子」に関連して、『行状』に以下のような大変注目すべき記事を見出すことができる。明恵は釈迦如来滅後の遺弟として慈父に捨てられたという深い嘆きを抱いて「如来滅後遺法御愛子」と自称していたが、ある時『宝積経』の経文に「我之所愛子」とあるのを見出し、その内容が「如来滅後遺法御愛子」の署名に妙に符合することに気付いたという。この出来事を契機として、明恵が自筆署名に「釈迦如来滅後遺法御愛子」を用いるようになったと見て間違いないだろう。『明恵上人神現伝記』（『明恵上人資料第一』所収）建仁三年正月二十九日の記事には、これと同じ内容を記した文が掲載されており、そこには『宝積経』に「我之所愛子」の文を見出した時期を「近年」と記すことから、「釈迦如来滅後遺法御愛子」の署名を使い始めたのが建仁年中あるいはそれにごく近い時期だったことが確かめられる。

以上の考察から、明恵が高山寺本に「釈迦如来滅後遺法御愛子」の署名をした時期が建仁年間前後と、従来考えられてきた時期より大幅に遅れる可能性が高まったといえよう。

建仁元年正月十一日「仏眼具足」の夢

高山寺本の画中に墨書される「釈迦如来滅後遺法御愛子」の自筆署名が記された時期を建仁年間前後とする推定が認められるのであれば、それはおのずと明恵が高山寺本を入手した時期を強く示唆するものとなる。これに関連して、建仁元年の『夢記』（『明恵上人資料第二』所収）には極めて注目すべき内容が記されているので、以下にその内容をたどってみたい。

建仁元年正月十一日の夢の中で、明恵は師の上覚とともに二艘の船で播州に下向しようとしていた。一艘の船には上覚が乗り、もう一艘の船には明恵の同行らが乗っており、明恵は当初上覚の船に乗っていたが、しばらくして「仏眼の具足を入れたる経袋」を上覚の船に置いたままにして、同行の船に乗り移った。すると同行の船は風を受けて速く走り出したため、上覚の船は遅れてしまい、明恵は経袋を上覚の船に残してきたことに後悔の念を覚えた。そのまま無事播州の宿所に到着し、経袋の行方を尋ねたところ、一人の同行がこの経袋をもってきたので、明恵は悦んでこれを受け取ったというのだ。

この『夢記』の文においてまず、上覚のもとに残してきたという「仏眼の具足を入れたる経袋」が、一人の同行によって上覚から明恵のもとにもたらされていることに注目したい。「仏眼の具足」を師の上覚から得るということは、仏眼法による修行の成就を強く示唆するものである。そして経袋を上覚から明恵のもとにもたらした同行とは、上覚のもとで高雄神護寺に所属し、建仁年間前後に明恵に師事するようになった空達房定真の存在を暗示しているのではないだろうか。

この夢の二年後に当たる建仁三年十月の『夢記』において、明恵は高雄の人々を乗せて川を進む大きな筏の夢を見たが、その筏の帆は当時「円法房（えんぽうぼう）」と名乗っていた定真がもってきた白布を懸けたものだったという。この夢は定真がこの時期に高雄神護寺より明恵のもとに参じた同行を代表する存在だったことを強く示唆するものといえよう。定真と明恵を結びつけたのは共通の師でもあった上覚だったと見られ、上覚の意を受けて定真が高雄から紀州の明恵のもとにもたらした仏典や仏具、口伝の類いも少なからずあったに違いない。建仁元年正月の夢において上覚が同行を介して明恵に与えたという「仏眼の具足」はその象徴的存在といえ、定真のみが明恵の仏眼法に関わる口伝を記し伝えることができる存在だったという『真聞集』「仏眼栂尾御口伝」の記述をも想起させる。

以上、建仁元年正月『夢記』が明恵の仏眼法修練の成就を強く示唆する内容をもつことを確認したが、この夢の中で明恵が師の上覚から与えられたという「仏眼の具足」の内容を具体的に考察する上で、その翌年に当たる建仁二年、明恵が紀州糸野（いとの）の庵室において上覚から受職灌頂（伝法灌頂）を受けているという事実は極めて重要な意味をもつ。明恵が諸仏位および灌頂位が得られるという仏眼法の功能を特に強調していたことを踏まえると、上覚からこの時受けた伝法灌頂は、明恵が密教僧としての修行を開始した当初から励んできた仏眼法の完成と表裏一体のものだったと考えられる。

つまり、「仏眼の具足」を上覚より与えられるという建仁元年の夢は、仏眼法の成就を契機として翌年に上覚から伝法灌頂を受けることの予兆だったと見られ、実際に明恵は上覚から伝法灌頂とともに「仏眼の具足」が与えられたに違いない。そしてその「仏眼の具足」とは、明恵が成就した仏眼法を体現する仏眼仏母画像、すなわち高山寺本そのものだったのではないだろうか。

高山寺本にはかつて、「明恵の師であり叔父にあたる神護寺の上覚房行慈の持念の本尊であった」という旨を記した墨書を伴っていたと報告されており（参考文献亀田論文）、高山寺本が師の上覚から明恵に与えられたものであることを強く示唆している。上覚から明恵に高山寺本が与えられた時期については従来、建久二年に仏眼法の修行を開始した当初であると想定されてきたが、むしろ仏眼法の成就とともに伝法灌頂を受けた建仁二年が最もふさわしいように思われる。

それを証明するように、建仁二年を境として明恵の仏眼法に関する事績が飛躍的に増え、その内容も、それまで自らの修行としての実践ではなく、他者救済の祈禱としての修法に明らかに変化しているのである。つまり、伝法灌頂を受けて他に法を授けうる阿闍梨となった明恵は、この時から仏眼法を他者救済のために実施するようになり、上覚から与えられた高山寺本をその本尊として迎えたのではないだろうか。

仏眼法と善知識曼荼羅

『行状』によれば、明恵は伝法灌頂を受けた年に当たる建仁二年二月、施主である湯浅宗光の妻のために、除病延寿の祈禱とともに、前年に図絵させていた善財善知識曼荼羅の供養を行っている。その後、懐妊していた宗光の妻は夏の初めに難産の末に絶命したため、明恵は「仏眼尊」の前で誠心を凝らして祈請し、仏眼の明（真言）を誦し、香水を加持すること千回に及んだところ、たちまち蘇生したという。ここで注目したいのは、宗光の妻の除病延寿を目的として明恵が行った一連の仏事として、仏眼仏母像を本尊とする仏眼法とともに、善財善知識曼荼羅の供養が行われたという事実である。明恵が行った仏眼法と善知識曼荼羅供養の密接な関係については、次に取り上げる二点の『夢記』（参考文献『明恵上人夢記 訳注』所収）の記述によってもうかがえる。

一点目は、年は不明ながら、五月中旬より善友法（善知識を観想する念誦法）をある御前のために修し、六月三日より改めて仏眼法を修したというもの。二点目も年は不詳だが、七月一日より仏眼法とともに、善知識の御前において所作を修したというもの。いずれも明恵の修した仏眼法が、『華厳経』「入法界品」に説く五十五善知識の観想と一連の仏事として行われたことを示す内容である。

宗光の妻のために仏眼法を修した直後の建仁二年閏十月二十二日、明恵は自要のために『仏眼仏母念誦次第』一帖を抄出し、さらに翌三年七月二日にも紀州安田の草庵において再度同書を抄出している（高山寺聖教類第四部第一一三函五四・同第一二九函六五）。このように上覚から伝法灌頂を受けた直後から、明恵は集中的に仏眼法の次第を整えていったと見られ、その過程で、前年に唐本紙形をもとに初めて図絵させた善財善知識曼荼羅による観想を、仏眼法と一連の次第に組み込んだのだろう。

以上のような明恵による仏眼法の次第の完成した姿を具体的に示すのが、建永元年（一二〇六）六月二十日に神護寺槙尾坊（まきのおぼう）において明恵自らが著した『仏眼』である。上覚より伝法灌頂を受けた後、紀州での修行に区切りをつけて神護寺に拠点を戻した直後に記された本書は、明恵の仏眼法に関する最秘事を記載する特別の重書と見なされていたようで、高山寺僧経弁（けいべん）による正応四年（一二九一）の写本（高山寺聖教類第一部二七七）の奥書には、当時すでに高山寺を離れて関東に流出していた明恵自筆原本を写し得た経緯が詳細に記されている（『高山寺経蔵典籍文書目録第一』）。

『仏眼』には三つの仏眼法の次第が記載される。最初の二つは、浄三業に始まり塗香・加持香水・加持供物・表白神分・結界・祈願・礼仏・本尊加持・正念誦・字輪観・散念誦・廻向などの通例の仏眼法の加持の次第を列記したものである。これに対し、最後の次第にのみ仏眼法に用いられる真言や印・口伝などが詳細に注記されており、さらに前二者にはない加持作法に入る前の「心経」「五百大願」「祈願」と続く次第が記される点が大変注目される。

『仏眼』は、この「祈願」において唱えられる二つの帰命の文言を詳細に記す。まず、「南無大方広仏華厳経中円融無碍法界大会一々会中各一百菩提種類」とあって『華厳経』の各会に登場する菩提種類、すなわち如来・菩薩・天龍神らの無量大衆、学や行を修めて華厳の法門に入った善知識、善財童子および善財童子に親近する学法・比丘（びく）・比丘尼（びくに）・優婆塞（うばそく）・優婆夷（うばい）ら五十五聖者への帰依が語られる。次に、「南無本尊聖者仏眼仏母八大明王一字金輪七曜使者四攝八供八大天王」と、仏眼法本尊の仏眼仏母および仏眼曼荼羅の諸尊に対する帰依を述べた上で、その慈悲による哀愍と守護、さらには宿業や悪霊邪気による一切病気を速やかに除滅することを祈願する文言が続くのである。

つまり、明恵が伝法灌頂を受けた建仁二年頃に完成させたと見られる仏眼法の次第は、『華厳経』「入法界品」に登場する五十五善知識に対する信仰と積極的に結びついていたことが明らかであり、それは建仁元年に初めて図絵させた華厳海会善知識曼荼羅（善財善知識曼荼羅）の供養とも密接に関連するものだったと考えられる。

ここで想起されるのは、明恵が紀州白上峯山上での修行中、仏眼仏母像の前での右耳截断に続き、『華厳経』「十地品」の読誦と文殊菩薩顕現の感得、そして『華厳経』「入法界品」に説く成仏得道の階梯を象徴する五十二位の石の夢を見るに至ったことである。明恵は仏眼法の功能の中でも特に諸仏位・灌頂位を得るという功能を重視しており、それは密教修法としての意義に加えて、『華厳経』の「十地品」や「入法界品」に説く菩薩行の修練と密接に結びつくものだった可能性を先に指摘した。建仁二年に明恵が上覚から受けた伝法灌頂は、まさに、『華厳経』「入法界品」の善知識によって指し示された成仏得道の道のりを進み、仏眼法の修練によって成就した功徳の賜物だったといえるだろう。

そのように考えるとき、伝法灌頂と前後して上覚から与えられたと見られる高山寺本に、華厳海会善知識曼荼羅の中尊毘盧舎那如来像からの影響が顕著に認められるという事実が特別の意味をもつことは明らかだろう。明恵が絵仏師俊賀に初めて図絵させた華厳海会善知識曼荼羅は、自らが所持していた唐本善財善知識図の紙形を直接の典拠としたものであり、高山寺本がこの唐本善知識図紙形の中尊を参照した可能性が高いということは、自ずと高山寺本に制作に明恵の意向が反映していたことを強く示唆する。さらに大きな獅子冠や手足に表される千輻輪相、詳細な法界定印、深く組んだ結跏趺坐など、明恵の口伝や観仏法を踏まえたと見られる特徴的な描写も、その制作に明恵が直接関与したことを前提にすることで初めて理解されるのである。

おわりに

高山寺本は、明恵が密教僧として修練を重ねてきた仏眼法の完成した姿を体現する礼拝像として制作されたのであり、最終的に伝法灌頂を期に上覚から明恵に与えられたと考えられる。そしてこれを機に仏眼法を大成した明恵は『仏眼』を著し、その直後の建永元年（一二〇六）十一月、後鳥羽院の院宣により賜った栂尾の地に華厳及び密教興隆の道場として高山寺を創建するのであるが、不思議なことにこれ以降、明恵の仏眼法に関する修法や著述の記録は一切姿を消すことになる。若き日々において修練に明け暮れた仏眼法が、建仁二年（一二〇二）に伝法灌頂位を得たことによって所定の目的を成就したことの何よりの証拠といえるだろう。

そしてその本尊として迎えられた高山寺本も、明恵の密教修学の成就を象徴する記念碑的画像として高山寺内で師から弟子へと代々相承されていったと思われる。『仏眼』の明恵自筆本を正応四年（一二九一）に書写した高山寺僧経弁は、その書写奥書において「上人御本尊形像」をもとに画師に図絵させた「等身之仏眼」について触れている。高山寺本そのものに相当すると見られるこの等身の「上人御本尊形像」が、明恵の仏眼法の集大成である『仏眼』の書写過程で言及されるという事実こそが、両者の密接な関係を端的に示しているのである。

〔主要参考文献〕
亀田孜「仏眼仏母像解説」（『世界美術全集　第六巻　日本（六）鎌倉』角川書店、一九六二年）
奥田勲「明恵上人の夢記と夢について」（『明恵上人資料第二（高山寺資料叢書第七冊）』東京大学出版会、一九七八年）
石田尚豊「華厳経美術」（『日本美術史論集—その構造的把握—』中央公論美術出版、一九八八年）

熊田由美子「晩年期の運慶―その造像状況をめぐる一考察―」（『東京芸術大学美術学部紀要』二六、一九九一年）
内田啓一「仏眼仏母と仏眼曼荼羅」（『宗教美術研究』二、一九九五年）
野村卓美「明恵と一行説話―明恵の夢の背景について―」（『明恵上人の研究』和泉書院、二〇〇二年）
野村卓美「明恵の自署」（『明恵上人の研究』和泉書院、二〇〇二年）
柴崎和照「明恵と文殊顕現感得」（『明恵上人思想の研究』大蔵出版、二〇〇三年）
皿井舞「日本彫刻史における金泥塗り技法の受容について」（『仏教芸術』二七三、二〇〇四年）
泉武夫「素材への視線―仏画の絵絹―」（『学叢』三四、二〇一二年）
陳永裕「華厳の仏身と見仏の意義」（『印度学仏教学研究』六二―二、二〇一四年）
増山賢俊「亮恵の事績について」（『智山学報』六三、二〇一四年）
増記隆介「高山寺「仏眼仏母像」研究序説」（『院政期仏画と唐宋絵画』中央公論美術出版、二〇一五年）
『明恵上人夢記 訳注』（勉誠出版、二〇一五年）
大原嘉豊「仏眼仏母像解説」（『日本美術全集　第八巻』小学館、二〇一五年）

〔附記〕高山寺所蔵仏眼仏母像（国宝）および『仏眼』（高山寺聖教類第一部二七七）の調査および本稿への掲載に際し、高山寺執事長・田村裕行師、北海道大学名誉教授・石塚晴通氏、京都国立博物館・大原嘉豊氏のご厚情を賜りました。記して深く御礼を申し上げます。

釈迦を父として
—明恵上人と涅槃会—

森實久美子

はじめに

両親を八歳で亡くした明恵が、たんなる信仰の対象としてではなく、父として釈迦を慕ったことはよく知られている。明恵が幼少期から抱きつづけた釈迦に対する思いは、明恵の没後に彼の弟子・喜海（きかい）らがまとめた伝記『明恵上人行状』に赤裸々につづられている。その中で明恵は、釈迦亡き後に生まれたことは「慈父に捨てられた」ようなもので、その恨みは片時も忘れなかったと言い、釈迦と同じ時代に生まれたかったことを無念にも近い思いでとらえていたようだ。そういった喪失感はかえって明恵を修行に没頭させたようで、「聖教は釈迦が人々を教えさとす言葉であり、これを学ぶことは釈迦を知ることであり、これを釈迦の形見としよう」と述べ、十三歳のときには、釈迦が前世において行ったように、自らの命を捧げるべく狼に食われようとしたという。このように釈迦を慕うエピソードは枚挙に暇がなく、明恵にとって釈迦は生きる原動力であり、また規範ともなっていたことが分かる。本論では、明恵の釈迦信仰の結着点ともいえる涅槃会（ねはんえ）の変遷をたどり、明恵の釈迦に対する想いを紐解いてみたい。

一　釈迦誕生の地インドへの憧れ

インドを臨む和歌山の海辺から

まずはじめに、明恵の前半生を簡単に紹介しよう。承安三年（一一七三）一月、紀州（現在の和歌山県）に生まれた明恵は、八歳で両親を亡くし、九歳のときに故郷を出て文覚（一一三九～一二〇三）や叔父の上覚（一一四七～一二二六）のいる京都・神護寺で厳しい修行に励んだ。早くもこの頃には釈迦への思いを募らせていったようだ。十六歳のとき、東大寺戒壇院において受戒し、神護寺でも東大寺でもその才能を認められて将来を嘱望される存在となっていたが、名利を求めてばかりの周囲の僧侶に嫌気がさし、建久六年（一一九五）、二十三歳のときにふたたび故郷の和歌山に戻ることを決意する。聖教と仏像を背負って和歌山に戻った明恵は、湯浅湾沿いの白上峰に小さな草庵を作り、わずかな仲間と共に寝食を忘れて修行をし、昼も夜もなく仏像に向かって釈迦在世時の昔を恋慕するという日々を送った。海に面して西に開けたこの地は、西の彼方にある釈迦誕生の地インドを近しく感じられる場所だったのだろう。建永元年（一二〇六）までの約十年をここで過ごすが、幼少より持ち続けてきた釈迦への思いはいよいよ高まり、ついにインド巡礼を計画するに至る。

皮肉なことに、この頃のインドでは、ヒンドゥー教やイスラム教の台頭によって仏教は絶滅の危機に瀕していた。仏教は廃れ、仏跡が荒廃しているという情報は、入宋僧を通じて日本にも伝えられ、インドに行っても得るものがないことは認識されていたと考えられる。そういった事情もあり、明恵と同時代の日本の僧侶たちが目指したのは仏教の最先端の地である中国であり、そこからさらに西を目指す人はほとんどいなかった。しかし、明恵のインド巡礼への情熱が冷めることはなかった。弟子長円が明恵の言動を記録した『却廃忘記』に、「私（明恵）はインドに生まれていたなら、何もせずただあちこちの仏跡を巡礼して満たされ、勉強や修行はしなかっただろう」という言葉があるように、巡礼の目的は仏教を学ぶことではなく釈迦の存在をただ実感することであり、それはインドでしか叶えることのできない望みだったからである。

ちなみに、明恵以前にもインドを目指した人はいた。もっとも古くは、平城天皇の皇子で、弘法大師の弟子でもあった真如法親王（七九九～八六五）であるが、インドに向かう途上、羅越国（現在のシンガポールあたり）で虎に食われて落命したという。そのほかにも明恵と同じ時代の栄西（一一四一～一二一五）もインドを目指そうとしたというが、彼も中国から許可が下りず、インド行きを果たすことはできなかった。

和歌山において、明恵はただ漠然とインドに対する憧れを募らせていたのではなかった。釈迦の遺跡つまり仏跡に関する情報をいろいろと集め、具体的なイメージを持っていたことが知られる。唐時代の僧、玄奘三蔵のインド旅行記「西域慈恩寺の伝記」（『大唐西域記』）によってあちこちの仏跡を調べ、「求法高僧巡礼の跡を尋ねて」インドを思いやるなどしていたという。そうすると、たった一人で遺跡を目の当たりにするような気持ちがして、仏跡とは釈迦が衆生のために遺してくれたものだと感じたことを述懐している。そのようにして集めた仏跡の情報を仮名でまとめ、『金文玉軸集』を著したというが、残念ながら現存しない。その頃には、霊鷲山に詣でて釈迦に仕えるとか、釈迦の墓に詣でて泣く泣くその棺を拝していると僧侶があらわれてさまざまな教誡をたれてくれる、といった夢を見ている。

明恵は、さまざまな文献から仏跡のイメージを膨らませていくとともに、実生活においてインドを疑似体験しようと試みる。まず、湯浅湾そばの草庵から見える小さな島、苅磨島（現在の苅藻島）に渡り、その島の南端の西側の洞窟に数枚の板をさしかけ、西に向かって釈迦像を懸けて読経し、五日間、昼も夜もインドの方角に向かって釈迦を想い続けたという。またある時には、仲間たちと鷹島（苅藻島近くの島）に渡り、そこから遠くに

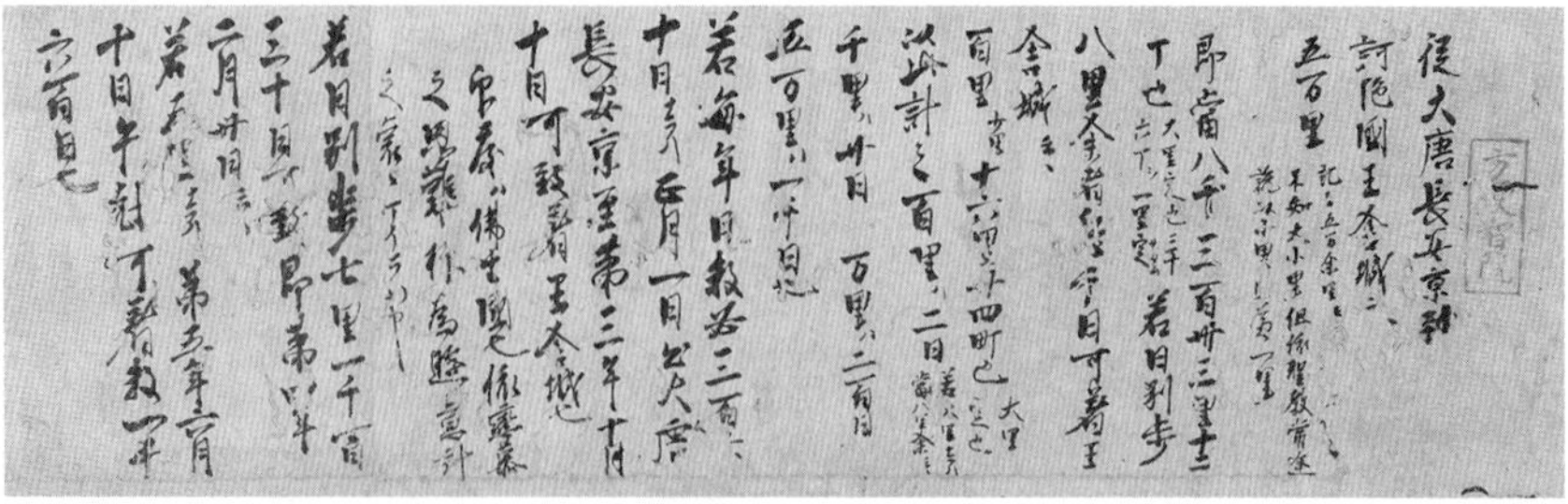

図1　大唐天竺里程書　明恵筆　高山寺所蔵

見える島をインドに見立てて礼拝し、その島に寄せる波はインドの仏跡を洗った波と同じであるからと、そこで拾った石を仏跡の形見として生涯大切にしたという。今ものこるその石には、石を想って明恵が詠んだ歌が墨書されている。

インド巡礼の計画立案

こういった擬似体験では満足できなくなった明恵は、ついに建仁二年（一二〇二）三十歳のとき、一度目となるインド巡礼を計画する。しかしこのときは、明恵が篤く信仰する春日明神が親類の女性に乗り移り、「我が子のように養ってきたあなたがインドに渡ろうとすることは嘆かわしい」と言って引き留め、明恵はそれを受け入れてインドに行くことを断念したのである。この劇的な幕引きは、以後も弟子たちの間で重要な事跡として語り継がれていくこととなる。

その三年後となる元久二年（一二〇五）、明恵は再びインドに行くことを企画する。今回は、インドに持って行くための本尊画像を描いたり、写経するなどして準備を整えたほか、行程表ともいえる「大唐天竺里程書」（図1）まで作った。「大唐天竺里程書」は、中国の長安城からインドの王舎城までの道のりを歩いた場合にかかる日数を計算したものだが、その行間には「インドは釈迦が生まれた国である。恋慕の思いを抑えることができず、遊意のために計画をする。ああ、行きたいものだ」と抑えきれない気持ちを綴っている。しかし、明恵がインド巡礼について話をすると病に悩まされ、悶絶するような痛みに襲われるようになる。そこで、釈迦如来像、春日明神像、華厳海会善知識曼荼羅それぞれの前に「西天（インド）に渡るべし」と「西天に渡るべからず」と書いたくじを置き、一枚でも「渡るべし」というくじが出れば、命を捨ててもインドに渡ろうと覚悟を決めてくじを引く。しかし、いずれも「渡るべからず」という結果となり、明恵はまたもインド巡礼を諦めることとなる。

これほどまでにインド巡礼を熱望していた明恵であったが、結局インドの地を踏むことなく生涯を終える。しかし、釈迦を想う気持ちが変わることはなく、厳しい修行生活を支えたのは釈迦の存在であったといっても過言ではない。

二　涅槃会の整備

風変わりな涅槃会

そんな明恵の釈迦に対する思いが、公の場で表われたのが涅槃会の挙行であろう。涅槃会とは釈迦の命日である二月十五日に行われる法要で、日本においては平安時代から行われていたことが知られている。

明恵自身が涅槃会を行うようになった時期について、正確な記録は残っていないが、神護寺を出て和歌山で生活を始めたころだったと考えられる。「幼年の昔」には、お経を講じたり人々に説法をすることはなく、山林深谷に隠れて読経念仏をして仏恩を思っていたというから、神護寺で修行していた十代の頃には、神護寺あるいは他寺での涅槃会に参列することはあっても主催することはなかっただろう。

時が経ち、「中年の比」には場所を定めず行っていたといい、それは神護寺を出て、和歌山で数人の仲間とともに集団生活を送っていた頃のことだと推測される。あちこちの木の下や山の中で、そこに生えている木を菩提樹と呼び、瓦や石を重ねて金剛座として、インドでの二月十五日の風習をまねて、一晩中仏号を唱えたという。

やがて縁があって、糸野の成道寺において、庵室のそばの大木を菩提樹に、その根元に石を積み重ねて金剛座になぞらえ、数百人が集まって涅槃会を行ったという。木のそばには「南無摩竭提國伽耶城邊卉（菩提）樹下成仏寶塔」と自ら記した一丈ほど（約三メートル）の卒塔婆を立て、泣く泣く木に水をかけて供養をしたという。

注目されるのは、菩提樹と金剛座が登場することである。菩提樹と金剛座という組み合わせは、釈迦がボードガヤーにおいて菩提樹下の金剛座で悟りを開いたという「成道」を象徴するものであり、本来涅槃に関わるものではない。

日本の涅槃会では、クシナガラにおける涅槃の情景を描いた涅槃図を用いることが一般的であり、その絵には、沙羅双樹に囲まれた宝台に横たわる釈迦と、それを取り囲む弟子や菩薩たちが描かれている。涅槃図の図様に示されるように、涅槃に由来するのは、菩提樹ではなく沙羅双樹であり、金剛座ではなく宝台である。明恵は、なぜこのように風変わりな涅槃会を行ったのだろうか。

その理由について明恵は、「インドにおける今夜の風儀をうつした」ものだとはっきり述べている。インドでは、涅槃の日の夜、このような風習があったというのである。その典拠と考えられるのが、唐の高僧・玄奘三蔵のインド求法の旅行記『大唐西域記』である。玄奘三蔵の十七年間におよぶ旅の記録であるが、各地の仏跡について詳細に記す中に、ボードガヤーの菩提樹について次のような話を載せている。毎年涅槃の日になると、菩提樹の葉がすべて枯れ落ち、諸国の人々が菩提樹のもとに集まって香水や香乳をそそぎかけるという。先述したとおり、明恵は明らかに『大唐西域記』を読んで仏跡の情報を集めており、こういった記述をもとに本場インドでの風景を再現しようとしたのだろう。後にも先にも、明恵以外に日本でこのような涅槃会を行ったという記録はなく、釈迦を慕い、インドに憧れた明恵が、『大唐西域記』に着想を得て全く独自に始めたものと考えられる。

しかし、野外での涅槃会は、天候に左右されやすく、また病人の参加が難しいなどの理由から室内で行われることもあり、やり方は定まらなかったという。この頃には少なからぬ帰依者をかかえていた明恵は、それを定める必要を感じていたようである。

インド風から日本風へ

建仁三年（一二〇三）、春日明神に引き留められて、一度目のインド行きを断念した直後、明恵にとって大きな出来事が起こる。春日明神との約束を果たすため、奈良の春日大社に参籠した際、明恵は二つの鉄槌（てっつい）を手に持つという夢を見る。不思議に思いながら、自分と同じく釈迦を信仰する笠置寺（かさぎでら）の貞慶（じょうけい）を訪ねると、二粒の舎利（しゃり）を贈られた。明恵は、この舎利を釈迦の形見にすると述べ、非常に喜んでさっそく翌年建仁三年（一二〇三）、涅槃会のための法式『十無尽院舎利講式（じゅうむじんいんしゃりこうしき）』をつくったのである。建仁四年（一二〇四）二月十五日、親類でありパトロンでもあった湯浅宗景（ゆあさむねかげ）の家でこの講式を読み上げ、涅槃会を行った。『十無尽院舎利講式』には、在世時から涅槃までの釈迦の様子やその悲嘆を述べ、仏跡や舎利について語り、それを恋慕することなどが述べられている。湯浅邸では、涅槃像（涅槃図であろう）に向かって行ったというから、菩提樹は登場しない一般的な涅槃会であったと考えられる。講式を読み上げる途中、悲しみのあまり身体をふるわせながら嗚咽し、息も止まり、周囲の人々は息絶えたかと思ったが、しばらくして息を吹き返し、そのあとは弟子の喜海が引き継いで行ったという。明恵の釈迦に対する一途さを物語るエピソードである。

このときに行った涅槃会は、それ以前のものに比べれば典型的あるいは日本的ともいえるものであった。それ以前に行っていた野外での涅槃会を不足に思ったというより、周囲の人々の要望や思いを汲み取ってやり方を変えたのだろう。しかし、『十無尽院舎利講式』の内容からも分かるように、明恵の並々ならぬ思いが込められていることは間違いない。

三　恒例不退の涅槃会

高山寺における涅槃会の始まり

建永元年（一二〇六）、明恵が三十四歳のとき、後鳥羽（ごとば）院から現在高山寺の建つ地を賜り、十年を過ごした和歌山を離れ、以後ここを拠点としてますます活動を活発化させていく。寺観は順調に整えられ、教団も徐々に安定していく中で、ついに建保三年（一二一五）、「恒例不退の大法会」としてその後も継続されることとなる涅槃会を始行する。明恵の弟子喜海がまとめた『涅槃会法式』は、その式次第やしつらいを詳述したもので、それによると本尊として、中央に涅槃図、左（東）に十六羅漢図、右（西）に菩提樹図、そして仏涅槃図と菩提樹図の間に舎利帳を安置したという。二月十四日の午尅（うまのこく）（午前十一時～午後一時）に開始し、惣礼（そうらい）、五体投地（ごたいとうち）、礼拝につづいて、『遺教経（ゆいぎょうきょう）』を講じ、『涅槃講式（ねはんこうしき）』『十六羅漢（らかん）講式』『遺跡（ゆいせき）講式』『舎利（しゃり）講式』を読み上げたという。『涅槃講式』『十六羅漢講式』『遺跡講式』『舎利講式』の四つのテキストは、この涅槃会の直前に明恵が作ったもので、のちに四座講式（しざこうしき）と一括され、涅槃会のテキストとして広く普及することになる。

山口・神上寺の三幅対

高山寺において「恒例不退」の行事とするべく始められた涅槃会が、周到な準備を経て行われたことは容易に想像がつく。では、このときの本尊とはどのようなものだったのか。それを考える手がかりとなるのが、真言宗の古刹である山口・神上寺（じんじょうじ）に伝わる「仏涅槃図」「菩提樹図」「十六羅漢図」（図2）の三幅対で、これに舎利帳を組み合わせれば、先述の明恵が行った涅槃会の本尊と合致する。神上寺の三幅対は江戸時代・十七世紀に描かれたもので、明恵の生きた時代からは大きく隔たり、明恵との関係を示す記録等も残っていない。はたして神上寺の三幅対は、明恵が行った涅槃会の本尊を伝えるものなのだろうか。まず、その組み合わせについて検討し、つづいてそれぞれの図様について成立の時期などを探ってみたい。

「仏涅槃図」「菩提樹図」「十六羅漢図」という三幅対は、類例のないきわめて珍しい組み合わせである。まず

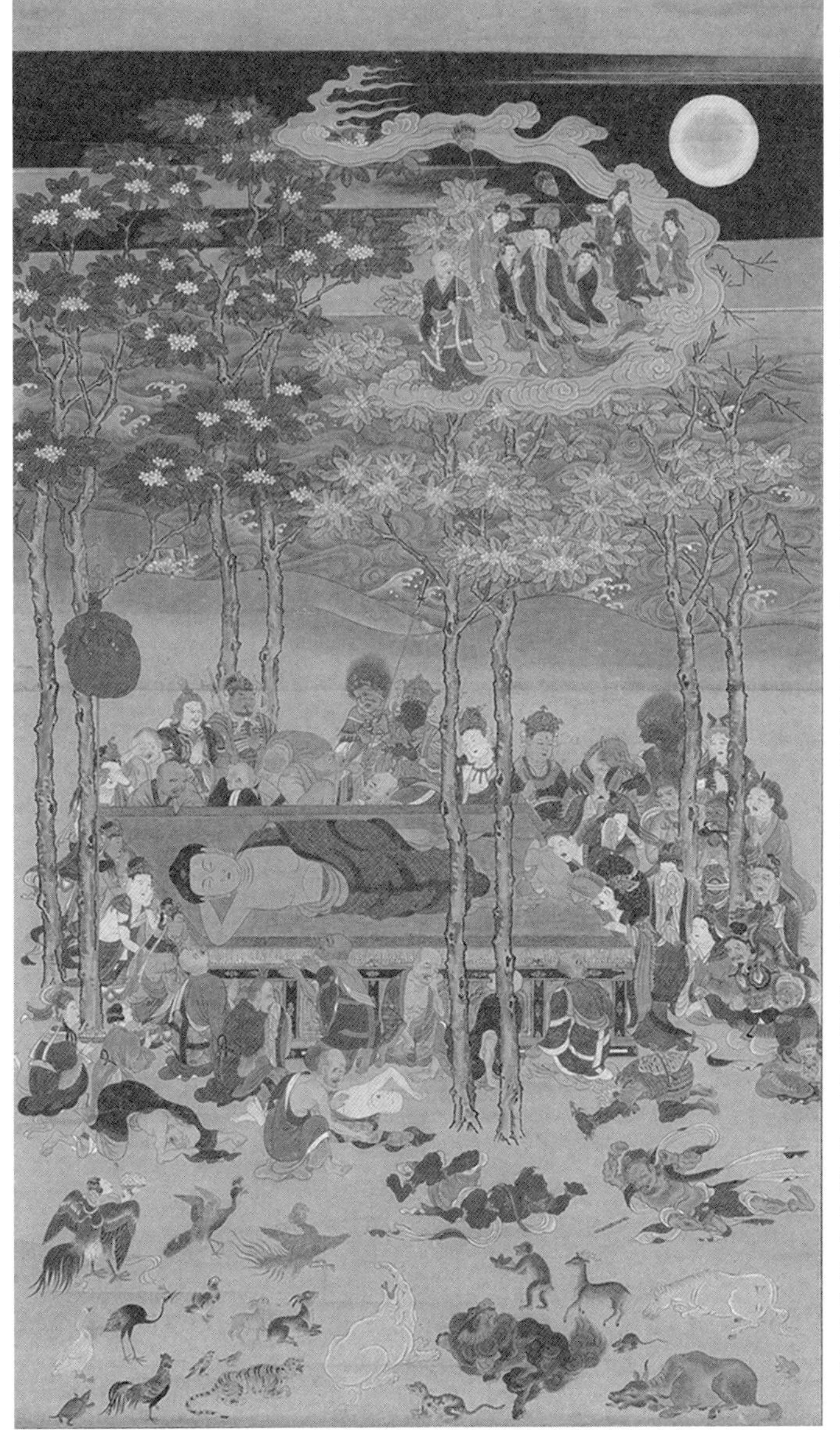

図 2-1　仏涅槃図　江戸時代（17 世紀）　山口・神上寺所蔵

「仏涅槃図」については、通常の涅槃会では本尊として涅槃図を用いるのが一般的であり、三幅のうちに含まれることに不思議はない。「菩提樹図」は、その名前からただちに、明恵が和歌山時代に行っていた涅槃会が連想される。そこで菩提樹に擬された木が重要な役割を果たしていたとおり、この絵は明恵の存在を強く示唆する。

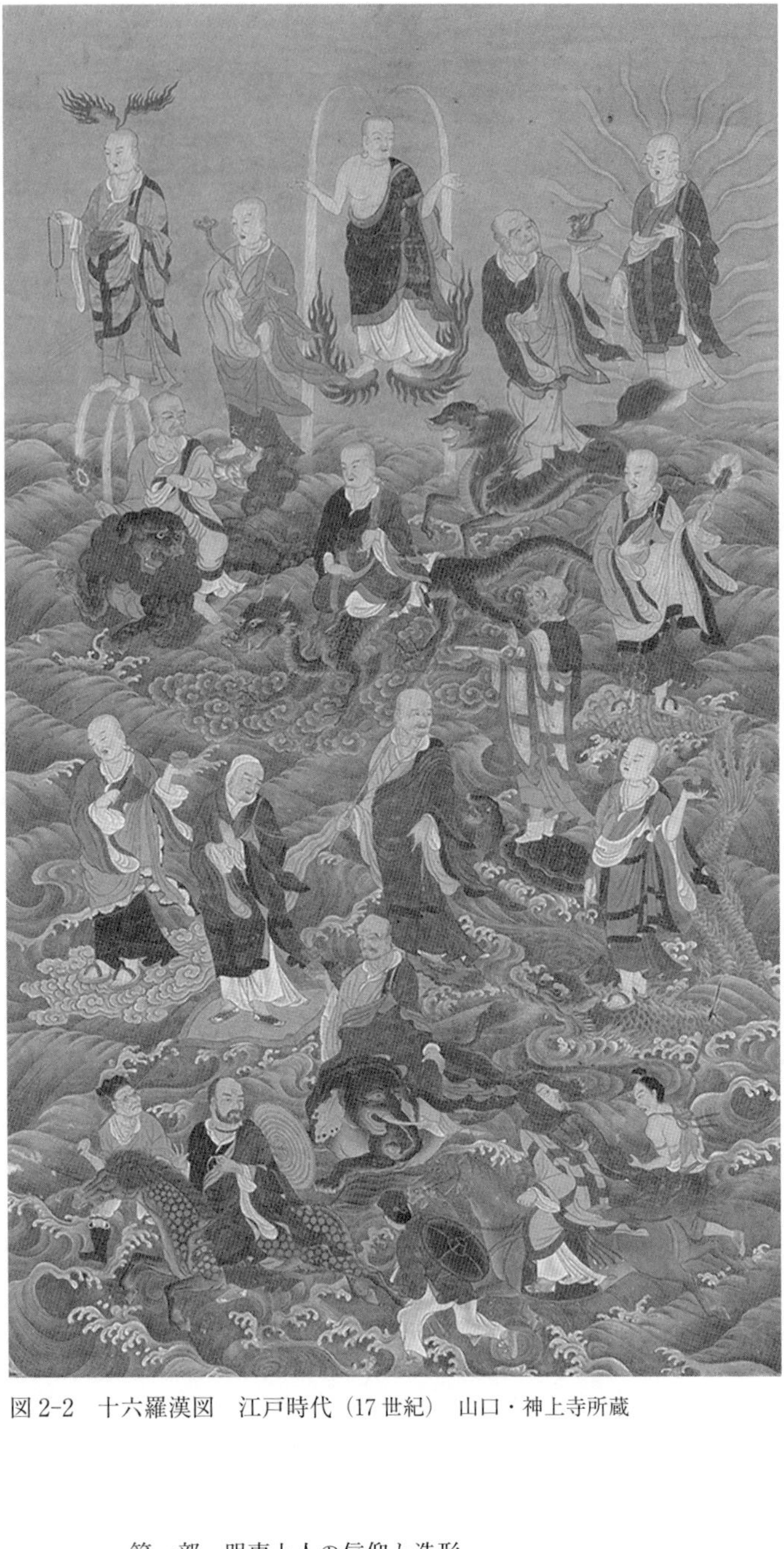

「十六羅漢図」について、羅漢とは、釈迦亡き後もこの世にとどまって仏法を守ることを託された者たちのこと

図 2-2　十六羅漢図　江戸時代（17 世紀）　山口・神上寺所蔵

である。明恵は十六羅漢に宛てて手紙を書くなど強い羅漢信仰を持っていたことが知られ、涅槃会において大きく扱われることは理解されよう。以上のように三幅の組み合わせについては、涅槃の意味合いからも明恵の思想に照らし合わせても納得できる組み合わせであり、また四座講式の内容にも符号するものである。

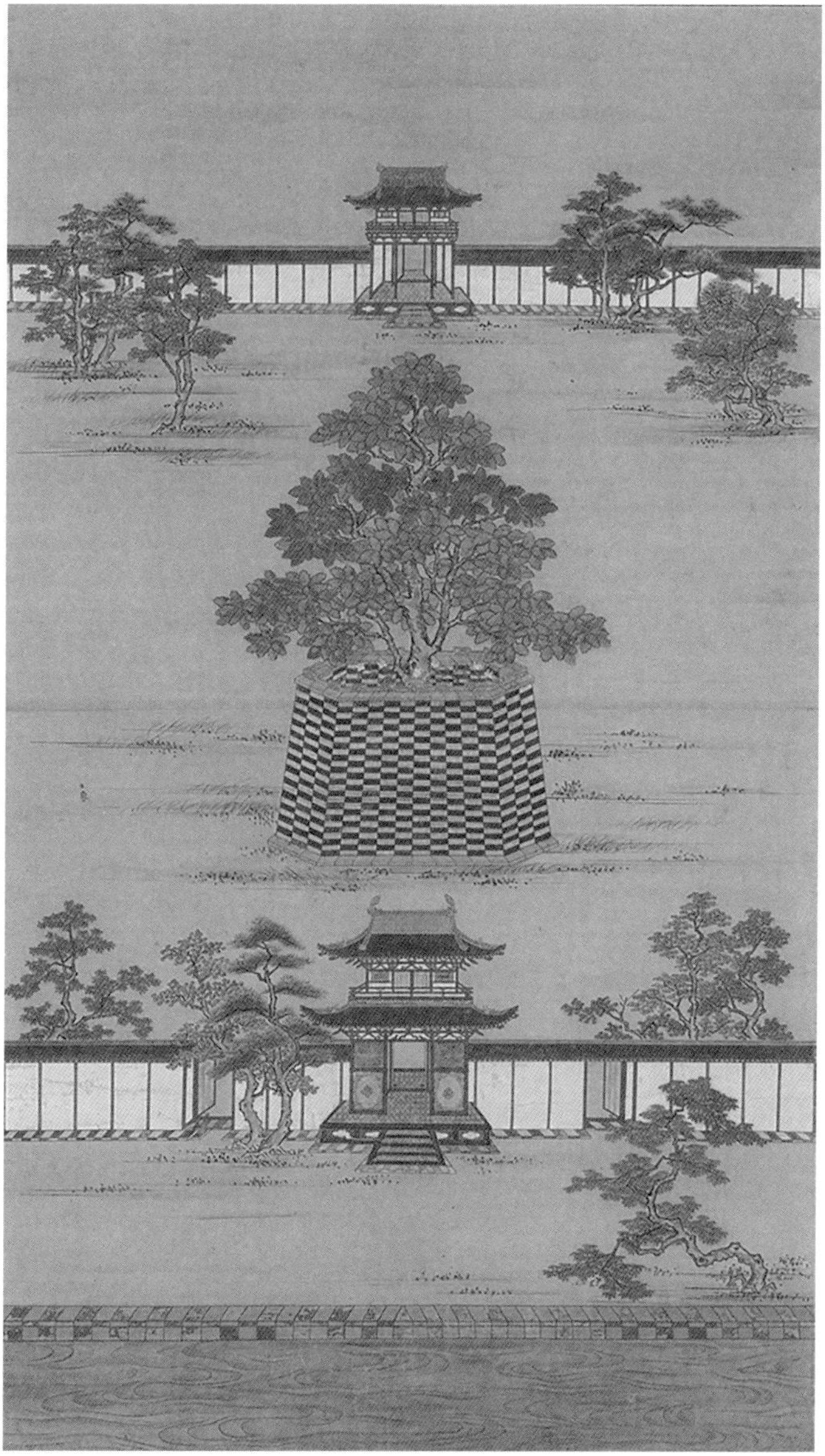

図 2-3　菩提樹図　江戸時代（17 世紀）　山口・神上寺所蔵

つづいて、それぞれの図様とその成立時期について考えてみたい。まず「仏涅槃図」（図2—1）は、画面中央に宝台に横たわる釈迦を配し、周囲に菩薩や弟子、動物たちが集まってその死を嘆く様子を描くという典型的な涅槃図の範疇に入るものである。この涅槃図が明恵と無関係ではないことを示すのが、高山寺に伝わる涅槃図（口絵3）で、一見して明らかなように神上寺本とそっくりである。数多く描かれた涅槃図のうちでも、工房が

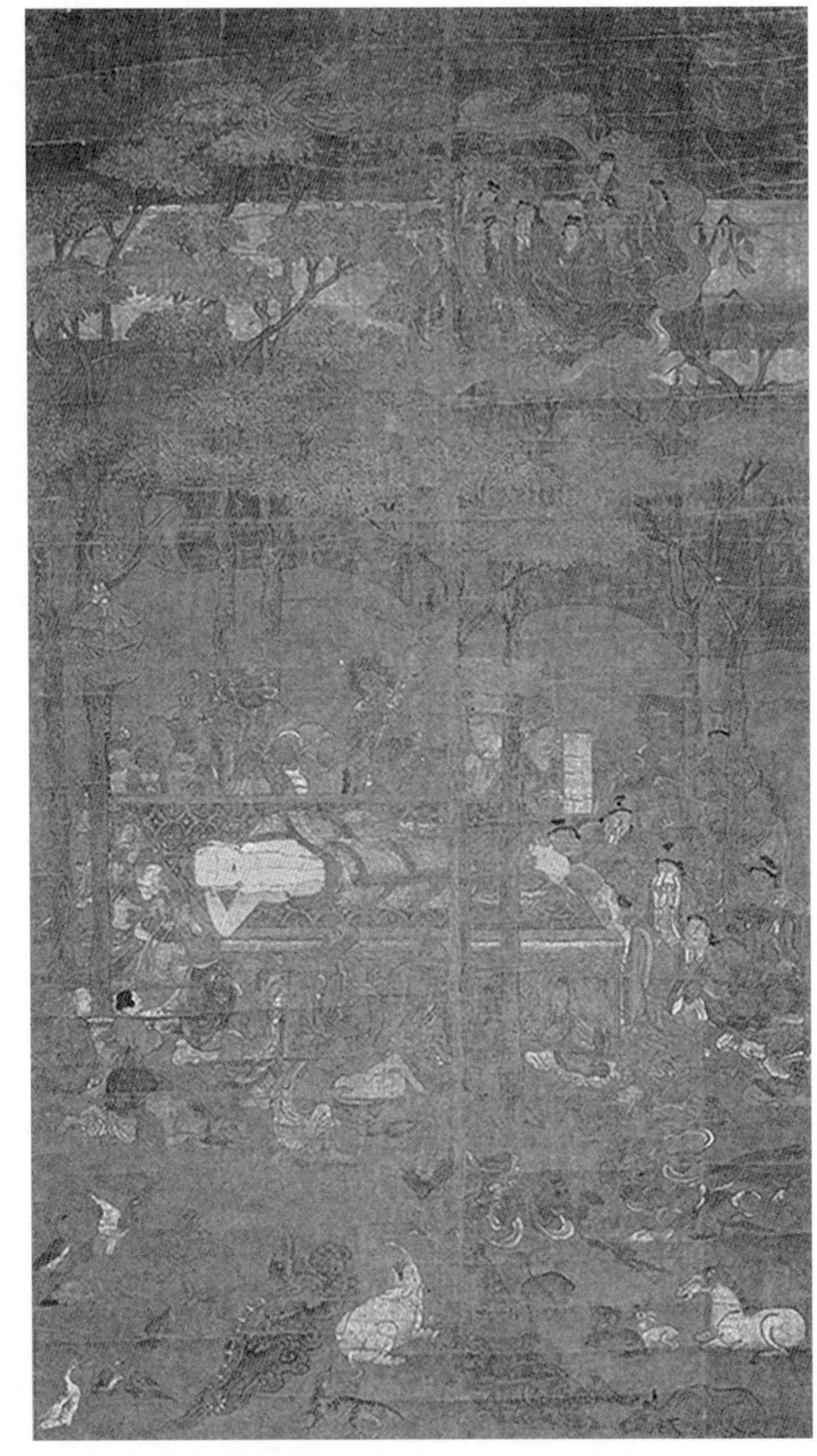

図3　仏涅槃図　室町時代（15世紀）　福井・飯盛寺所蔵

同じであるとか同じ祖本に基づくなど、特別な事情がないかぎり図様は少しずつ異なるものであり、これほど図様が似通うことは特筆すべきである。大きさについても、神上寺本は縦一一六センチ、高山寺本は縦一二九センチと涅槃図としては小ぶりな点も共通している。さらに高山寺本は鎌倉時代にさかのぼる作例であり、神上寺本の図様の成立が古いことを示している点でも重要である。このほか、同じく鎌倉時代の制作と推測される藤田美術館本や室町時代にさかのぼる福井・飯盛寺本（図3）も、色づかいは異なるものの図様はほぼ同じで、縦一一五センチ前後と大きさも近しい。

これら涅槃図の最大の特徴は、釈迦の足に頬を当てて泣く女性が描かれ、その人物にだけ色紙型が付されることである。この女性は毘舎離城の老女といい、釈迦の入滅を聞いて駆けつけ、釈迦の足に涙を落とし、その金色の身体を穢したという人物で、涅槃について説いた経典に登場する。日本以外の涅槃図には見出せないが、日本では、鎌倉時代以降の涅槃図の多くに釈迦の足を触る女性が描かれている。また、神上寺本には色紙型がなく、飯盛寺本は色紙型を設けるだけで文字は書かれていないが、高山寺本と藤田美術館本には「老女哭仏穢涙汗仏足」と記されている。この女性に特別な意味を持たせていることは間違いないが、明恵の『涅槃講式』において言及していないことは注意される。

つづいて、神上寺本のうち「十六羅漢図」（図2―2）を見てみたい。龍や獅子などに乗った十六人の羅漢たちが海上に浮かび、おおむね左方向に向かって進む様子を描く。

羅漢図は、唐時代以来、羅漢信仰の流行にともなって描かれるようになり、その影響を受けて日本においても多く制作されたが、神上寺本のように渡水する羅漢を描く中世の作例は現存しない。しかし、渡水羅漢という画題が唐代末には成立していたことを考慮すれば、明恵の時代にこういった羅漢図があった可能性は否定できない。

また、大阪・大念仏寺に所蔵される「十六羅漢図」（図4）は神上寺本とほぼ同図様を持つ唯一の作例で、その制作は室町時代・十五世紀にさかのぼる。なお、この絵をもっとも特徴づける「渡水」について、『十六羅漢講式』ではまったく言及しておらず、その内容が絵に反映したとは考えられない点は留意される。

さいごに「菩提樹図」(図2—3)を見ていこう。誰もいない広々とした空間の中央に石垣で囲まれた木が配され、上下には一か所ずつ門の設けられた白い壁が立っている。これだけの情報では一体どこを描いた絵なのか見当がつかない。しかし、明恵が「菩提樹図」を描かせるために記したとされる「菩提樹図絵仕様」(高山寺蔵)には、「菩提樹」という書き出しのあと、「石垣を周囲に巡らせてあって、その高さは二丈四尺である。石垣から

図4　十六羅漢図　室町時代(15世紀)　大阪・大念仏寺所蔵

二丈ほど木が出ている。茎は黄白色で、枝葉は青く緑色である」という記述があり、それとの近似から神上寺本も菩提樹を描いたものと考えられる。

菩提樹だけを描くという類例のない作品であるが、『玄奘三蔵絵』巻第五（国宝、鎌倉時代・十四世紀、大阪・藤田美術館蔵）に描かれた菩提樹とも近似しており、鎌倉時代には菩提樹のイメージが中国などからもたらされていたと推測される。なお、『遺跡講式』は、あちこちの仏跡や本生譚に登場する遺跡などを列挙しているが、菩提樹の霊威を述べることを主眼にしており、この絵は『遺跡講式』の内容とも矛盾しない。

また、「菩提樹図」についても、伝来等は知られないものの、図様の近似する室町時代の作例がアメリカ・ボストン美術館に所蔵される。菩提樹の左右に飛天（ひてん）や天部（てんぶ）が加わるなどモチーフが追加されるが、基本的に同図様であり、神上寺本の祖本の成立が中世以前にさかのぼることを示す貴重な作例である。

以上のように三幅の図様の成立が鎌倉時代から室町時代にさかのぼることが明らかとなった。さらに、それぞれ特異な図様でありながら、いずれも共通する作例が数例ずつ現存しており、一定の影響力を持ったことが知られる。それはやはり明恵ゆかりという強い規範性を持ったからこそであり、神上寺本の三幅対は高山寺における涅槃会で用いられた本尊を忠実に伝える作例であることは疑いない。そのこじんまりとした画面サイズから、高山寺の涅槃会は決して大きくない空間で行われたと推察され、明恵が好むような親密な雰囲気であったことがしのばれる。

なお、神上寺本の三幅は、『涅槃講式』『遺跡講式』『十六羅漢講式』三つの講式の内容と逐語的には一致しないものの、それぞれの講式の主役を大きく描いているという点で本尊としての条件は満たしているといえよう。明恵はしばしば自らの思想を可視化するために新たな絵を描かせることがあったが、明恵の完全なる独創によって作られるということはなく、先行する作品に基づいて描かれることが多い。涅槃会の本尊についても既存の作品を参考にして作られたものと推測される。

おわりに

釈迦を父と慕った明恵にとって、毎年二月十五日は特別であり続けたはずである。インドでの涅槃の日を再現しようとした和歌山での独創的な涅槃会は、形を変えながらも高山寺の恒例不退の大法会として完成を見る。このように満を持して始められた涅槃会であったが、十五年ほど経った寛喜二年（一二三〇）以後、その規模を縮小して行われることとなった。明恵が没する二年前のことであった。参列者があまりに多く、問題が起きたためで、日中の『遺教経』の講経のあとは『涅槃講式』のみを読み上げるようになったという。涅槃会の縮小によってその際に用いられる本尊の構成にも変化があったのだろうか。わずかながら江戸時代まで命脈を保ったということは、その影響力の小さくなかったことを示しているといえようが、同じときに明恵が著した四座講式が広く普及したのに比べ、本尊として用いられた三幅対の影響力が限定的であることについて、その答えは容易には見出せない。

さいごに、明恵の最期について述べておきたい。明恵は貞永元年（一二三二）正月十九日、六十歳で亡くなる。その直前、明恵は自らの死期をさとり、入滅の方法について色々と検討を重ねている。入滅の際の姿勢には端座（たんざ）と右脇臥（うきょうが）の二種類があるとして、その両方を試みた結果、「釈尊入滅の儀にまかせて」右脇臥、つまり涅槃図に描かれているような釈迦の姿勢が「しづかにしてよろし」と結論づけている。実際、明恵の死やその前後の出来事を弟子定信が記し留めた『最後臨終行儀事』には、明恵は、右脇を下に横たわり、弥勒の宝号を唱えながら亡くなったと記されている。釈迦を自らの行動の規範とし、釈迦とともに生きた明恵の生涯を象徴するような最期だったといえよう。

〔主要参考文献〕

奥田勳『明恵―夢と遍歴―』東京大学出版会、一九七八年
『明恵上人没後七五〇年　高山寺展』（図録）、京都国立博物館編、一九八一年
『明恵上人と高山寺』同朋舎出版、一九八一年
田中久夫『明恵（人物叢書）』吉川弘文館、一九八八年
伊藤大輔「高山寺蔵「明恵上人樹上坐禅像」考―主にその構図法における宋画との関係について―」（『美術史』一四〇、一九九六年）
大槻信「『十無尽院舎利講式』覚書（京都大学蔵谷村文庫本を中心に）」『平成八年度高山寺典籍文書綜合調査団 研究報告論集』、一九九七年
山本陽子「菩提樹像小考―ボストン美術館本を中心に―」（『仏教芸術』二三八、一九九八年）
伊藤久美「「明恵上人樹上坐禅像」に関する一考察―型と主題の再検討を中心に―」（『美術史』一七五、二〇一三年）
『修理完成記念　国宝　鳥獣戯画と高山寺』（図録）、京都国立博物館・朝日新聞社編、二〇一四年
『鳥獣戯画　京都　高山寺の至宝』（図録）、東京国立博物館・朝日新聞社編、二〇一五年
『京都　高山寺と明恵上人―特別公開鳥獣戯画―』（図録）、九州国立博物館編、二〇一六年
『国宝の殿堂　藤田美術館展―曜変天目茶碗と仏教のきらめき―』（図録）、奈良国立博物館編、二〇一九年

第二部

高山寺という場と明恵上人

「写実」の語る意味
―背景描写から読み解く明恵上人像（樹上坐禅像）―

大原嘉豊

はじめに

国宝「明恵上人像（樹上坐禅像）」（京都・高山寺蔵、紙本著色　一幅、縦一四五・〇センチ　横五九・〇センチ、口絵1、以下「本図」）は、名品としての声価高く、明恵上人高弁（一一七三～一二三二）という人物の仏教史上の重要性とも相俟って、これに関する研究も多数の先学によってすでに行われている。

筆者もその成果に裨益されるところ大であるものの、絵画情報の読み取りという点でさらなる考慮の余地があるのではないかと考えている。一体、絵画は、文献史料に比し、言語によって概念化されるという過程を経ていないことから情報としての具体性にやや欠けるという反面、文字の及ばない情報量を保有しているという側面も有している。本論では、従来触れられてこなかった本図の視覚情報の一部について、これを読み取り、意味づけを行いたいと考えている。それは、本図の本質を考察する上で一定の意義を持つと確信している。

一　明恵上人像（樹上坐禅像）に見られる「写実」の意義

明恵と肖像画

明恵は、紀州（和歌山）有田の出身、幼時に両親を失い、京都・奈良に上り修学に励み、一代の碩学として名を馳せ、京都栂尾・高山寺の中興開山として今日でも尊崇されている。その教学は、華厳と真言との兼修に特徴があり、鎌倉新仏教の一角を占めている。特に、その華厳教学は、明恵の釈迦思慕に由来するインド渡海への果たせなかった夢を反映してか、中国仏教に範を求めており、南宋仏教文化を早期に日本で摂取した点でも特徴がある。ただし、当時の対外交易の困難さから、高麗経由で移入された文物も多かったとみられ、義湘・元暁のような新羅祖師の再評価などはその一端と見られる。

さて、この明恵の肖像画は、同時代の諸高僧と比較して模本も含めるとかなりの数が伝わっており、しかも明恵その人がこうした肖像画を生前から描かせていた可能性が高い。現代はスマートフォン等による「自撮り」真っ盛りであるが、「インスタ映え」などという言葉もあるくらい、それはインターネットを通じた自己の承認欲求充足のツールとなっているようである。が、明恵は現代の我々と同様な自己顕示欲でこういうものを描かせたのか、そうした根本的な問題について回答を与えている研究というものは意外と乏しい。明恵肖像のうち最も名高い本図を採り上げることで、その謎に迫ってみたいと考えるゆえんである。

本図は、上部に別紙が貼り継がれ、「高山寺楞伽山中／縄床樹定心石／擬凡僧坐禅之影／写愚形安禅堂壁／禅念沙門高弁」と墨書されている。これを信ずる限りは明恵自筆ということになるが、その当否については後述するように議論が分かれている。

高山寺の背後にはこの賛中にいう楞伽山があり、明恵が坐禅した遺跡が残されているとされる。また、縄床樹とは、本図に見るごとく二股に分かれた一株の松であり、いずれも明恵の命名にかかる。明恵は、建保四年（一二一六）からこの地を修禅の地としていたが、元仁元年（一二二四）冬に楞伽山と命名して坐禅蟄居したと伝えられていることから（『高山寺明恵上人行状（報恩院本）』、『高山寺縁起』）、本図はこの元仁元年以降の明恵最晩年の肖像とみてよいであろう。

明恵上人像（樹上坐禅像）の描写の迫真性

本図の眼目は、その迫真の像主の描写にある。肖像画は、古来、中国の祖師信仰で必須の存在であり、「影」、「真」などと称されていた。しかし、日本では古代以来、このような像主との相似造形を忌む傾向が強かった。ゆえに、肖像画は、僧界では比較的早くから受容されていたが、盛んになるのは先述のタブーが薄れてゆく平安時代末期からであり、「似絵」と呼ばれる僧俗を問わない肖像画法が登場する。しかし、本図は同時代類品からかけ離れた異常なまでの迫真性を有しており、その革新性をどこに求めるべきかについて議論が続けられてきた。

そこで、想定されたのが、先述の似絵の系譜と、明恵の信仰に現れている中国美術への憧憬との二点ということになる。特に、中国画の影響については、恵日房成忍の筆と伝えられている点が注意を引く。『高山寺縁起』には成忍筆の明恵真影が高山寺禅堂院に安置されていたことが記されており（「持仏堂南二間、所立一脚縄床為禅処、縄床左障子押於上人縄床樹坐禅真影、自上人在世在之、擬凡僧坐禅之影云々、恵日坊成忍筆、銘即上人自筆也」。佚失。以下「禅堂院影」）、その記述は本図に符合する点が多い。ただし、禅堂院影は障子絵であって、本図はこれと別作と考えられ、先述の上部の銘が禅堂院影の明恵自筆賛を写したとの可能性を示唆するものがある。

高山寺には別本の絹本著色の明恵上人像が伝来しており、これも樹上坐禅像と称されているが（以下「絹本樹上坐禅像」、図1）、ここにも本紙上部に継紙があり、「□楞伽山縄床／樹坐禅之恩／形安禅所壁／擬凡僧坐禅／□影／禅念沙門高弁／楞伽山同宿沙門／□日房成忍筆」とある。本図は、断爛が激しく様式判断には困難を伴うが、鎌倉時代後期に降るものと思われる。とはいえ、本図との関係を考える上で意味はあると考える。禅堂院影の祖本に相当するのが本図であり、その同時代同筆者再構成転写本が禅堂院影、その禅堂院影の損朽に伴う後代転写本が「絹本樹上坐禅像」であるという可能性を想定することも可能かと論者は想定している。いずれにせよ、本図を含む樹上坐禅影に禅堂院影の由緒が結合せられた点は考慮を要するものであって、これが明恵影像の根本本

図1　絹本著色明恵上人像（樹上坐禅像）　高山寺所蔵

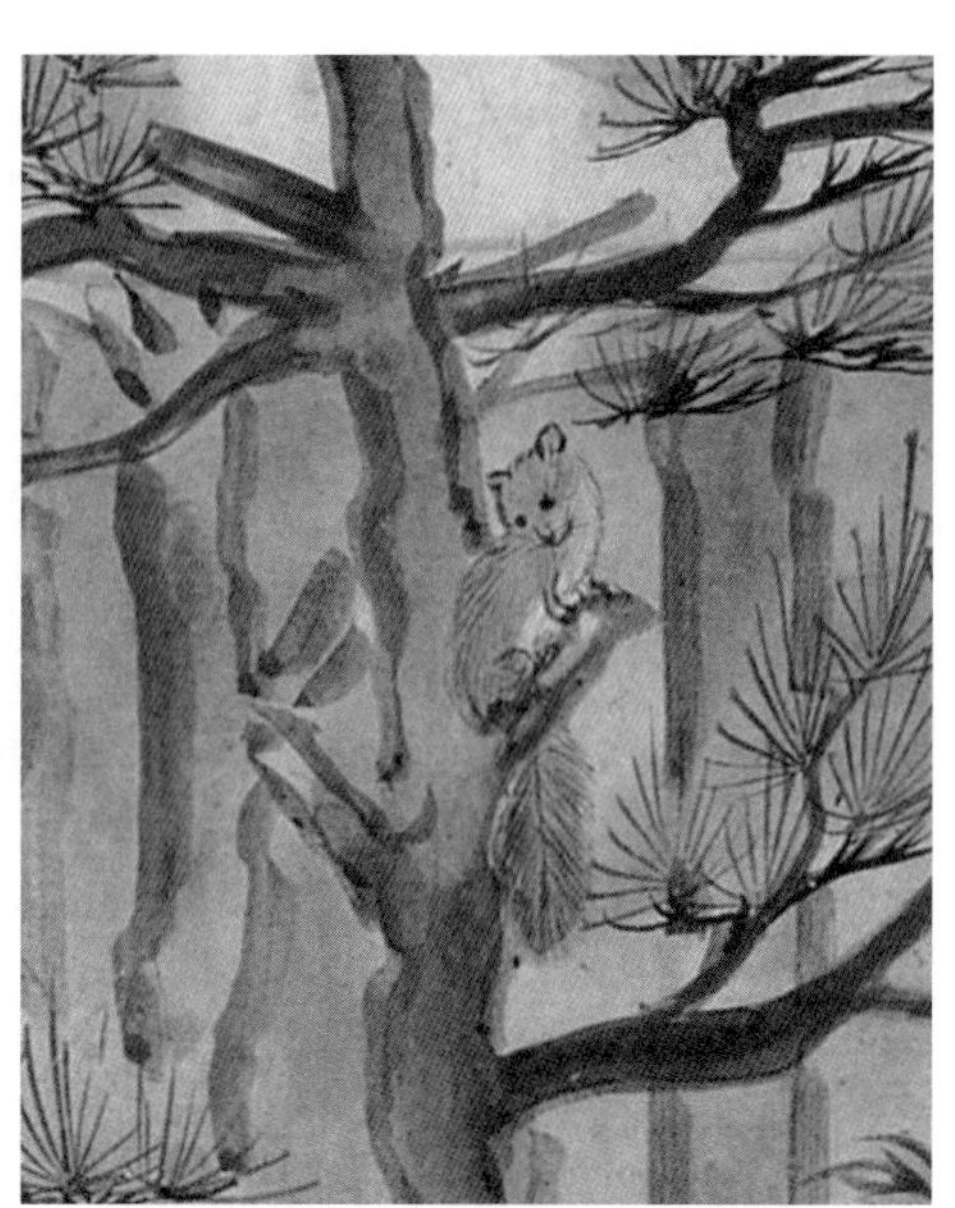

図2　紙本著色明恵上人像（樹上坐禅像）
樹上動物部分　高山寺所蔵

に限りなく近い存在であり、とりわけ本図の描写の初発性の高さは示唆するところ誠に大きいと考える。冒頭でも述べたとおり、明恵在世時から像主座右にかような影像を安置したという点は重大な問題であり、この点は本論中で明かされていくことになろう。

動物表現の検証

さて、ここで筆者とされる成忍は、明恵の弟子で画をよくしたといい、同じく明恵周辺の画家として名が挙がる詫磨派と同様に、師の志向を理解し、中国画の積極的な摂取を目指したと考えられる。

本図が成忍真筆かは措くとしても、この中国画の影響を端的に示すと見られてきたのが、本図の背景の動物表現である（図2）。これは動物を愛好した明恵の人柄をよく象徴しているが、松樹の栗鼠とされてきた動物が特に注意されている。

これは、「十六羅漢図」（長野・教念寺蔵）第五尊者像（東京国立博物館図録図版45参照）のような中国から舶載された羅漢図の影響であることを示す重要な要素として先行学説がほぼ例外なく指摘するところであって、中国趣味を擬装した一種のフィクションであった可能性すらまず想定する必要がある。

鎌倉時代に遡ると考えられる原本は現在失われているが、天保十年（一八三九）に岩崎信盈が模写した「明恵上人像（石上坐禅像）」（高山寺蔵、図３）にもこの栗鼠とされる動物が登場することは（図４）、計算の上でこの動物を描いたことの傍証にはなろう。

しかし、論者としては、南宋羅漢図の影響を本図に認めることにはやぶさかでないものの、これを栗鼠とみなすことには不同意である。なぜなら、日本固有種としてニホンリスが存在しているが、栗鼠は源順撰『倭名類聚抄』（承平年間〈九三一〜三八〉成立）等の早期の和製類書（事項別百科事典）には登場せず、畿内での栗鼠の生息が当時確認できない点が根拠として大きい。

しかも、実際の造形遺品から判断すると、先述の影響関係を想定した南宋羅漢図の日本での模本を見ると日本

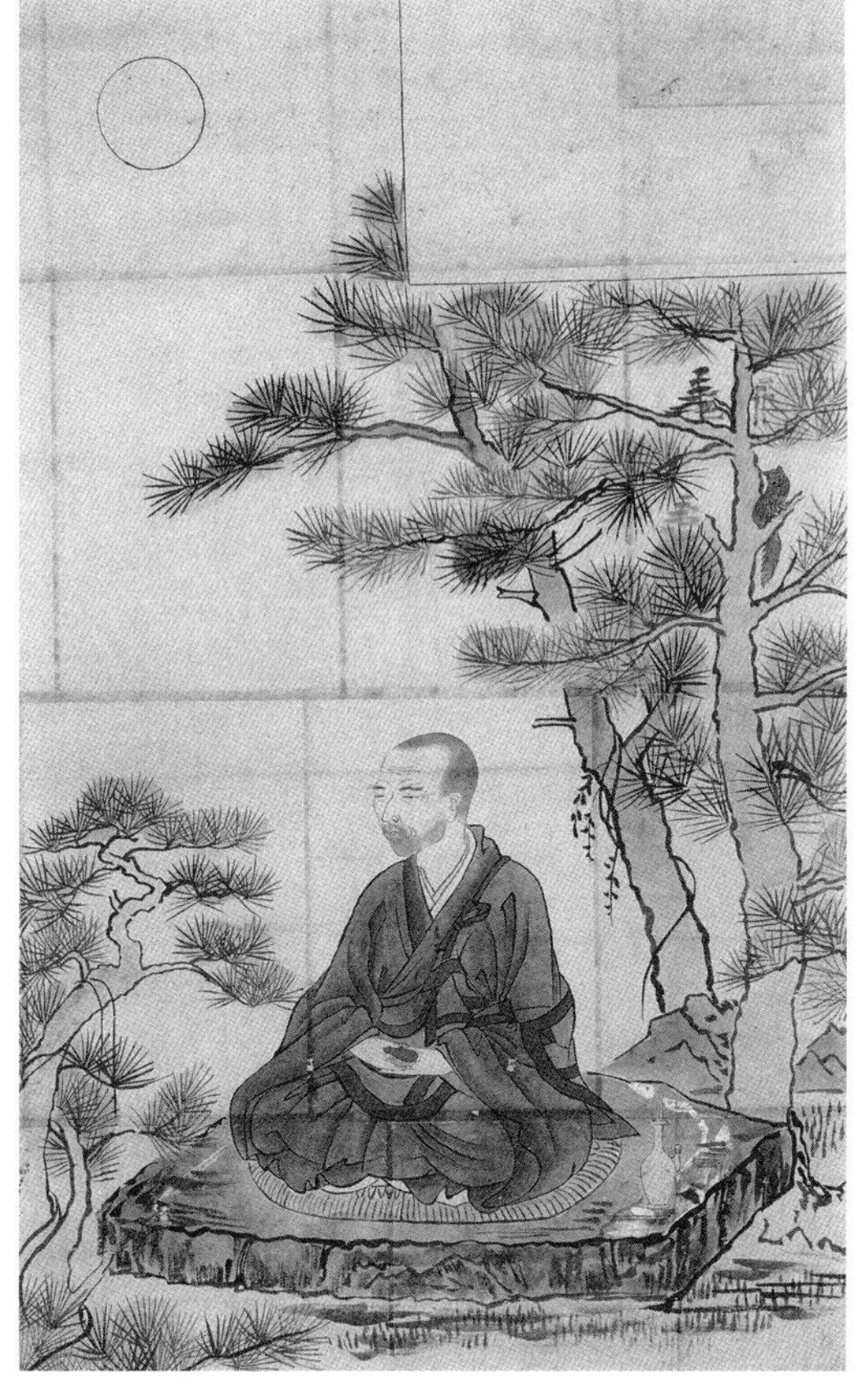

図３　明恵上人像（石上坐禅像）　高山寺所蔵

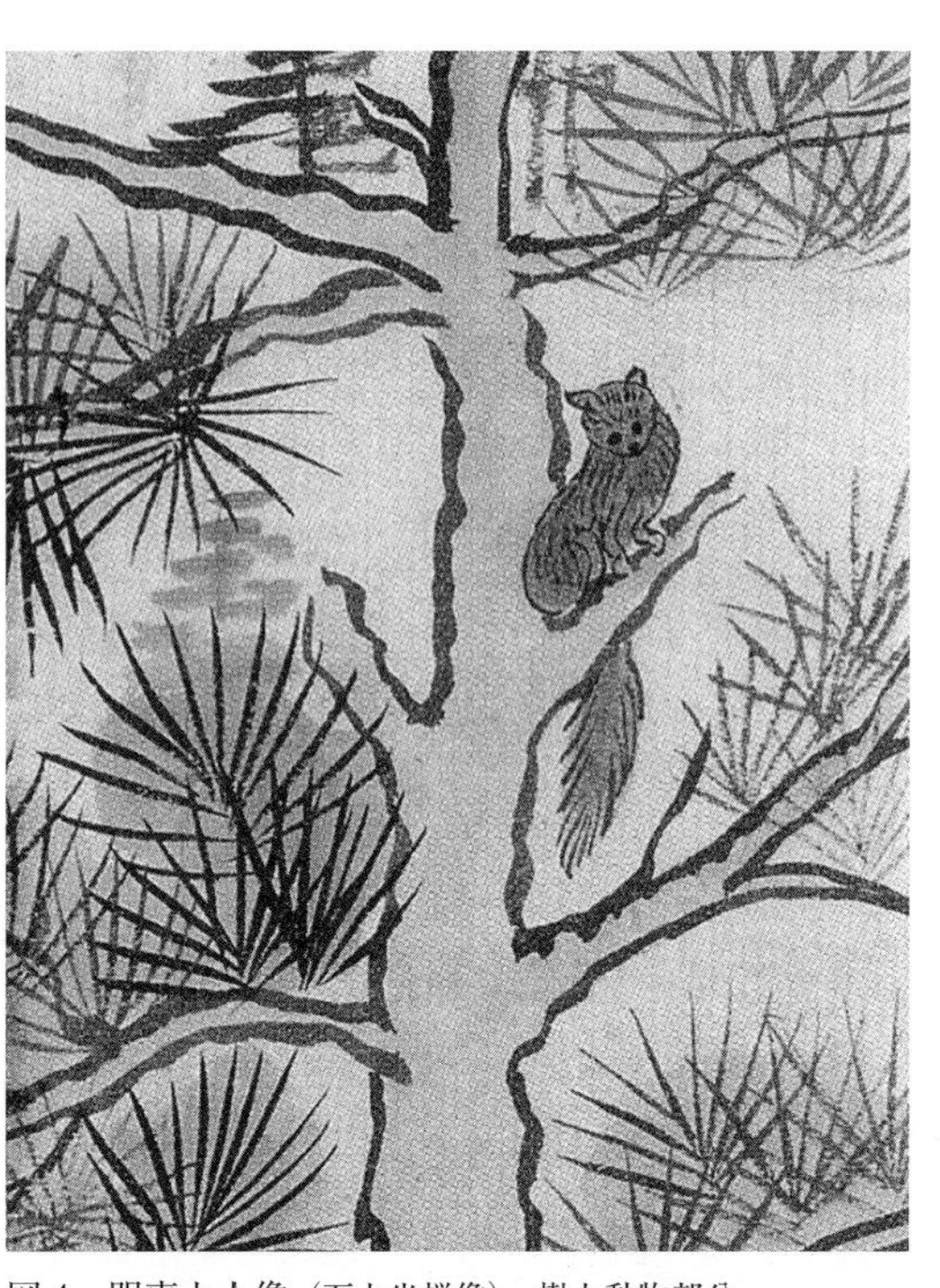

図4　明恵上人像（石上坐禅像）　樹上動物部分
高山寺所蔵

人が栗鼠自体を認知していなかった可能性がきわめて高いことが指摘できると思う。たとえば、前掲の「十六羅漢図」（長野・教念寺蔵）第五尊者像と同系統模本である和歌山・浄教寺蔵「十六羅漢像」第五尊者像（東京国立博物館図録図版46参照）の該当動物の描写の差異を比較すれば明白であろう。教念寺本ではかろうじて栗鼠とも見えないこともないが、浄教寺本では描写は崩れ、もはや原型を留めておらず、品種同定すら困難な表現になっている。教念寺本は鎌倉時代後半、十三世紀後半から十四世紀初頭頃の作と見られるが、浄教寺本は室町時代、十五世紀前半の作と見られる。ここでは、模本・紙形に依拠する制作を前提とした際の情報伝達における情報劣化の過程が如実に反映されているのである。その情報劣化を惹起した原因として栗鼠の存在自体が当時膾炙していなかったことを想定せざるを得ないのである。

なお、ニホンリスは、化石記録から中世更新世には本州に生息していたとされ、サハリン経由で日本へ渡来したキタリス（エゾリス）が祖先種と考えられている。ただし、九州での生息がきわめて限られている点に窺えるように本来寒冷地産のその生態やその渡来経路から見ても、十三世紀段階では西国では生息していたとしても高地帯に局限されていたと見られ、和製類書への不記載とも併せて、まだほとんど人間に認知されていなかったのであろうと論者は推測している。

また、そもそも「栗鼠」の訓みを「りす」とすること自体、語頭音にラ行が来ていることからも、アルタイ語族との音韻面での類似性が指摘されている大和言葉由来でないことは理解されると思う。「りす」の語源については諸説あるが、「栗鼠」の唐宋音「りつそ」の転訛と見るのが妥当と思われる。この点でも語源としては遡らない可能性が高く、『倭名類聚抄』に掲出されていないのはむしろ当然なのである。

表現された動物は何か

そこで、本図が表現する所の動物の種名が問題となる。論者は、『倭名類聚抄』はもちろん、『万葉集』にも、同じリス科のムササビ（鼯鼠）が登場し、日本古来親しまれていたことから、栗鼠に代えてムササビを表した可能性をまず想定すべきだと考える。ニホンムササビは日本固有種として古くからその存在が確認されており、縄文時代の福岡県北九州市・永犬丸（えいのまる）遺跡貝塚からその骨片が出土していることが知られ、生息域も人間の生活圏と近く、毛皮の利用等で親しまれていた。

ただし、ムササビは、曲亭馬琴（きょくていばきん）等撰『兎園小説（とえんしょうせつ）』（文政八年〈一八二五〉）第二集「まみ穴、まみといふけだもののの和名考（著作堂主人〈馬琴〉著）」や寺島良安撰『和漢三才図会』（正徳二年〈一七一二〉）巻四十二・原禽類でも確認されるようにモモンガと古来混同されていたことが確認される。すなわち、『倭名類聚抄』にもあるようにモモンガの古名はムササビの別称である「モミ」であり、都を離れた東国ではこの古名が残り続け、これが転じて「モモンガ」になったと推測されているのである。それゆえ、両者の同定を本図から行うのは難しい。本図の場合、体長や頬に白門と称される白い毛筋が描写されていない点ではモモンガに近いと思われるため、モモンガとしておきたいと思う。

赤松林の描写

以上のように、本図には「写実」という評語がしばしば下されるが、それはきわめて切実なものがあると推定されるのである。その実景の写実性という観点から、本図の背景をなす楞伽山の景観についても一言触れておきたい。

現在は松等の樹葉に塗られていた緑青が緑青焼けによってほとんど剥落しているが、もとは緑滴る山中の寂境を現していた。現在、同地は紅葉の名所で知られ楓等の広葉樹が増え、かつ、北山杉の産地でも知られているように杉などの陰樹が増えているが、本図では一面の赤松林で表現されている。

これを実景との乖離と見得るかというと、そうではないと考える。寛喜二年（一二三〇）銘の「高山寺絵図」（重要文化財、京都・神護寺蔵）では、高山寺一帯は松樹主体で表現されていると見られ、本図の実景の再現度は高いと推定される。

これと対になる「神護寺絵図」（重要文化財、神護寺蔵）や「主殿寮御領小野山与神護寺領堺相論絵図」（重要文化財、神護寺蔵）でも、ほぼ神護寺・高山寺周辺にのみ針葉樹と思われる樹木が描かれている。おそらくこの針葉樹は赤松を意味していると思われる。

これらの絵図で神護寺・高山寺の境内地内のみに樹種を明示するのは、神護寺・高山寺の再興に際して、伽藍整地を行うとともに、赤松を植林したことを示すものと論者は推測している。それが周辺地域との森林樹木構成の相違として表され、境界の可視化にも貢献していたと思われるのである。もともとこれらの絵図が作成されたのは、この地で古くから林業や狩猟に従事していた小野山供御人（おのやまのくごにん）と、寺院の再興という形で新参者として権利を保有した神護寺および高山寺との対立が発端にある。これらの絵図は、それぞれの権利を有する境界を画定する必要から作成されたものなのである。

では、なぜ赤松を植林したのかということになるが、赤松は薪材として優秀であるためで、寺院日用燃料に供したものと推定される。そもそも、高山寺に限らず京都近郊の社寺林はかつては赤松の二次林が主体であり、京都では平安時代から赤松の人工林の増加が推定されている。しかし、近代以降、その経済用途の激減で人手が入らず、植生遷移が進み、現在では景観に大きな変化が生じている。

三尾（高雄・栂尾・槇尾）の場合、南北朝時代以降に現在の植生に近似してきた可能性が高い。この現象はおそらく寺院の衰退と関係すると思われるのであるが、中興以来の寺院の燃料を支えた松林の管理がややおろそかになり楓等の落葉広葉樹の勢力が強くなり、それが紅葉の名所としての声価に繋がっていったと見られるのである。

「写実」を裏付ける明恵伝記の数々

以上の本図における自然景観描写の写実性を前提にした場合、明恵の諸伝記における各種逸話に整合するものが多いことは注意すべきであろう。

まず、『明恵上人和歌集』に「建保四年四月に、楞伽山の草庵にあり、坐禅入観のひまにかけつくりたる縁のきはにたちたれば、たによりみねにいたるまで藤の花さきのぼれり、まつにかかり風になびきて、地よりそらにのぶるにたり」とあるのに、本図の景観描写が早くから結び付けられているが、論者も同感であり、これはまったくの実景性を前提にすべきものである。本図の藤の描写に、明恵が抱いていた春日明神信仰などを読み取ろうとするのは過剰解釈であると思う。

また、『栂尾明恵上人物語』に明恵は松茸が好きであったという次のような逸話が残されている。

> 又上人松茸ヲ食給ヨシヲ聞侍テ或人請申テ松茸ヲ種々ノレウリヲ調テモテナシ奉ケリ、帰給テ後人申ケルハ

松茸御愛物ニテ候ヨシ承伝候テナニカシ奔走シテ随分結構シケルヨシ語申ケレハ道人ハ仏法ヲタニモ好ト人ニイハル丶ハ恥ニテ候、マシテ松茸好ト云事アサマシキ事ナリ、是ヲ食スル故ニコソカ丶ル煩ニモ及候ヘ、今ハ永不可食トテ其後ハフツト松茸ヲ断給ケリ

世人はこの逸話をたわいもない話と片付けてしまうであろうが、論者は案外真実を伝えているのかもしれないと考えている。松茸は赤松の単相林を好むもので、かつて赤松林が維持されていた頃には比較的目にする植物であったことを考えると、上掲逸話は俄然真実味を増してくるのである。

『梅ヶ畑村誌』(高雄尋常高等小学校、一九三二年)第四章「明治維新以後」第四節「産業」には明治二十二年七月調査の梅ヶ畑村産物別収穫量と売上高が挙げられており、同村が薪柴等を主体とする近代以前の産業構造を当時なお継承していたことを示しているが、ここで松茸が一千三百貫の収穫を上げている点が注意される。当然ながら、松樹の存在がこれと表裏を成しており、松割木九千束、松六ツ割物一万四千三十本も計上されている。明治中期までは、同地で有用な松樹林が一定度保存されていたことを示すとともに、あらためて明恵在世時の状況を示唆するものといえよう。

以上の検討結果を踏まえてみれば、本図の写実性、実景性は明白である。藤咲きこぼれる時期であるから、頃は旧暦四月、昼行性の鳥が羽ばたき、夜行性のモモンガがいることから、時刻は夕闇迫る頃と推断できる。明恵が、夜中の閑寂を求めて山中で坐禅を行っていたことは、月が描かれる石上坐禅像からも明白である。実在の人物、実在の風景、実在の時間、実在の像主の習慣、これらが本図には気味が悪いくらい揃っている。日本美術史上でこれほどの質で「写実」が達成されている例は少なく、ここに本図の特殊性がある。この特殊性が何に由来するかについての検討は次章で行うこととしたい。

二　思想的背景を探る―禅宗との関係をめぐって―

従来の議論と問題点

ここで、本図の思想的背景について考察する前に、本図に対する従来の議論の概略を振り返ってみたい。先行研究を継承発展させた中島博氏の画期的な業績以来、このような画題自体の特殊性がまず前提になり、その由来を「写実」だけにではなく、その絵画様式が準拠したと見られる中国・南宋に範を求め、羅漢図の如きをモデルにしたある種の像主の理想化が前提されるようになった。たしかに明恵には十六羅漢信仰があり、建保三年（一二一五）に撰した四座講式にも『十六羅漢講式』が含まれている。このような講式の本尊としては、『高山寺縁起』羅漢堂条下に「絵像十六羅漢一鋪二体、合八鋪、俊賀法橋写唐本、施入之」、また同書平岡善妙寺条下にも「唐本十六羅漢像并阿難尊者成忍筆」ともあり、「唐本」を意識していたことは間違いのない点である。本図の自然景観描写と斯様な羅漢図とを結び付けようとするのは思考の方向性としてはきわめて自然で通説化したのは故なきことではなく、これに関しては本図のモモンガの描写の存在理由について本論中でもすでに触れたところである。

これに対して、近年、伊藤大輔氏が、羅漢図の影響を否定的に扱い、様式を含めた包括的な議論を提示した。伝統的な高僧画像の類型に収まり得るという伊藤氏の見解に対しては、中島博氏・伊藤久美氏により反論が行われている。

先述のとおり、論者は先述の本図へのモモンガの描写の出現から羅漢図の造形伝統を本図に認める立場ではあるものの、この種の議論自体に実はあまり意味を見出してはいない。本図に「理想化」はたしかに認められるが、それは南宋羅漢図の形式に準拠しただけの観念的な机上の創作では決してないことにあらためて注意を促したいのであって、冒頭に述べたように、このような肖像を描かせた明恵の意図をこそ問題にせねばならないと考えている。意図の実現のために借りた技術は、本来その技術が持っていた志向性と必ずしも等号で結べるわけではない。本図造形の前提にある既存絵画の造形伝統の持っていた意味を本図に直接適用するのは、慎重であるべきだと思うのである。すなわち、本図は似絵などの在来画法をベースに中国趣味を加味して高僧像としての理想化が図られたものであるが、ここに当時としても傑出した高度な写実が絡む点が他と懸絶しており、これこそ様式上非常に重要であって、これは明恵の思想に起因すると考えるのである。

明恵上人像の用いられ方と禅

そこで、論者としては、結論を前提的に述べると、本図の造形は禅宗の影響と見ざるを得ないと考えるのである。具体的には、禅宗の頂相（ちんぞう）との関係を想定している。明恵は、中国の先端の華厳教学受容に努めたが、この際に中国で華厳と兼修されていた禅をも摂取しており、これが明恵の肖像画が当時としては多数制作された背景にあると考えるわけである。明恵が坐禅を行い、本図がその姿で描かれるのも、同様の理由であろう。

ここであらためて考慮しておきたいのが、先述の上部の伝明恵自筆の賛である。この賛については、明恵自筆の信憑性を疑う見解が存在することはすでに触れたとおりであるが、少なくとも今はなき禅堂院影には明恵が自筆の賛を加えていたことは疑い得ないところである。この着賛という形式も、禅宗の頂相形式を明恵が意識していた可能性を示唆するものである。

『高山寺縁起』禅堂院条には次のようにある。

平日常坐後障子奉懸安上人真影一鋪同筆。右影像者、上人多年同法恵日坊成忍、親取眼耳等寸分、留筆盡心所図絵也。雖眼精不瞬、尊儀更無違矣。前在一脚机、存日之持経納箱、香爐、打鳴等、安其上。脇足、硯箱、団扇、宝螺具、火爐、水瓶存日所入水、于今在之、如斯在世什物未改昔儀。晨昏供給又以無違。明相後之粥、午上之時食、湯薬之寒温、燈燭之早晩、一々皆如奉仕生身。平生両三侍者、于今勤此役矣。（中略）生身供粥斎食。自上人存生当初、覚厳法眼致寝食沙汰。遷化之後、以摂津国善興寺所当内、（衍字カ）死生身供之料畢。

つまり、禅堂院常坐後障子奉懸の明恵影像（以下「生身供影」）に対して、「生身供［粥斎食］」が行われていたというのである。すなわち、明恵生前さながらに毎日調飯を行い影供を行っていたのである。その儀礼形式は伝統的な高僧影供に準拠しているかもしれないが、その実施思想は禅宗の頂相を想定せざるを得ないと論者は考える。

その根拠は、この生身供影の前に明恵生前の持物が安置されていたことに端的に表れていると考える。これは、『勅修百丈清規』（元・至元四年〈一三三八〉）尊祖章第四達磨忌条下に「座上掛真、中間厳設祭筵瓶香几、上間設禅椅払子椸架法衣、下間設椅子経案炉瓶香燭経巻」とあることが参考になろう。達磨忌ではあるが、祖師掛真仏事のあり様を推測させるもので、払子や法衣等の祖師の器物を陳列している点に注意が必要である。

栂尾茶と禅

加えて、同じく『勅修百丈清規』嗣法師忌条に「斎畢就座点茶焼香侍者行礼」とあるが、この祖師掛真の忌日法会で禅院点茶の習俗が存在していることに、論者は重大な意味を見出している。

高山寺は栂尾茶として日本最古の茶園が残されているということで著名である。明恵と茶との関係については、『栂尾明恵上人伝記』にも「或人語伝テ云、建仁寺僧正御房唐ヨリ持シテ渡給ケル茶ノ実ヲ被進ケルヲ植ソタテ渡ケルト云々」とあるように、栄西を通じて明恵と茶との関係が生前に存在したことは事実とみてよい。そして、論者は、明恵は茶をたんなる唐物趣味や酔狂で栽培したのではない、と考えている。まさに、禅院茶礼、すなわち頂相・掛身仏事などに用いるためであったと推測している。禅院と茶礼との関係は、『禅苑清規』（北宋・崇寧二年〈一一〇三〉）巻一「赴茶湯」条下に「院門特為茶湯礼、礼数慇重、受請之人不宜慢易」とあるとおりである。すなわち、栂尾茶と本図とはその立脚の精神を共にしていると考えるのである。

本当に頂相でいいのか―形式の検証―

そこで、本図を頂相として見た場合、その形式が問題となる。本図は、曲彔に坐す通常の頂相とは相違するが、頂相には経行像という形式も存在する。後代例になるが、「中峰明本樹下坐禅像」（広演賛、京都・慈照院蔵、中国・元時代　十四世紀）は、松樹の下での中峰明本（一二六三〜一三二三）の坐禅の姿を描くもので、本図を連想させるものであり、経行像の特徴として自然景を伴うことが多い点も注意される。そこで、造形理念としても、その画像形式としても、本図との連続性を想定させるかかる造形伝統が明恵在世時に遡及し得るかが問題となるであろう。

そもそも、明恵と同時期における頂相の普及状況については不明な点が多いが、高僧像としては重源（一一二一〜一二〇六）が南宋から請来した浄土五祖像がある。浄土五祖像は、血脈の欠如を顕密仏教から指弾された浄土宗が中国祖師にその権威を借りるために、中国から舶載した南宋浄土祖師影の様式自体に権威性を認めて転写が繰り返され、京都・二尊院本（重要文化財、南宋時代　十三世紀）などの古作が現存する。また、浄土宗が重んじた唐・善導（六一三〜六八一）の肖像も、浄土五祖像と同様の理由から南宋画の模写が行われ、京都・知恩寺本（重要文化財、鎌倉時代　十三世紀）等が知られている。

また、北京律の俊芿（一一六六〜一二二七）も、「道宣律師・元照律師像」（南宋・嘉定三年〈一二一〇〉楼鑰賛、重要文化財、京都・泉涌寺蔵）・「俊芿律師像」（嘉禄三年〈一二二七〉自賛、重要文化財、京都・泉涌寺蔵）を請来し、

南宋肖像美術を伝えている。明恵がどの程度これらの情報に接し得たかは不明であるが、これらは通常の頂相と同様の高僧像の造形伝統の連続性にあり、明恵の採る所でなかったことは本図を含むその肖像遺品から判断される。

しからば、明恵が依拠したものについて推測の手がかりは存在していないのか。これに関しては、注目すべき説が提起されている。原田行造氏の指摘した播磨・性海寺に所在したという如幻上人像（佚失）に関する論考がそれである。これは、明恵との交友が確認される証（勝）月房慶政（一一八九～一二六八）が撰したとみられる『閑居友』（承久四年〈一二二二〉）上巻第二話「如幻僧都の発心の事」に「かの播磨の高和谷に、絵に描ける御姿のをはするは、木下に石を敷物にて、檜笠と経袋とばかりを置き給ひたる姿とぞ聞き侍りし」と描写されているものを指す。如幻は蓮禅撰『三外往生記』に立伝されているが、その事蹟については不明な点が多い。南都で因明研究を行った後に、播磨・性海寺（兵庫県神戸市西区押部谷町高和）に隠棲したとされ、十二世紀の人物とされる。

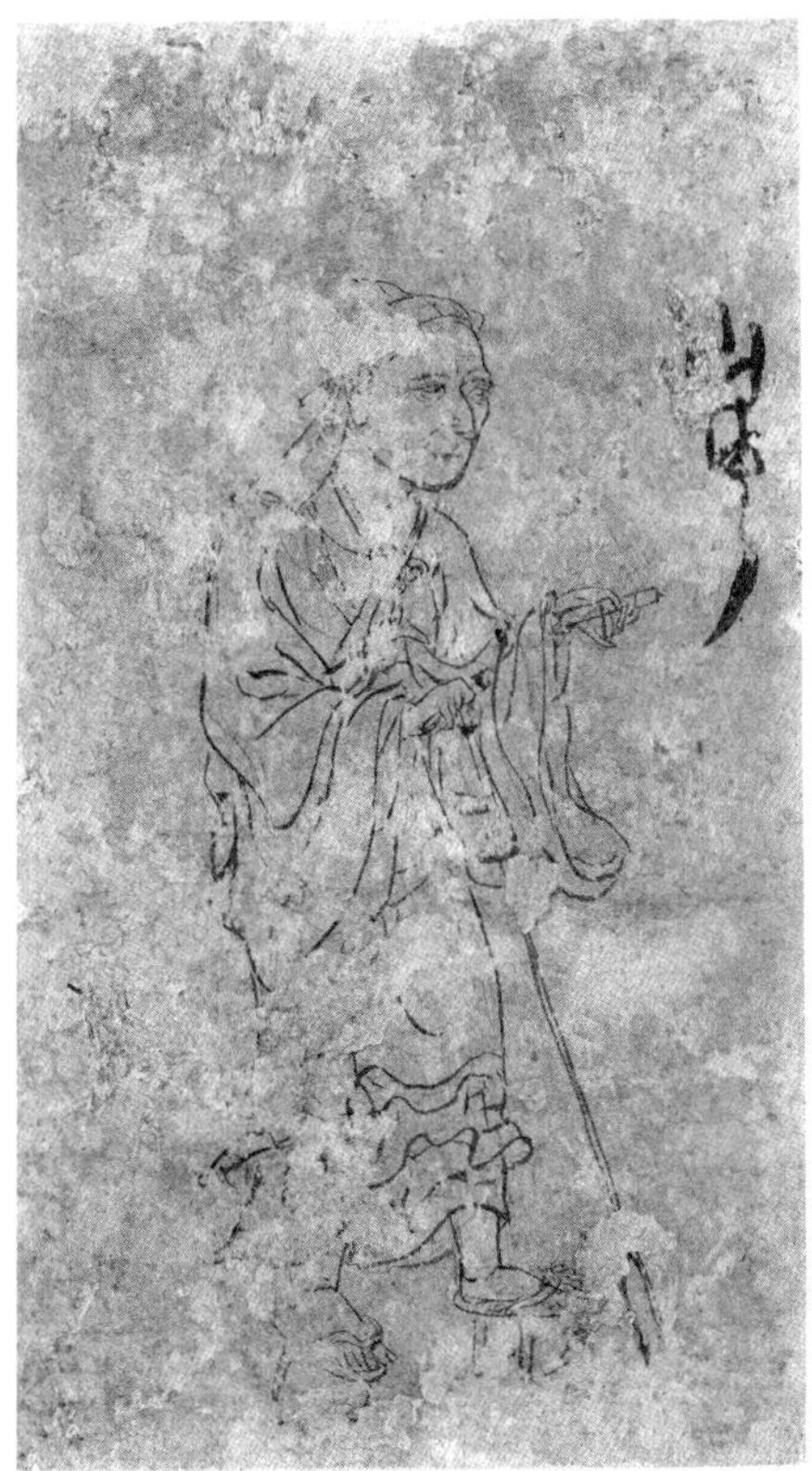

図5　紙本墨画明恵上人像（山中御影）
高山寺所蔵

この『閑居友』の記事をどう評価するかが問題となるが、論者は慶政が明恵にこの情報を伝えたと見るのが最も自然であると考える。すなわち、慶政には明恵が果たせなかった渡宋の経験

（建保五年〈一二一七〉～六年）があることから、論者は、如幻像と禅宗における経行像の伝統との近さが慶政によって海外情報を切望していた明恵に語られ、本図の描写に連続したのではなかったかと憶測するのである。また、慶政には禅に関する理解もあったとされる点も留意すべきであろう。加えて、高山寺には、「明恵上人像（山中の御影）」（以下「山中御影像」、図5）が伝来していることも、性海寺旧伝如幻上人像と経行像との関係性を補強すると思われる。この山中御影像は、白描の稿本とおぼしきもので、制作年代の判定には困難があるが、制作年代は鎌倉時代、十三世紀に遡及すると見られている。これが明恵在世時に遡及するかは措くとしても、明恵在世中にこのような画像がおそらく確実に存在していた事実は動かないと考える。

華厳教学の系譜と明恵の禅宗受容

禅に関しては、明恵以前にすでに大日房能忍による日本達磨宗が存在していた。明恵自身は当時の華厳教学研究を通じて禅宗に触れたと推定されるが、日本達磨宗の存在は無視し得ないものがあろう。その明恵の華厳教学は、高麗を通じた中国江南の華厳宗学を基礎とするものと推測されている。

江南華厳宗学は、中国華厳宗第四祖・澄観（七三八～八三九）、第五祖・宗密（七八〇～八四一）の流れを汲むが、澄観こそは当時勃興しつつあった禅宗との教理的統合を成し遂げた人物であり、この思想的潮流に対して中国仏教史学の一部では「華厳禅」という概念を与えることが提唱されている。

この中唐という時期は華厳教学の一つのピークであり、澄観とほぼ同時期の八世紀前半には『円覚経』が偽作され、これは宗密に至って重要性を増した。高麗に円覚経変相図の遺品があるのは、基本的に中唐期華厳教学の基盤の反映なのであり、これは新羅華厳教学に源流があるのである。

その新羅華厳宗の祖に義湘（六二五～七〇二）がいるわけであるが、彼は唐で華厳第二祖・智儼（六〇二～六八）

に師事している。義湘と同時に渡唐を志しながらも断念した元暁（六一七〜八六）も、新羅華厳宗の大家であり、彼に師事した審祥がその教学を南都に伝えている。この新羅華厳教学の大家両名を明恵が尊信したことは、「華厳宗祖師絵伝」（国宝、高山寺蔵）が端的に示すところである。

高麗は、この新羅華厳教学に立脚しており、光宗朝（九四九〜七五）に均如大師（九二三〜七三）が現れ、華厳教学を復興した。次いで、大覚国師義天（一〇五五〜一一〇一）と楽真（一〇四八〜一一一六）が現れ、その後の流れを決定づけた。両者はともに入宋し、江南華厳の系譜を継承している。

その一方で、北宋初頭の江南華厳宗の復興に際し、会昌廃仏（かいしょうはいぶつ）で失われた典籍を義天が高麗本によって補完したという事情もあり、宋麗両国の華厳教学基盤は親和性が著しく高かった。明恵は、高麗を通じて江南華厳宗を受容したと推定されるのである。

高山寺と禅

こういう観点で高山寺と禅との関係を見直すと、「達磨宗六祖師像」（重要文化財、高山寺蔵、十二〜十三世紀、図6）の存在があらためて注目されるであろう。この図像は、画面左下隅に「至和元年十一月初一日開板、入内内侍省内侍黄門臣陳陸奉聖二月管内」との墨書があることから、北宋・至和元年（一〇五四）に開板された版画が原画であったことが判明する。ここから、入宋した成尋（じょうじん）が北宋・熙寧六年（一〇七三）に首都・汴京（べんけい）の伝法院で入手し、日本に送付した六祖像の転写本とする見解が定着している。これは、各祖附法の状況を示す説話画としての側面を有しており、情景描写を伴っていることはことに注意せられるのである。また、頂相に関する知識の程度も、おそらくこれをそう出ないと思われるのである。また、これに併せて同じく高山寺に伝来する「高僧図像」（重要文化財、鎌倉時代　十三世紀）もまた禅宗との関係を予想させるものであろう。

禅の早期遺品は、乏しきといえども、高山寺だけに限られるものではない。東寺に伝来した「伝法正宗定祖図」（重要文化財、MOA美術館蔵）は古くから知られている作品である。この作品は、北宋・契嵩（一〇〇七～七二）撰『伝法正宗記』の一部であるが、内容は始祖釈迦如来から第三十三祖慧能までの禅宗嫡流伝法と各伝等を表したものである。この原画は、北宋・嘉祐六年（一〇六一）に成立し、蘇州万寿禅院に碑刻されたもので、

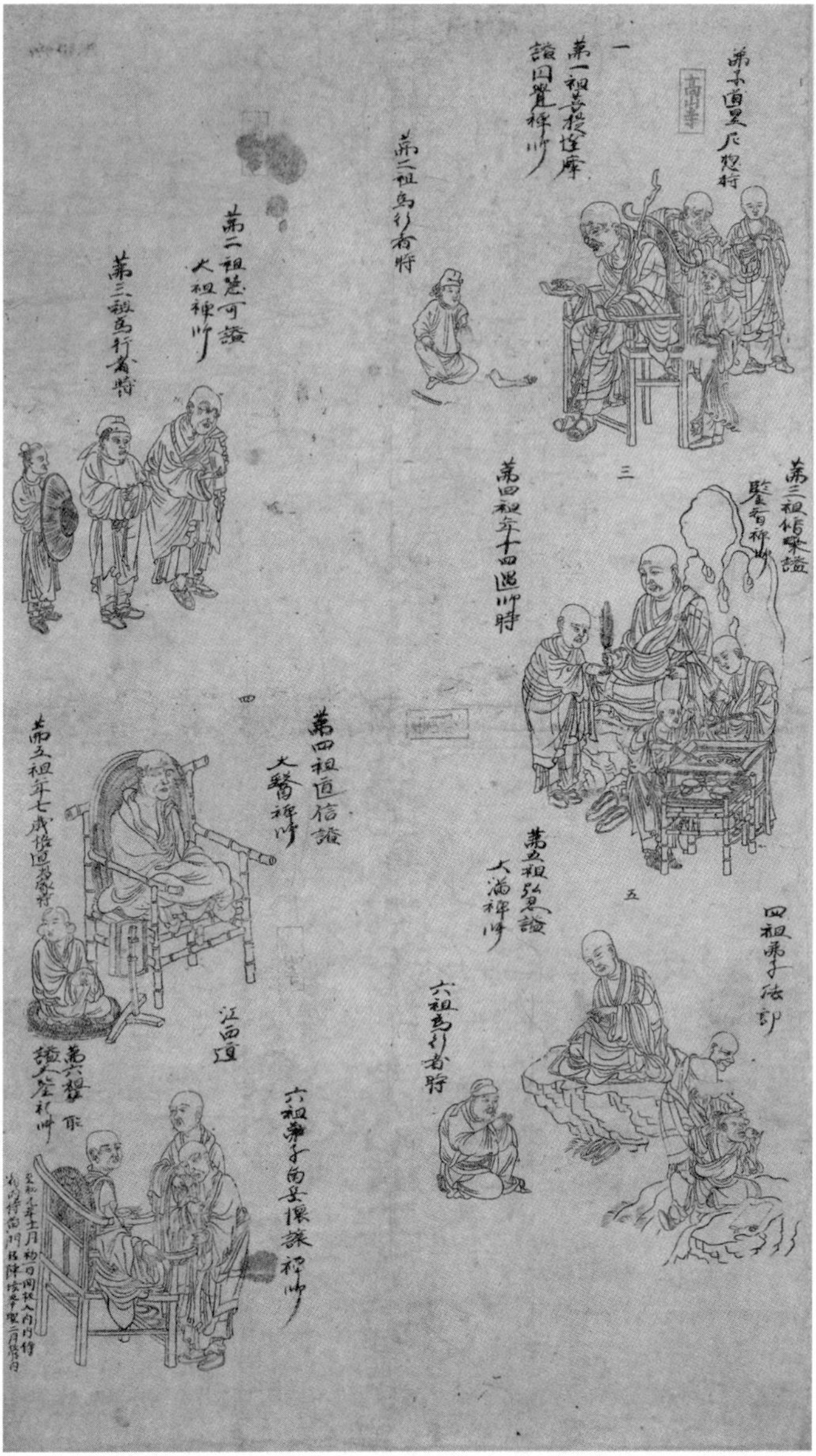

図6　達磨宗六祖師像　高山寺所蔵

日本に送付された拓影をもとに本図は描かれたと推定されている。巻末に「仁平四年七月廿三日於禅林寺坐禅院書写之、一交了実任本、(種子「金剛」)弟子定円(花押)」とあり、仁平四年(一一五四)に醍醐寺僧定円が書写したものと判明する。上記の諸例は、宋本図像が拓本等の形で日本に請来され、北京二宗の間で徐々に拡散し、禅宗への関心が高まっていた状況を示すといえよう。

おわりに

以上、本図について論じてきたが、既存の知識を最新の中国知識と昇華させ、他に類を見ない教学とそこから派生した仏教美術を産出した点は、明恵を語る上で逸することのできない前提として理解する必要がある。しかし、明恵が最も渇望してやまなかった最新の中国知識の入手の困難に伴う大きな制約が、既存造形基盤の要素を強めることになっており、美術史学ではその造形表面上に見える現象に依拠する限り革新性の側面の評価がなおざりになりがちな憾みがある。しかし、こと本図に限らず明恵影像諸本で重要なのは、こうした影像を作らせるという時代を画する明恵の思想そのものである。すなわち、本図で重要なのは明恵の中国憧憬に起因する頂相という造像理念を根底としていると推測される点にあり、当時におけるその造形前例が乏しき故の試行錯誤がさまざまな視覚要素となって本図に具現している、と言い換えることができるであろう。明恵は、頂相の概念や存在は知っていたであろうが、対外情報の制約からその形式には精通できなかった。その結果が、既存の造形基盤をベースに中国的要素としての羅漢図のイメージの借用となって本図に具現したと考えるのが自然だと思われる。しかし、それら諸要素の中でも最も重要なのは写実性であり、これが本図では七割以上の意義を占めると個人的には考えている。唐本羅漢図のイメージの借用などは比重としては重要でない。むしろ、記録画としての似絵の伝統こそが、本図の写実の根底にあるのであって、それは頂相の真を写すという理念の再現に最も奉仕していると思うのである。そして、この描写を基礎に淡彩で仕上げたのは、南宋画の色感表現を適用したものであって、成忍の自筆かは措くとしても、すでに確認されている明恵と詫磨派との関係がこの新様式の受容として具現していると見られるのである。

〔主要参考文献〕
森暢「明恵上人の画像について」(『鎌倉時代の肖像画』みすず書房、一九七一年)
中島博「明恵上人樹上坐禅像の主題」(『MUSEUM』三二九、東京国立博物館、一九七八年)
原田行造「上巻第二話に投影した明恵の世界」(同『中世説話文学の研究』上、桜楓社、一九八二年所収、及同「慶政の仏画と明恵の信仰圏」同書所収)
吉津宜英『華厳禅の思想史的研究』大東出版社、一九八五年
中島博「『大道和尚像』再考―中国絵画の余光の中で」(『聖地寧波』奈良国立博物館特別展覧会図録、二〇〇九年)
伊藤大輔『肖像画の時代』名古屋大学出版会、二〇一一年
伊藤久美「『明恵上人樹上坐禅像』に関する一考察―型と主題の再検討を中心に―」(『美術史』一七五、美術史学会、二〇一三年)

〔付記〕本論は大原嘉豊「国宝　明恵上人像(樹上坐禅像)を巡る一試論」『学叢』第四一号(京都国立博物館、二〇一九年)を元に若干の削訂を加えたものである。本書の依拠した先行研究の詳細についてはそちらに拠られたい。

舎利によせる祈りの造形

—輪宝羯磨蒔絵舎利厨子の表現するもの—

伊藤信二

はじめに

舎利厨子（しゃりずし）とは、舎利や舎利容器を納めるための厨子、つまりキャビネットのことである。仏殿や宮殿（くうでん）、厨子といった構築物は、中に仏像を安置し、大切に保護するとともに讃嘆供養する「荘厳（しょうごん）」の装置として建造された。舎利と舎利容器が塔の心礎から表に出て、礼拝の対象となるにおよび、これを納める外容器としての厨子も制作されるようになったのである。舎利厨子は鎌倉時代以降に数多く制作され今に伝わる。

高山寺に伝来する輪宝羯磨蒔絵舎利厨子（りんぽうかつままきえしゃりずし）は、舎利を籠めた舎利容器を格納した厨子で、鎌倉時代末期から南北朝時代、十三世紀末期〜十四世紀の制作とされる。構成や内部の絵画の図像から、当時の多様な舎利信仰の一端をうかがうに十分であり、また優れた工芸の意匠と技法を有すると認められ、平成十八年（二〇〇六）には国の重要文化財に指定された。以下、輪宝羯磨蒔絵舎利厨子について概観したうえで、高山寺や同寺を創建した明恵をめぐる舎利信仰についても述べてみたい。

一　舎利と舎利の荘厳

舎利とは

「舎利」とは一般的にはインドに仏教をひらき、紀元前四世紀ころに入滅した釈迦（仏陀）の遺骨をいう。身体を意味する古代インドのサンスクリット語 śarīra に漢字をあてたもので、釈迦の遺骨をさすとして「仏舎利」ということもある。釈迦の弟子たちは舎利を分配して容器に納め、それを包み込む仏塔（ストゥーパ）を建造して礼拝供養した。舎利信仰の始まりである。

舎利信仰は仏教におけるもっとも根本的な、教主に対する崇敬の態度のあらわれであり、仏教の広がったアジア各地で広範に行われ、舎利を奉籠した仏塔が建設された。このとき、釈迦の遺骨そのもの以外の、水晶、瑪瑙、翡翠、瑠璃のような玉石の小粒を舎利とみなすことが、始まっていたのかもしれない。それでも舎利は舎利として、大切にして崇敬する聖遺物であり、モノである以上に概念的存在であったように思われる。

朝鮮半島から日本へ仏教が公式に伝わったのは六世紀半ばとされるが、このころ舎利信仰も行われるようになったと考えられている。『日本書紀』によれば、推古天皇三十一年（六二三）秋七月、新羅と任那の大使が仏像と金塔ならびに舎利などを携えて日本をおとずれ、それらは四天王寺に納められた。金塔はおそらく金属製の塔のミニチュアと推測され、舎利とこれを納める金属小塔が朝鮮半島よりもたらされたことは、のちの日本の舎利塔を想起させて興味ぶかい。しかし日本の飛鳥時代の舎利信仰は、インドのストゥーパ以来の伝統を継承し、心柱を受ける中央の礎石（心礎）に穴をあけ、舎利を納めた容器（舎利容器）を籠めて、その上に三重塔や五重塔のような仏塔を築きあげることが主流であった。七世紀後半に建立された滋賀・崇福寺の塔の心礎からは、舎利を納めたガラス小瓶・金・銀・金銅の容器が入れ子状になった舎利容器が発見されている。同様の舎利容器の構成は中国、朝鮮半島にも例がある。高価な素材と高度な技術が容器に用いられた背景には、舎利ひいては釈迦を厳かに飾り讃嘆供養する「荘厳」の意識が強く現れている。ただし、いったん柱を支える石に籠められた以上は、舎利はおろか舎利容器すら、何人とも見ることはかなわなかった。舎利を奥深く内蔵した塔そのものが礼拝の対象とされたのである。

　奈良時代八世紀以降、舎利はしだいに系統と数を増してゆき、礼拝の表舞台に現れるようにもなっていった。奈良の唐招提寺を開いた鑑真和上（六八八～七六三）が唐よりもたらした三千粒の舎利は、白色透明のガラスの壺（白瑠璃壺）に納められ、平安時代十二世紀の初めには、この舎利容器を納める宝塔が制作されていた。この舎利と瑠璃壺は現在も伝わり、金銅製（銅で造り表面を鍍金すること）の宝塔（金亀舎利塔　平安～鎌倉時代　十二～十三世紀　図1）に納められ、唐招提寺で毎年十月二十一日から三日間執り行われる「釈迦念仏会」の本尊とされている。また中国・唐で密教を修得し、帰国して真言宗を開いた弘法大師空海（七七四～八三五）は、師の恵果（七四六～八〇五）より授かった舎利八十粒を日本に請来したが、この舎利は、承和元年（八三四）空海が始めた、五穀豊穣や鎮護国家を祈る宮中儀礼「後七日御修法」では、儀式の行われる大壇に安置された。古代中国の

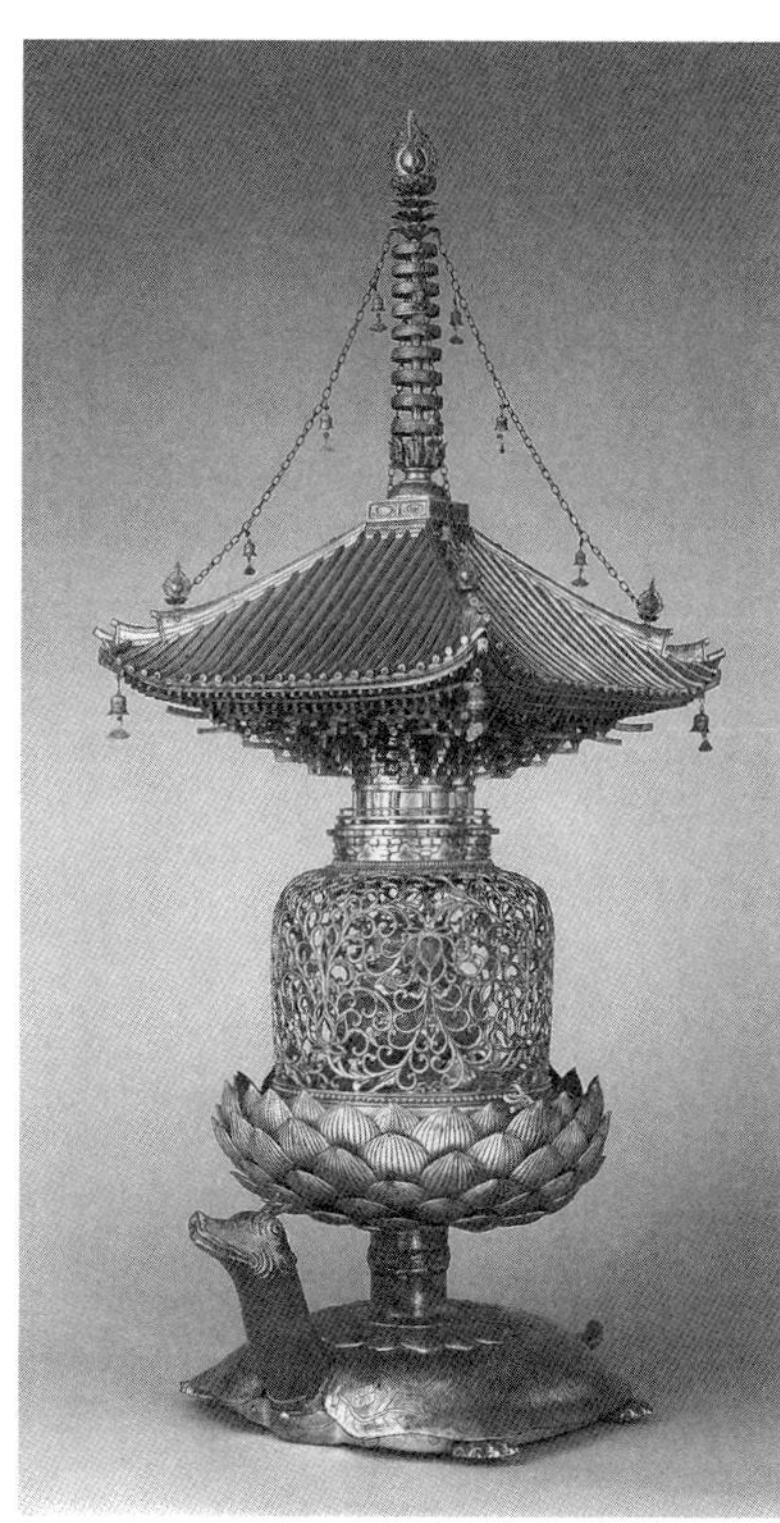

図1　金亀舎利塔　奈良・唐招提寺所蔵

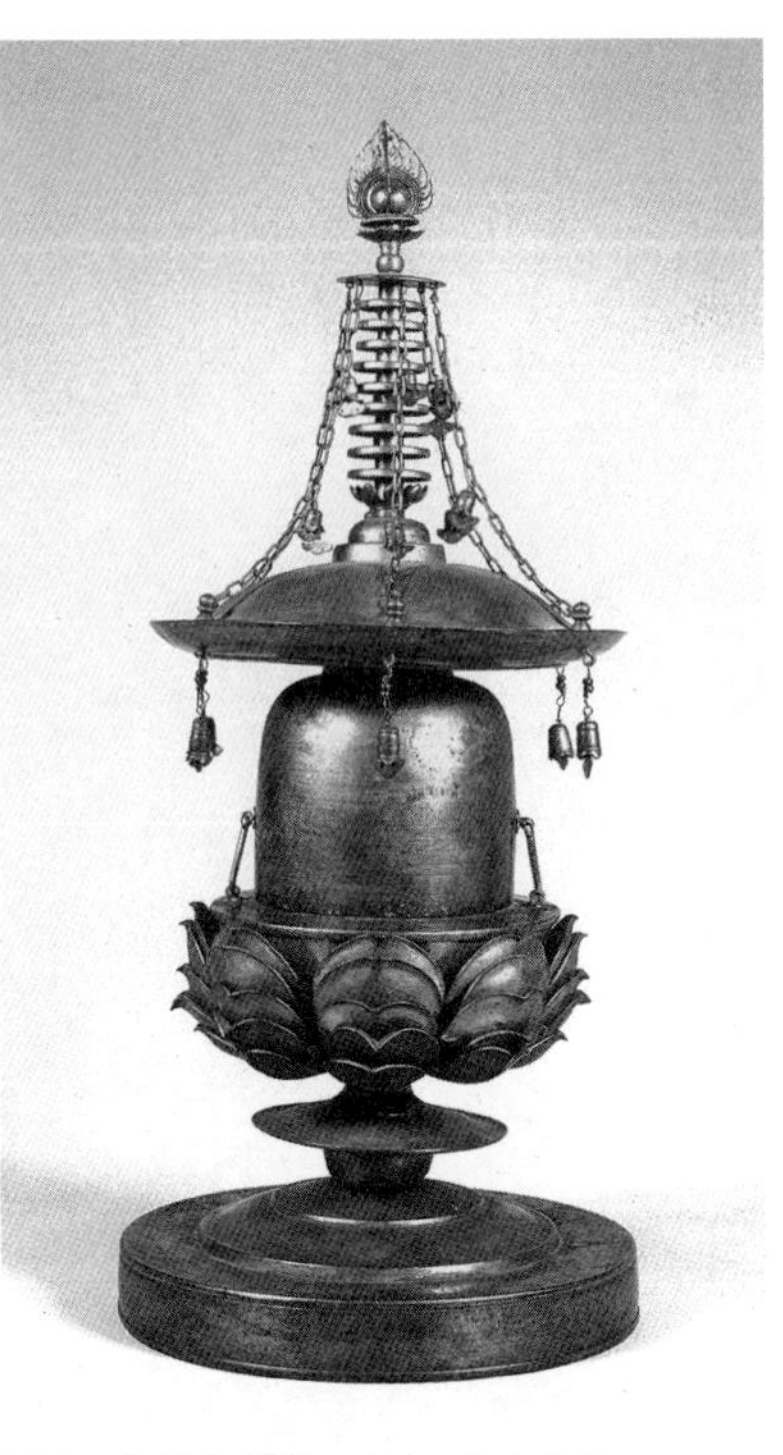

図2　金銅舎利塔　京都・東寺所蔵

仏教では、舎利を、敬い礼拝する対象としてだけでなく、所持することで悪鬼や厄災から守ってくれるものとみなしていた。唐で密教を学んだ空海もこの考え方を継承し、舎利を重要な国家儀礼の場に登壇させた。その舎利は、当時から小塔に納められていたと推測され、現在でも京都・東寺で一月に勤修される後七日御修法において大壇に安置される金銅製の小塔（金銅舎利塔　平安時代十二世紀　図2）は、その面影を留めるものともいわれる。それまで塔の礎石に籠められ人目にさらされなかった舎利や容器が、塔をかたどった外容器に入れられ礼拝の表舞台に登場した画期的な出来事と考えられている。

空海以降、唐に渡って密教を学んだ僧たちも舎利を持ち帰国した。平安時代以降の真言密教では、舎利を釈迦の遺骨とする考え方からより踏み込み、現世利益を与える霊物ととらえ、各種の修法の場に登場させた。密教修法では内容に応じて異なった仏を本尊とするが、舎利も釈迦の遺骨という性格をこえ、さまざまな仏との結びつきを強めた。各種修法に対応する形で、舎利容器や舎利塔など、舎利荘厳もバリエーションを広げたと考えられる。

鎌倉時代以降、複雑に展開する仏教各宗派や高僧たちの動向にともない、舎利に対する考え方はさらに多種多様となり、舎利自体もめまぐるしい動きをした。なかでも鑑真由来の「唐招提寺舎利（招提舎利）」、空海由来の

「東寺舎利」はわが国の舎利の双璧とされ、寺院、僧侶や天皇家、貴族たちの間で、由緒ある舎利を所有し贈与することが行われた。同時に、舎利を荘厳する容器・外容器の意匠や形式にも、さまざまなものが現れたのであった。平家の焼討から南都を復興した重源（ちょうげん）（一一二一～一二〇六）や、奈良時代以来の戒律を復興し、衰退した西大寺を立て直した叡尊（えいぞん）（一二〇一～九〇）らの、真言密教に基づく舎利信仰および舎利荘厳がその代表である。

一方で原点的な釈迦信仰への回帰の動きがあり、舎利が釈迦の遺骨として再び認識された。南都奈良では釈迦への回帰がうたわれ、舎利信仰が推進された。建仁三年（一二〇三）貞慶（じょうけい）（一一五五～一二一三）により始められた唐招提寺の釈迦念仏会では、鑑真ゆかりの舎利を納めた金亀舎利塔（図1）が供養され、多数の人々が礼拝した。こうした思想動向の中で、舎利はいっそう身近な存在となり、舎利を納める舎利容器と、それを格納する外容器としての舎利塔、舎利殿（しゃりでん）、舎利厨子などが造られ、多くが今に伝わっている。こうしてわが国の舎利に対する信仰と舎利荘厳のありようは多様に展開した。

二　輪宝羯磨蒔絵舎利厨子の構成・意匠・表現・技法

舎利厨子の概要

高山寺伝来の輪宝羯磨蒔絵舎利厨子は高四二・七センチ。中に筒形容器（高一九・〇センチ）を納め、さらにその中に舎利容器（高一四・二センチ）を格納する。三重構造の、いわゆる「入れ子」状である（口絵5）。水晶製の宝珠形容器の中にはさまざまな大きさと色の小粒、すなわち舎利が認められる。一部に後世の手直しがあるものの、全体的に制作当初の状態をよく伝えており、漆工・金工・絵画の技法や様式から、鎌倉時代末期から南北朝時代、十三世紀末～十四世紀ころの制作とされている。

厨子の外側をみる

いちばん外側の舎利厨子からみていこう。厨子は木製で、表面に漆を塗り、金粉を蒔き付ける蒔絵(まきえ)の技法で装飾をほどこし、ところどころに金銅製の金具を取り付けている。構成は上から、大きく分けて屋蓋(おくがい)(屋根)・軸部(胴体部)・基台からなる。屋蓋から基台までを通して断面が正方形で、屋根の造りも方形造(ほうぎょうづくり)である。方形造、断面正方形の軸部、頂部の火焔宝珠、屋根先のカーブ(蕨手(わらびて))などは、「宮殿」の形式であり、舎利や舎利容器を納めるキャビネットとしては珍しい。基台下の四隅には短い猫足(ねこあし)を付けている。この猫足も舎利厨子にはあまり類を見ない。滋賀・胡宮(このみや)神社や広島・浄土寺(じょうどじ)に伝来する金銅五輪塔形舎利容器(鎌倉時代十二世紀末)など、断面が正方形の基台下に同様のものをみるので、断面の形から採用されたのであろうか。屋蓋の蕨手と基台下の猫足が描くカーブが優美な呼応を示し、調和のとれた統一感を示している。

厨子の扉絵と後壁画

軸部は正面・右側面・左側面の三面を両開きの扉とし、奥は扉のない後壁としている。後壁の内部には、中央に釈迦如来、向かって右に象に乗る普賢菩薩、左に獅子に乗る文殊菩薩の、釈迦三尊像を描いている。六面の扉の内側には、四天王および釈迦の弟子である迦葉(かしょう)・阿難(あなん)を描く。四天王については、顔や邪鬼の色、持ち物などから、次のように同定してよいであろう。すなわち正面扉の右に持国天、左に増長天、向かって左側面扉の左に広目天、向かって右側面扉の右に多聞天が描かれている。扉を開いたとき、後壁の釈迦三尊像を中心として、右手前より時計廻りに持国・増長・広目・多聞と配置されている。必ずしもきれいに九〇度ずつ割り振られているわけではないが、持国天＝東、増長天＝南、広目天＝西、多聞天＝北という四天王の方位のセオリーに則っているといえるだろう。また右側面扉の左が老年の迦葉、左側面右の扉が壮年の阿難とみられる。扉絵や後壁の絵は、小画面ながらじつに丁寧である。像はいずれも姿かたちが整い、顔や手足などにはうっすらと朱で隈取りを入れるなど芸が細かい。金や顔料の発色もよく、金箔を細く切って貼り付ける截金（きりかね）の技法が多用されており質が高い。後壁の釈迦三尊像は、板に直接描くのではなく、絹に描いたものを貼り付けている。これは狭隘な厨子内部の後壁に直接に絵を描き難いという制約もあろうが、絹は本格的な仏画のキャンバスであり、意識の高さがうかがわれるともいえる。

このように、扉絵・壁画では釈迦三尊を中心に、仏弟子の迦葉・阿難、釈迦を護持する四天王が描かれており、舎利＝釈迦という舎利本来の性格が、明快に表現されているように思われる。ただし釈迦の両脇が騎象普賢・騎獅文殊という、鎌倉時代以降に一般的となる釈迦三尊の図像構成である点は、時代的な傾向を示している。

厨子の構造・意匠・技法

扉を閉め、あらためて全体から細部へと目を転じていこう。屋蓋の蕨手から基台下の猫足にいたる木製の部分は、軸部上の連子窓（れんじまど）や基台側面の格狭間（こうざま）の緑彩色を除いて、黒漆を塗り金蒔絵が施されている。蒔絵とは漆地に金や銀の粉を散らし（蒔き）、装飾したり文様を表わしたりする、日本の伝統的な漆工の技法である。この厨子では、やや粒の大きい金粉を比較的密に蒔いた「平塵（へいじん）」を地とし、屋蓋や扉表、背面、基台下縁の段状の框（かまち）部分では、より密な蒔絵で輪宝と羯磨を表す。輪の形をしたものが輪宝、四方に鋭い突起を出しているのが羯磨である。輪宝と羯磨はいずれも密教で用いられる法具で、密教法具の多くがそうであるように、もともとは古代インドの武器であったのが、悪鬼や煩悩を破砕するシンボルとして密教に取り入れられた。実際に武器として使うのでなく、密教の修法（儀式）を行う壇の上に並べて壇上を荘厳する。輪宝・羯磨をセットとした意匠は、鎌倉時代以降の仏教美術の装飾文様やデザインとしてよく使われた。この意匠が全体に蒔絵で表されているので、輪宝羯磨蒔絵舎利厨子の名称があるのである。それにしても、蒔絵を施した舎利厨子は他にもないではないが、これほど全体にわたって入念に蒔絵した例はまれであり、日本漆工の名品として名高い幾つかの蒔絵経箱や蒔絵手箱を思い起こさせるほどである。特筆すべきは随所に装着した金具類である。材質は銅で、仏教美術でよく使われる宝相華唐草の文様を細やかに彫り表し、鍍金している。各部の側面や隅、扉の蝶つがい、蕨手や猫足に至るまで、幅や長さや形を所に応じて微妙に変えており、小さい部品でも文様の彫金をおろそかにしていない。

この舎利厨子は、内部の扉絵・壁画の主題からすれば、釈迦を中心としており、舎利厨子としては原点回帰ともいうべき王道を示しているといえる。一方で絹地に描かれた釈迦三尊像をはじめとする入念な絵画、豪勢な蒔絵、緻密な金具など、技法と表現に濃密な意識が注がれており、舎利厨子としてはかなり異色である。この印象は内部へと分け入るにつれ、さらに強まっていく。

筒形容器の意匠・技法

筒形容器は、円筒形の軸部に円錐形の屋蓋を重ねた形で、正面を両開きの扉としている。身の上端には二か所に溝が切ってあり、蓋をかぶせて回すと、蓋の内側の出っ張りが身の溝にはまって固定されるように作ってある。ところどころに打たれた金具は、身と蓋を緊結するための紐を通していたのであろうか。

全体は木製で、表面に黒漆を塗り、厨子同様に緻密な金蒔絵で、平塵地に輪宝・羯磨の文様を表している。一方内部は全面朱漆塗りで、扉の両面には金蒔絵で五輪塔と五大の梵字を表す。また後壁には絹に仏像や祖師像を描いたものを貼っている。後壁の像は四体で、向かって右端に上半身裸で合掌する南無仏太子像（聖徳太子二才像）、左端に五鈷杵と数珠を持ち椅子に坐す弘法大師空海像、中央右に如意輪観音像、中央左に愛染明王像である。聖徳太子が二才の時「南無仏」と唱えて合掌した中から舎利が出現したという伝説が、平安時代中期の太子の伝記にみえる。空海は前述したように唐から舎利八十粒を請来するなど、舎利とかかわりが深い。また如意輪観音像・愛染明王像・五輪塔は、平安時代後期に始まり中世に行われた、如法愛染法や如意輪宝珠法など真言密教における舎利修法と強くかかわる図像である。つまりこの筒形容器では、平安時代以降に展開した舎利信仰、とりわけ真言密教における舎利信仰を色濃く反映した図像が集合的に配置されている。もうひとつ注目したいのは、先にみたように外側の舎利厨子の絵の尊像構成が釈迦を中心としたもの、つまりオーソドックスな舎利信仰モチーフであるのと、鮮やかな対称をなしていることである。そして絵画や漆工、金工の緻密な表現技法には、なお目をみはるものがある。

舎利容器の意匠・技法

最後に舎利容器をみる。金銅製の框座(かまち)を三段重ねて基台とした上に、木製の蓮華座を据え、その上に水晶製の宝珠形容器を置いている。宝珠形容器を囲むように、火焔の形の金銅板を立てた火焔宝珠形舎利容器である(ただし火焔はオリジナルではなく後のものとされる)。容器の中には蓮華座が据えられ、いくつかの舎利の粒が認められる。蓮華座に水晶製の容器を据えた火焔宝珠形舎利容器は、鎌倉時代以降の中世の舎利容器としてはもっとも一般的な形式ではある。しかしこの舎利容器で驚かされるのは、その細工の緻密さである。基台の框の表面は段ごとに群青(ぐんじょう)と緑青(ろくしょう)で塗り分け、それぞれに異なる截金文様を貼っている。蓮華座の蓮弁は、全体を緑青、弁先を群青に塗り分け、葉脈に截金を置いた後、下段では八方天を表す八字の梵字、上段では輪宝・羯磨形に彫り抜き細部を線刻した鍍金・鍍銀の金具を打ち、花弁ひとつひとつの縁に銅製鍍金銀の覆輪(ふくりん)(縁飾)をはめている。輪宝・羯磨という全体をつらぬく共通の意匠が、ここでは蓮華座の飾り金具として表現されているのである。さらには上段の蓮弁ひとつひとつの先端に穴をあけ、銅線を通して白いガラス玉の垂飾を銅線で垂らしている。高質の素材、高度な技術、適材を適所に用いる的確な感覚がなければなしえないのはいうまでもないが、その上で細部をゆるがせにしないこの執着は、やはり同時代の造形では異質とも思えてならない。宝珠形容器の直下の蓮肉部には、大日如来を表す梵字と「妙法蓮華経」の字が線刻されるが、大日＝密教と法華経＝釈迦の対比と習合を示すものであろう。

容器の中の舎利の粒は外から確認するしかなく、もとより正確ではないが、筆者が調査の際に見た範囲では、直径が二〜七ミリ程度でほぼ球形をした紺、朱、橙などが五粒ほど、長さが一ミリ程度で白色や透明などの小粒が六粒ほど確認できた。この舎利については後ほどふれたい。

図像と造形に垣間見える明恵と高山寺

ここまで高山寺伝来の輪宝羯磨蒔絵舎利厨子と筒形容器、舎利容器についてみてきた。扉絵や壁画の図像から、いちばん外側の舎利厨子が釈迦を中心としたオーソドックスな舎利信仰、次の円筒形容器が聖徳太子や空海を介した舎利信仰さらには真言密教における舎利信仰を示していることがわかる。わが国における多様な舎利信仰の展開を時系列に示しているかのようである。火焔宝珠舎利容器は釈迦と大日の習合ともいえようか。その三つが入れ子になった一体的構成は見事である。そして三者に共通するのが、異色ともみえる素材と技術の粋を尽くした表現技法の緻密さである。制作に関わった人物の、並々ならぬ熱い思いが感じられる。

この舎利厨子が制作当初より高山寺にあったものか、実のところはわからない。厨子本体の底裏には、この「舎利殿」は「性珠房」より相伝したものであるとの「仏子仙守」の朱漆銘がある。また黒漆塗りの外箱には、この「舎利殿」は「建仁年中」に明恵が「笠置解脱上人」より相伝した舎利を納めたもので、天保十三年（一八四二）九月二十六日、「若山氏女茂登」が施主となり修補したという旨の「沙門慧友」の朱漆銘がある（舎利の伝来経緯については後述）。慧友は江戸時代末期、寺宝の大規模な修理を行うなど高山寺の復興に尽力した僧であるが、他については不明である。ただ次の節でも述べるように、高山寺には明恵在世のころより、さまざまな由緒の舎利がもたらされ、それを荘厳する舎利容器、宝塔（舎利塔）、宮殿（舎利殿）などが制作されていたことが、文献記録からうかがわれる。明恵から百数十年をへだててはいるが、この厨子にみる釈迦と真言密教を介した舎利の扱いは、釈迦を思慕し、真言密教を深く研鑽し、舎利を大切にしていた明恵の信仰と矛盾しない。

緻密な造形と技術の枠ということでいえば、高山寺伝来のもうひとつの厨子が思い起こされる。阿字螺鈿蒔絵月輪形厨子（鏡弥勒像）である（口絵10）。円形の木製厨子で、径一一・五センチ。総体を黒漆塗りとし、両面扉の表には貝を切りぬいてはめる螺鈿で梵字ア字を表し、厨子の側面や背面には蒔絵で文様を表すなど、多彩な漆工技法が駆使される。扉の内側には不動明王・降三世明王が描かれ、中央には、わずか六・五センチながら、細部を彫刻し彩色や截金を施した湛慶作と伝える弥勒菩薩坐像が安置される。この厨子は明恵の在世時から手許にあったもので、意匠や造形に明恵の信仰が色濃く反映しているとされる。あえて大胆な物言いをするならば、月輪形厨子の彫刻、絵画、漆工、金工に精緻をきわめた鬼気迫る細部へのこだわりは、百数十年の時代をへだてた輪宝羯磨舎利厨子にも受け継がれているようにも感じられるのである。あるいはこれは、高山寺に独特の造形態度ではないか。

そもそもこの舎利容器に納められているのは、どのような由緒や性格をもった舎利なのだろうか。次節では主として文字記録から、高山寺や同寺を創建した明恵をめぐる舎利とその信仰をたどり、輪宝羯磨蒔絵舎利厨子の舎利について考えを述べてみたい。

三　明恵と高山寺をめぐる舎利

明恵の釈迦信仰

建永元年（一二〇六）、後鳥羽上皇より栂尾の地を下され高山寺を開いた明恵は、釈迦と舎利を篤く崇敬していたことが知られている。明恵はある時、釈迦の誕生の地である天竺（インド）への渡航を思い立ったり、釈迦を父、自身を子として、強く慕う気持ちをつづった手紙を、釈迦に宛てて書いたりもした。釈迦の遺徳をしのぶ思いを文章につづり儀式で唱える「四座講式」（『涅槃講式』『十六羅漢講式』『如来遺跡講式』『十無尽院舎利講式』）を著述し、釈迦の誕生や入滅の日に合わせた法会である仏生会や涅槃会をとり行っている。また鎌倉時代、奈良・春日大社の第一殿、武甕槌命の本地仏を釈迦如来とする考え方があったが、釈迦を本地仏のひとつに擁する春日明神に対しても、明恵は篤い信仰を寄せた。こうした信仰の過程で、明恵のもとに舎利がもたらされることとなった。神と本地仏という考え方は、仏教のさまざまな仏菩薩（本地仏）が、日本古来の神々の姿をかりて出現（垂迹）するという本地垂迹思想に基づく。明恵は釈迦を強く慕っており、おりしも南都奈良を起点とした釈迦への回帰と舎利信仰の高まりもあり、その遺骨である舎利を大切にしたのであろう。

「春日権現験記絵巻」にみる明恵と舎利との出会い

明恵と舎利については、「春日権現験記絵巻」にみるエピソードが有名である。「春日権現験記絵巻」は、春日明神の霊験を描いた全二十巻の絵巻物で、延慶二年（一三〇九）に制作が発案され、春日大社に奉納された。巻十八第三段以降には、明恵が解脱房貞慶より舎利を得るいきさつが、絵と詞書（物語文）によって記されている。

建仁三年（一二〇三）二月二十六日、明恵は春日明神の前で眠りにおちたようになり、「二つの白みがきの鉄鎚（てっつい）を持つ」という夢想をえた。翌二十七日には、奈良の笠置（かさぎ）に解脱上人（解脱房貞慶）をたずね、貞慶より「秘蔵の舎利」を授与することを約束され、翌日早朝に笠置を発つさいに、約束どおり舎利の入った紙包みを貞慶より渡された（図3）。その時明恵は、包みの中身をあらためず、何粒あるかも確認しなかったが、再び春日明神に参前したさい、また眠りにおちたようになり、ふと「二つの鉄鎚は二粒の舎利を指す」と思いいたり、紙包みを開けると、はたして二粒の舎利があった（図4）。明恵はその舎利が釈迦如来の、また春日明神の形見であると感じ入る、というものである。

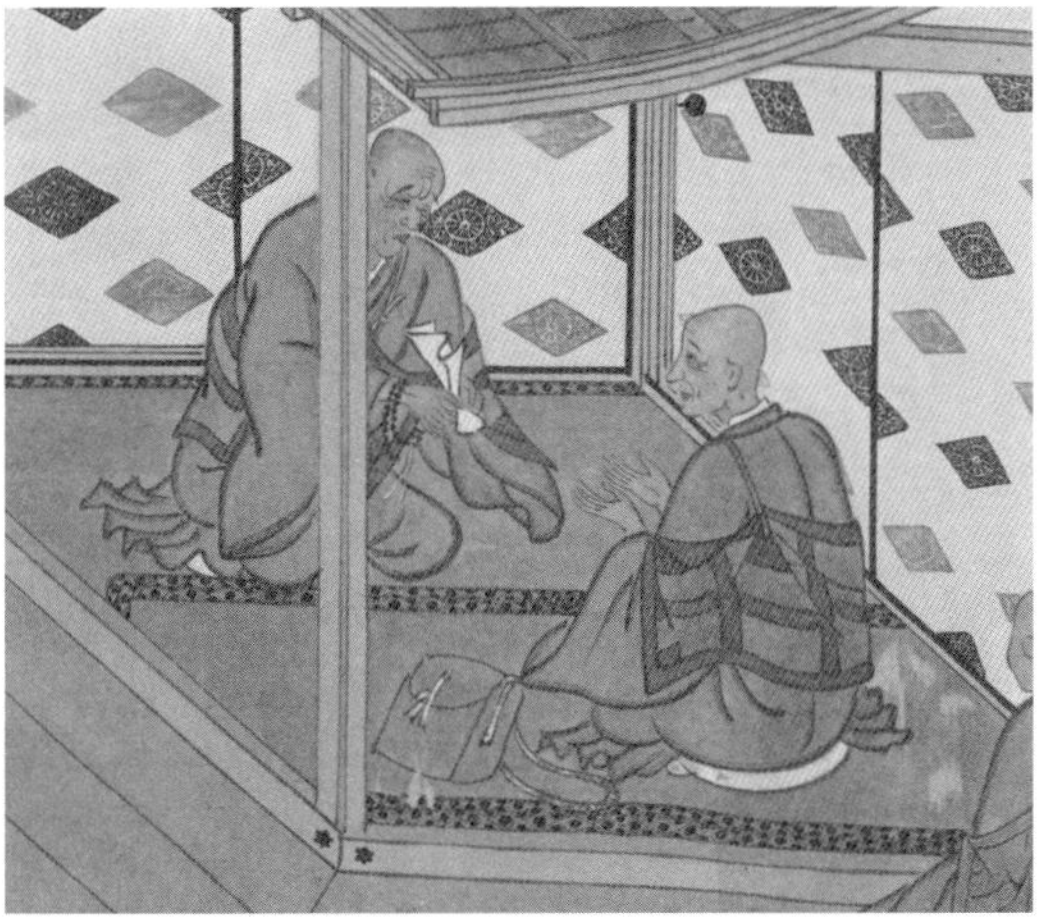

図3　春日権現験記絵巻（模本）巻十八第四段（部分）
東京国立博物館所蔵

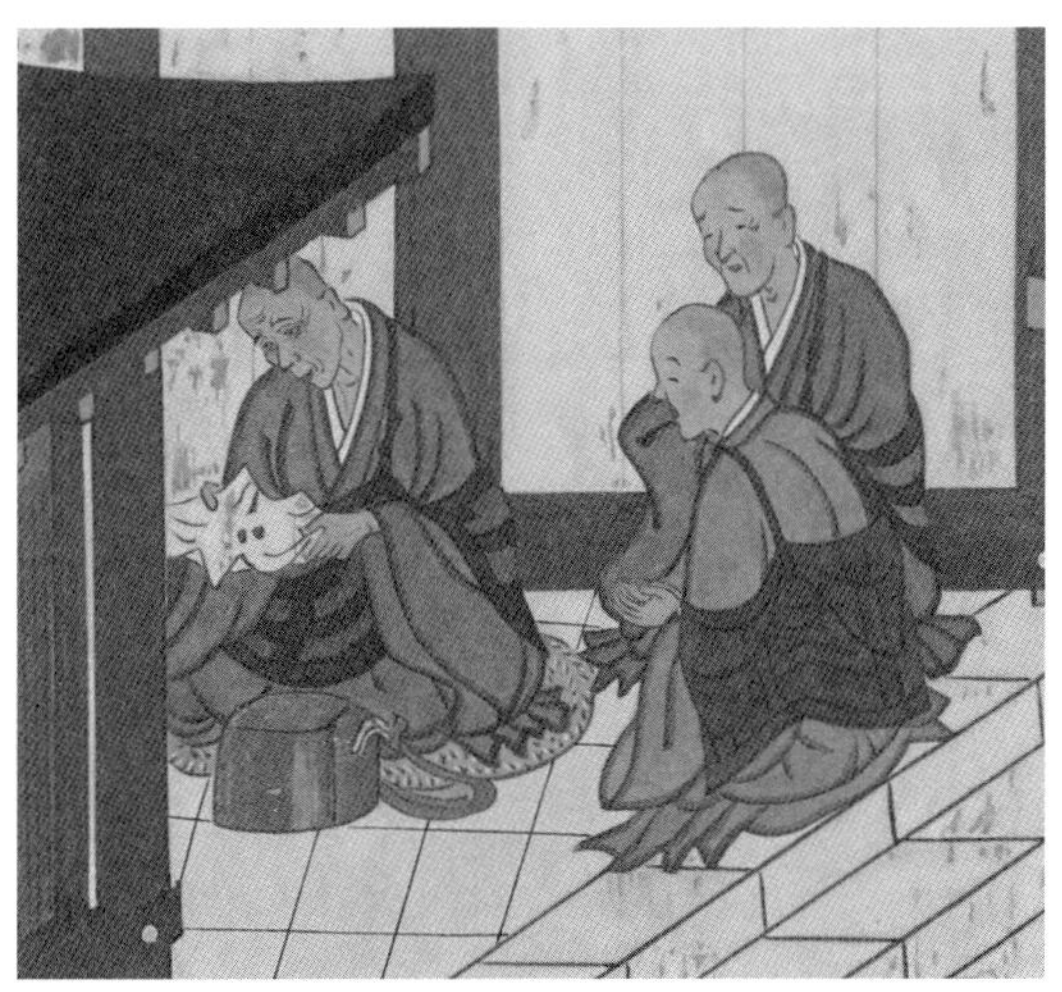

図4　春日権現験記絵巻（模本）巻十八第五段（部分）
東京国立博物館所蔵

舎利との劇的な出会いの場面であるが、なぜ白みがきの鉄槌なのか。鉄は磨いたり研いだりすれば白く光るので、舎利粒が輝白色であることの比喩かとも思う一方、次のような古来の舎利伝説をふまえているのではないかとも推測する。『日本書記』敏達天皇十三年（五八四）、司馬達等が食器の中に発見した舎利を蘇我馬子に献じ、馬子はその真偽を確かめるため鉄槌で打ったが、舎利は壊れず、水に投じても浮上したという話が出ている。あるいは釈迦の垂迹神である武甕槌命の「槌」からの連想であろうか。実際に明恵が貞慶より授かった舎利は二粒であったと思われるが、この二という数字に釈迦如来と春日明神を付会させているのであろう。

鑑真ゆかりの招提舎利

さて「春日権現験記絵巻」のこの話は、絵巻が成立する以前、明恵の弟子である喜海（一一七八～一二五一）によってあらわされた明恵上人の伝記『明恵上人神現伝記』の中にほとんど同一の記述をみることができる。『明恵上人神現伝記』は、明恵が春日明神より託宣を受けた説話を中心に記したもので、喜海が貞永年中（一二三二～三三）に記しとどめたとされる。同伝記で注目されるのは、この出来事に続く次のくだりである。すなわち貞慶が語っていうことには、この舎利は西龍寺の舎利で、鑑真和上伝来の唐招提寺舎利と同じ舎利であり、月輪禅定殿下よりたまわったものである、と（解脱上人語テ云ク、此舎利ハ西龍寺ノ御舎利ナリ、鑑真和尚伝来ノ招提舎利ト同舎利ナリ、月ノ輪ノ禅定殿下ヨリ此ヲ給ル云々）。解脱房貞慶は鎌倉時代初期、南都奈良で釈迦・舎利信仰を強力に推進した高僧であり、唐招提寺で鑑真ゆかりの舎利をまつり「釈迦念仏会」を開始した人物である。「西龍寺」については今のところ不明であり、また「同じ」というのをどのレベルで解釈したらよいかという問題は残るが、いずれにせよ鑑真に関わり深い舎利が月輪禅定殿下から貞慶、そして明恵へと渡ったのであった。

平安時代後期の十二世紀ころ、由緒のある舎利は寺院や天皇家、公家に分与されていたようである。公家の藤原忠実（一〇七八～一一六二）は永久四年（一一一六）二月二十六日、鑑真将来の舎利を下さるよう要請していることが彼の日記『殿暦』にみえる。また明恵が貞慶よりえた舎利の出どころである「月輪禅定殿下」とは、平安時代末期から鎌倉時代初期に活躍した公家、九条兼実（一一四九～一二〇七）のことであるが、兼実は文治五年（一一八九）九月二十五日、御所にて八条女院より空海ゆかりの東寺舎利八粒をたまわり、うち三粒を五輪塔に入れて二十八日に奈良の興福寺南円堂の不空羂索観音像内に奉籠したことが、その日記『玉葉』に出ている。明恵がさきの体験をへて舎利を得たことは、大きな意味をもったようであり、これを契機として『十無尽院舎利講式』をあらわし、文中にもこの舎利のことをとどめている。『高山寺縁起』によれば、寛喜年間（一二二九～三二）には寺域内に三重塔が建立され、明恵遷化の翌年貞永二年（一二三三）二月一日、塔内に「舎利塔一基」が安置された。この舎利は春日明神の御託宣によって笠置解脱上人貞慶より相伝したものであった。これにより、貞慶より授かった御大切の舎利は舎利塔に荘厳され、三重塔に安置されたことがわかる。ただそれがどのような形式や大きさのものであったのかについては述べられていない。

明恵と東寺舎利、春日舎利

一方で高山寺には、舎利信仰において唐招提寺舎利と並び重要視された、空海ゆかりの東寺舎利も伝わっていたようである。かつて高山寺が所蔵していた朱塗唐櫃および八角厨子入銅造神鹿像（個人蔵）には、明恵の孫弟子にあたる仁真（一二一八～一三〇三）が記した、弘安四年（一二八一）十月十四日付の書付が付属しており、唐櫃の中に明恵の遺品として、先にみた月輪形厨子（鏡弥勒像）や明恵自筆の春日大明神、真言などともに、「東寺御舎利五粒」を籠めた「宝珠」一個が入っていたという。舎利を籠めた宝珠とはまさしく真言密教の「能作生珠」にほかならない。ある決められた材料と方法にしたがって珠（玉）を作り中に舎利を籠めた宝珠は、真

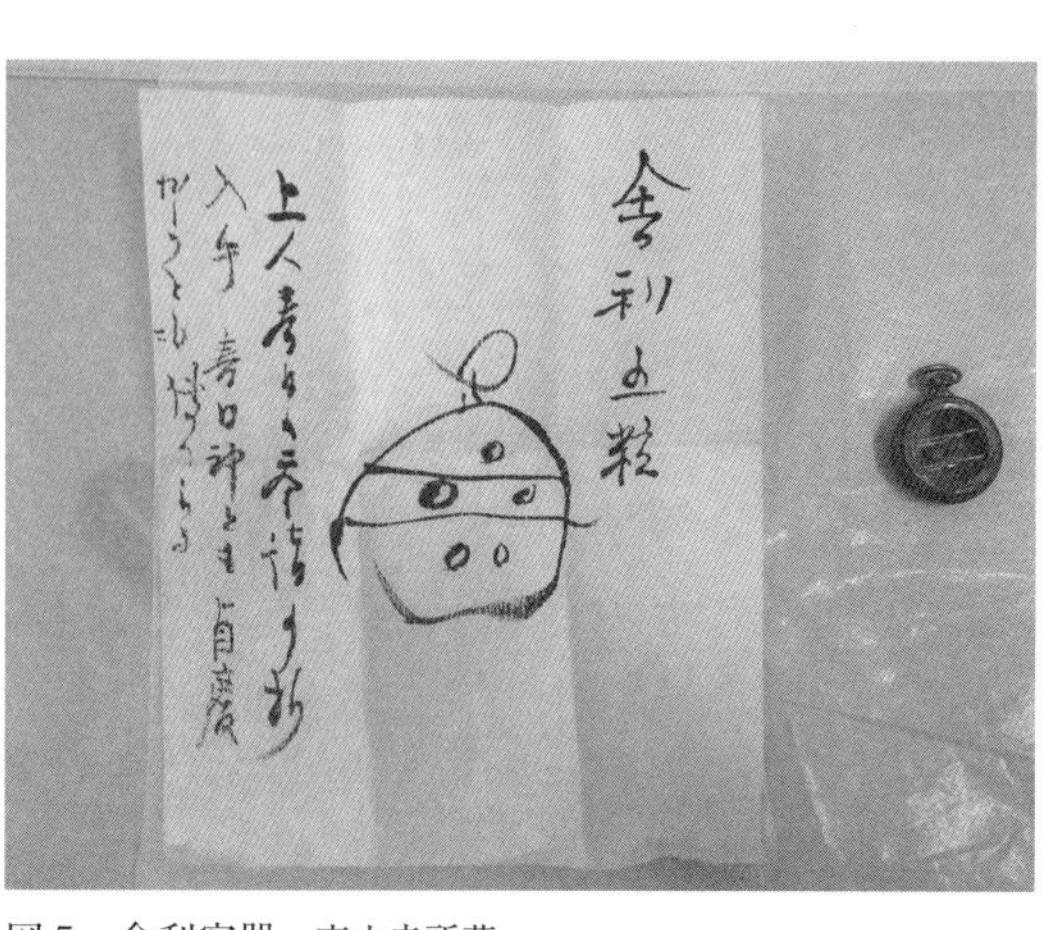

図5　舎利容器　高山寺所蔵

言密教の修法で舎利とともに重要視された。明恵遺品の宝珠には、五粒の東寺舎利が込められていたのであった。真言密教を修めた明恵であってみれば自然であろう。

また、明恵の弟子である高信（一一九三〜一二六四）の日記の写しには、同じ朱塗の唐櫃と内容物について記録されており、その中には「能作生珠」一個などとともに、「仏舎利三粒　春日御舎利」があげられている。この春日御舎利は、明恵が貞慶から授かった舎利より一粒多く、別の舎利を指すのかもしれない。

その後も高山寺には舎利がもたらされた。『高山寺文書』によれば、享徳四年（一四五五）二月二十五日、比丘尼宗勛は仏舎利宝塔一基と舎利の由来を記した伝来記を寄進している。また同文書によれば、いつの時にか高山寺外に出て人手にわたっていた月輪形厨子（鏡弥勒像）と仏舎利三粒を、近隣の西明寺（平等心王院）の僧が買い戻し、寛永十三年（一六三六）高山寺に再寄進している。その仏舎利は蓮華座に据えられた水晶製の火焔宝珠形容器に入れられ、八角形の舎利殿に格納されていたようである。いつごろ入ったかは不明だが、高山寺には別の舎利も伝来している（図5）。径二・五センチの円形の金銅製の枠に棚を作り、径三〜五ミリほどの、赤、橙、白の球形五粒を入れ両面に水晶の蓋をする。舎利容器は枠の唐草文様の線刻から判断して江戸時代のものであろう。付属の書付によれば、この五粒は明恵が春日明神参詣のおりに入手したもので、春日神からとも貞慶からとも伝えられる、としている。

おわりに

唐招提寺や東寺に伝来する、鑑真や空海将来の舎利の実態がよくわからないため、明恵が貞慶より授かった二粒の舎利や、能作生珠に込めた五粒の東寺舎利が、現在の輪宝羯磨蒔絵舎利厨子の舎利容器に納められているものなのか、決定的に判断することは難しい。ただ、比較的小粒な白色系の粒は、かつて唐招提寺の金亀舎利塔、その中に安置される白瑠璃壺を通してみた鑑真ゆかりの舎利粒と似ていなくもない。ただし数は明恵の伝記にいう二粒よりも多く、もとより頼りない印象にすぎないのであるが。そもそも、中の舎利が厨子や容器の制作当初そのままなのかどうかもわからない。他の舎利同様、さまざまな流転を経てきたことも想像される。いずれにしても、この舎利にひたむきな祈りが寄せられ、大切にされたことは疑いない。その思いの結実が、この類まれな荘厳の造形を生んだのであろうから。御舎利たちは水晶のなかから、どのような荘厳の宇宙を見上げていることだろうか。

〔主要参考文献〕
景山春樹『神道美術』雄山閣出版、一九七三年
奈良国立博物館編『仏舎利の荘厳』同朋舎出版、一九八三年
景山春樹『舎利信仰―その研究と史料―』東京美術、一九八六年
奈良国立博物館編『仏舎利と宝珠―釈迦を慕う心―』(図録)、二〇〇一年
文化庁文化財部編『月刊文化財』平成十八年六月号、第一法規出版、二〇〇六年
内藤栄『舎利荘厳美術の研究』青史出版、二〇一〇年

赤田光男『中世大和の仏教民俗信仰』帝塚山大学出版会、二〇一四年

図1は東京都美術館展覧会図録『TBS創立五十周年記念　唐招提寺金堂平成大修理記念　国宝鑑真和上展』（TBS、二〇〇一年）より、図2は奈良国立博物館特別展図録『仏舎利と宝珠—釈迦を慕う心—』（奈良国立博物館、二〇〇一年）より転載した。

第三部

高山寺の国宝絵巻

敬によりて愛を成ず

―華厳宗祖師絵伝―

井並林太郎

はじめに―物語のはじまり―

かつて、新羅において、元暁（六一七～八六）と義湘（六二五～七〇二）という二人の僧が、ともに唐へ渡ろうと旅に出た。当時の唐はまさに仏教の黄金期というべき時代で、そこに至り修学しようとの志であった。

旅の途次、風雨が酷くなったので、二人は道端の土穴に身を隠し宿泊することになった。翌朝、土穴をよく見ると、実はそこは墓で、自分たちが骸骨の傍で眠っていたことを知る。気味が悪かったが、雨はなお止まず、進むことができないまま二つめの夜を迎えた。すると、暗闇の中、元暁は鬼の現われる怪異に遭遇した（図1）。

寝所を墓と知らなければ何事もなかったのに、知ったために怪異に悩まされたというこの経験から、元暁はあることを悟る。すなわち、世界に対してのあらゆる認識は、自分の心の動きから生じるということである。心が恐怖に支配されたために、鬼の姿を映し出してしまったと解釈したのであろう。さらに元暁は、世の中の事象がすべて、それを映す自分の心の問題なのであれば、真理を外に求めるかのように唐へ渡る必要はないと言い放ち、来た道を引き返してしまう。いっぽう、義湘は志を貫徹し、幾年かののち入唐を果たした――。

土穴の怪異をきっかけに二人が運命を違えたこのエピソードは、『宋高僧伝』という中国の文献に収録されている。そして、その『宋高僧伝』をもとにして、元暁と義湘の伝記を日本で描き出した絵巻が、高山寺に伝わる「華厳宗祖師絵伝」である。新羅に引き返した元暁の行状は三巻、唐で修学した義湘の行状は四巻で今日に伝わっている。これらを、通称に従ってそれぞれ「元暁絵」「義湘絵」と呼ぶことにしよう。

本絵巻は鎌倉時代前期にあたる十三世紀前半の成立と考えられている。豊潤な異国情緒や、淡く爽やかな青や緑の色彩感覚、そして伸びやかな線で描かれた人々の生命感が印象深い作品である。美術史のみならず、仏教学・仏教史、文学の研究者も関心を寄せている。また、新羅僧の伝記を描く古い作品として、韓国の仏教学者などにもよく知られている。

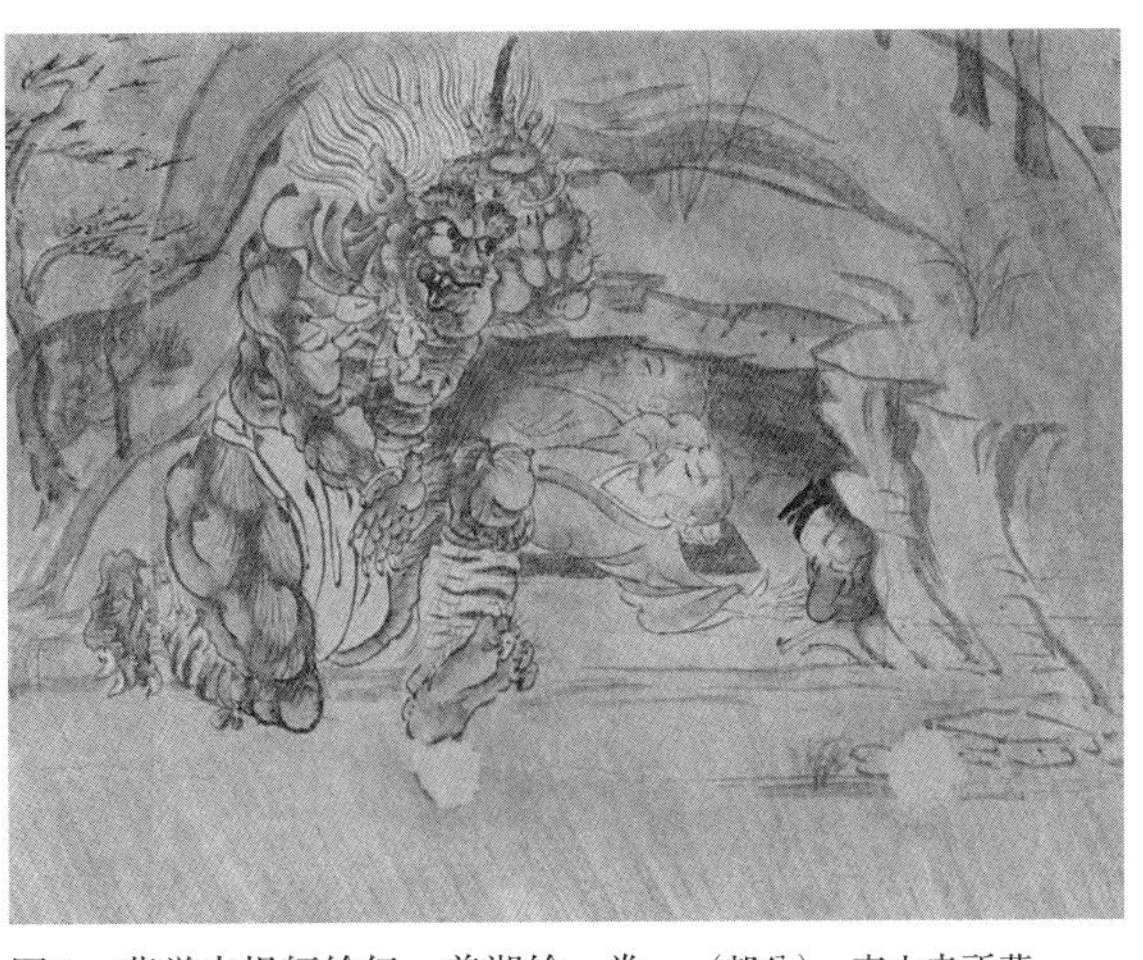

図１　華厳宗祖師絵伝　義湘絵　巻一（部分）　高山寺所蔵

東アジア文化の観点からもきわめて貴重なこの絵巻物を紹介するにあたって、まずは『宋高僧伝』をひも解き、運命を分かった彼らのその後を追ってみることとしよう。

一　絵巻の魅力と深義

その後のふたり

新羅に留まった元暁は、奇異な行動をとるようになる。酒色に耽ったり、琴を弾いたり、僧らしからぬ振る舞いである。その場その場の意に任せて、村里に宿したり、山水にこもって坐禅した

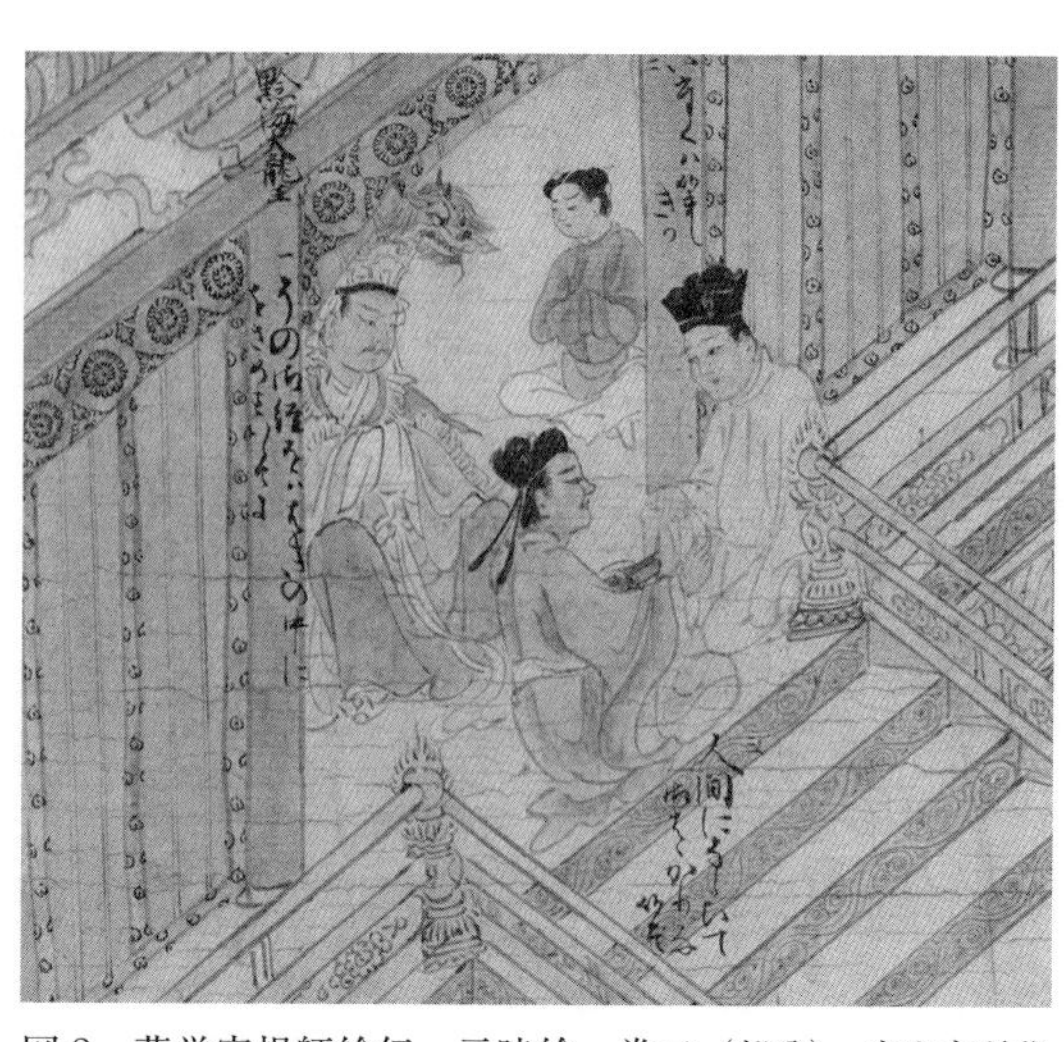

図2　華厳宗祖師絵伝　元暁絵　巻二（部分）　高山寺所蔵

りする。ほかの僧は彼を嫌って、国家挙げての法会に呼ばぬよう王に進言したという。

そのころ、王妃が病にかかり、医者が手を尽くすも治すことができずにいた。王は薬を求めて唐へ人を派遣するが、その使者は旅程の途中で出会った老人に海中の宮殿へ連れて行かれる。宮殿に君臨する龍王によると、王妃の病を癒すためには、今ここにある『金剛三昧経』を新羅に持ち帰り、その教えを正しく広める必要があるという。ただし、ばらばらの状態なので大安聖者に正しく並べさせ、元暁法師に疏（注釈）をつくらせ講釈させなければならない。龍王は安全に経を持ち帰らせるため、使者のふくらはぎを裂きその中に隠した（図2）。

使者が帰国し王にこれを伝えると、さっそく大安聖者を探し求めた。彼は経を受け取ると正しく八品に成した。次に元暁が五巻の疏を作ったが、なんと講釈を前に盗難に遭ってしまう。しかし三日かけて三巻の「略疏」を急遽作成することに成功し、王臣道俗が集う法堂で立派に説法をおこなった。かつて元暁を法会に呼ばぬよう工作した僧らは、恥じて顔をうつむけ懺悔したという。

いっぽう、商船に乗り唐の登州に上陸した義湘は、善妙という女性の誘惑を受ける（口絵6）。しかし、義湘の固い意志は揺らぐことなく、逆に善妙が道心を発し、義湘の修行の援助を申し出る。義湘は長安に赴き、中国華厳宗二祖智儼のもとに学ぶ。数年後、教学を修め、今度は新羅に法を伝えるため帰国することとなった義湘は、登州で出航の手配を整える。善妙は義湘のために法服などをせっせと準備するのだが、海岸へ向かうとすでに船は岸を遠く離れてしまっていた。彼女はひどく嘆くが、なおも物資を届けようと、それを入れた箱を海へ投じる。すると、疾風が吹き、箱を船へと運んだ。そこで彼女は、龍となり義湘を新羅まで導こうと誓願を立て、身を海に投じると、果たして巨大な龍となり、船に絡みついて義湘の船を安全に輸送したという（図3）。

義湘は帰国後、浮石寺を開いて根本道場とし、多くの弟子を輩出して新羅華厳宗の礎を築いた。『宋高僧伝』は、華厳の教えを朝鮮半島へ伝えた祖師として、義湘を「海東華厳初祖」と位置づけている。

奇想天外なドラマ

今、二人の伝記を一読して、どのような感想を抱かれたであろうか。海中の宮殿、つまり龍宮へ行ったり、人が龍に変身したりと、「華厳宗の祖師の伝記」と聞いてイメージする小難しい内容とはかけ離れた、奇想天外な展開に驚かれた方もおられるのではないだろうか。

これらの伝記を収める『宋高僧伝』は、唐・五代に活躍した高僧を中心に取り上げた伝記集で、端拱元年（九八八）賛寧（さんねい）という人物によって宋で完成された。日本では寺院の経蔵などに納められて、絵巻が制作された鎌倉時代には広く読まれていたと考えられる。高山寺にも、『宋高僧伝』の抄録本で、元暁伝と義湘伝を収める鎌倉時代の『諸師伝』が伝わっている。

じつは『宋高僧伝』は、高僧を紹介するにあたって、無味乾燥な事跡紹介に終始せず、霊験あらたかな話や異界を訪問する話などを多分に取り入れる点に特徴をもつ文献なのである。ただし、それらは単に親しみやすくするために創作されたわけではないだろう。高僧の計り知れない徳や法力が発揮された伝説として、人々の間に驚異や憧憬の念をもって語り継がれてきた説話を編集したものと考えるべきである。

もうひとつの特徴として、高僧の事跡は必ずしも歴史的根拠に基づいて検証されているわけではないことが挙

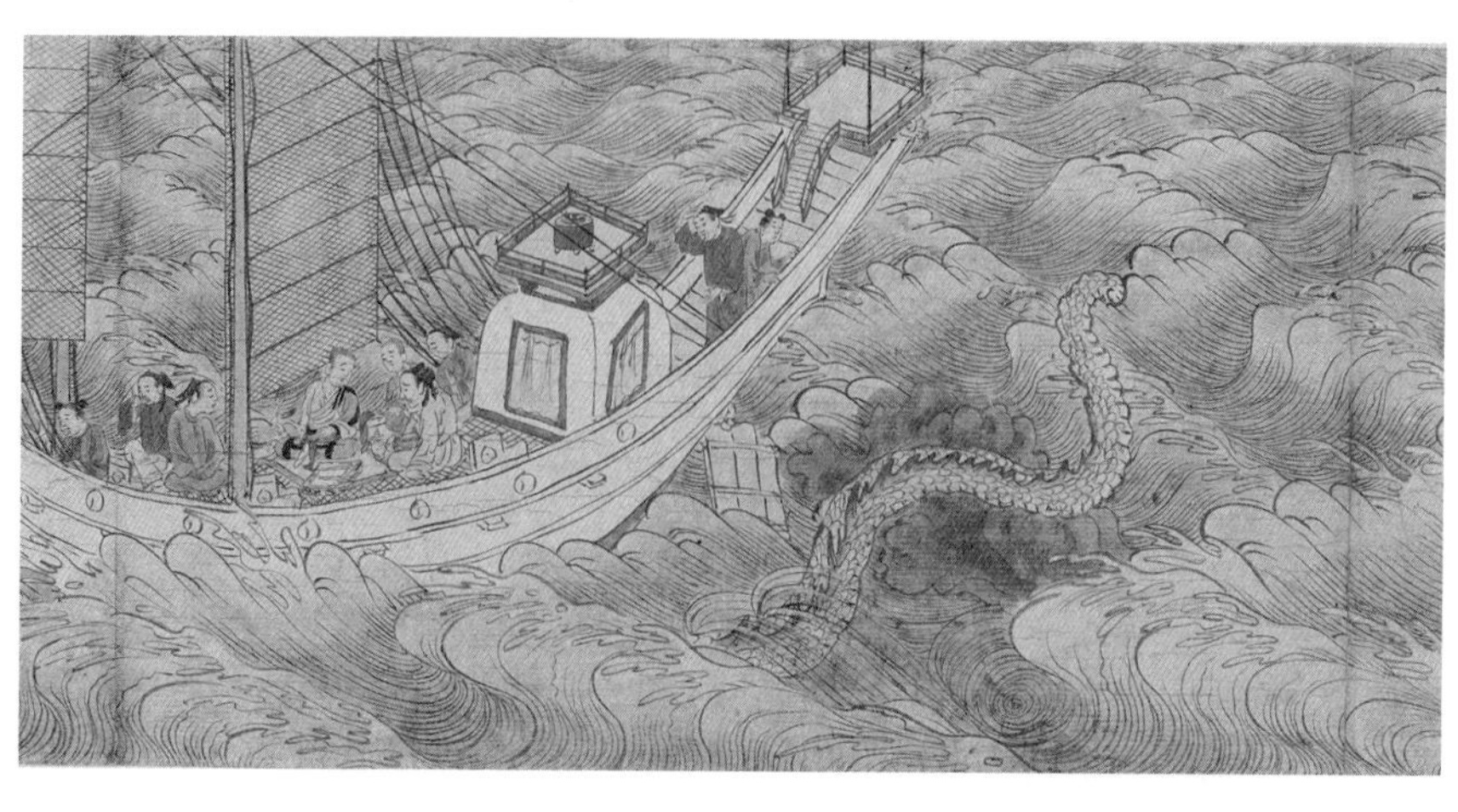

げられる。『三国遺事』は忠烈王十五年（一二八九）頃に高麗で完成したとみられる史書であり、ここにも元暁伝と義湘伝は収録されているのだが、その内容は『宋高僧伝』と齟齬（そご）をきたしている。たとえば、『宋高僧伝』では義湘の入唐は総章二年（六六九）とするが、『三国遺事』では文武王元年（六六一）である。しかし、義湘が学んだ智儼は総章一年に亡くなっており、『宋高僧伝』は矛盾する。仏教文学の研究者である金任仲氏は、その他の点においても『三国遺事』の信憑性が勝るとの見解を示している。

そもそも文献を編むときの資料や情報の量に差があったのだとしても、『宋高僧伝』所収の元暁伝・義湘伝は、伝記の正確性よりも彼らが登場し活躍する奇想天外な物語の妙味に重きを置いているように思われる。想像力を刺激するドラマチックな魅力こそが、後世に語り継ぐべき高僧の霊威であると考えられていたのかもしれない。

物語を動かす絵

さて、高山寺に伝わる「華厳宗祖師絵伝」は、『宋高僧伝』のこうした方針を受け継いでいるのだろうか。絵巻の詞書（ことばがき）は『宋高僧伝』をそのまま写したわけではなく、大いに翻案をおこなっている。それを読む限り、絵巻は『宋高僧伝』のドラマ性豊かな性質をさら

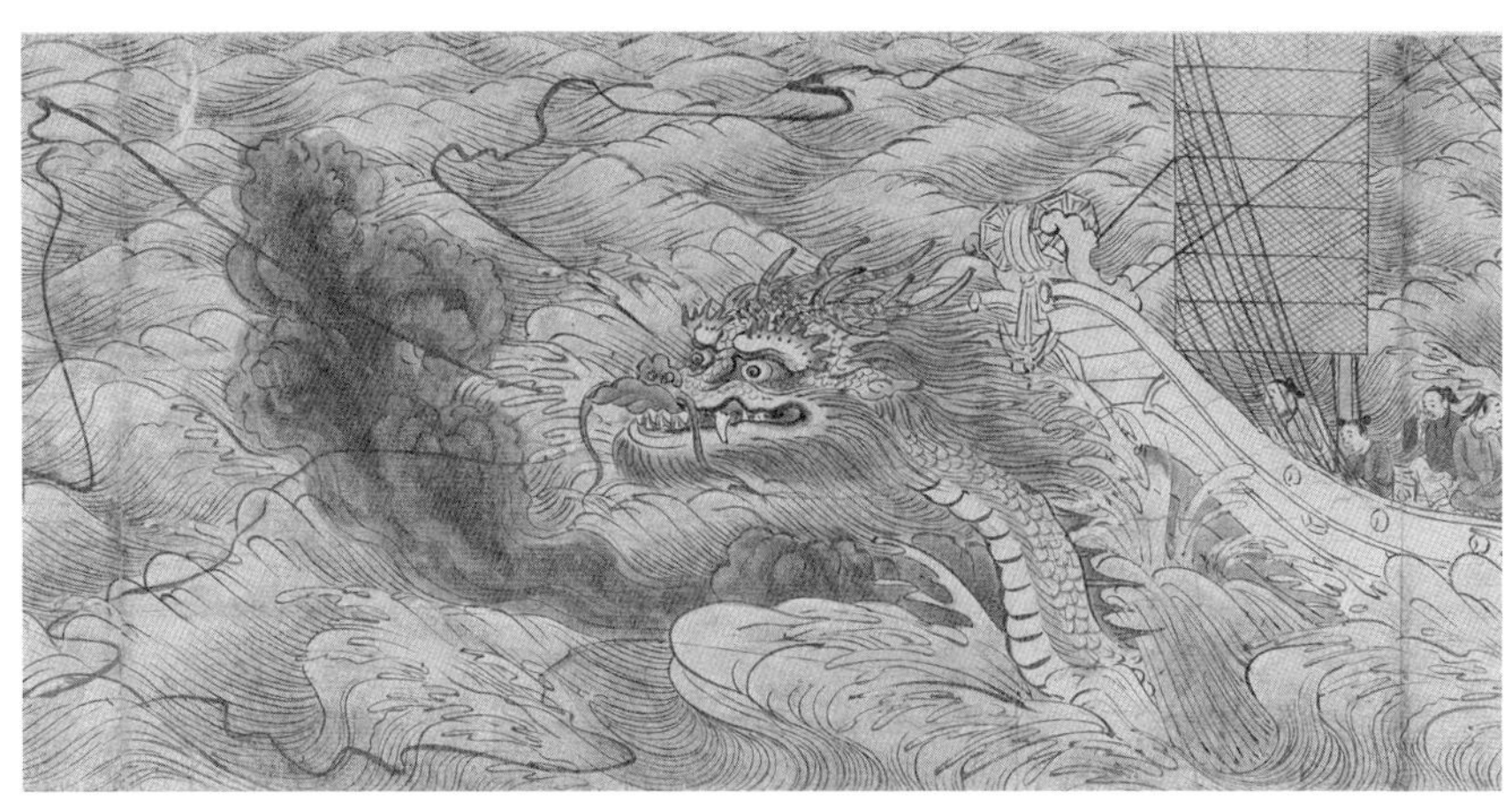

図３　華厳宗祖師絵伝　義湘絵　巻三（部分）　高山寺所蔵

に増幅させているように感じられるのである。とくに義湘絵はその度合いが強い。義湘が善妙の誘惑を断るところは二人の会話文が長く綴られているし、帰国する義湘のために善妙が物資を準備し届ける場面は、善妙の心情の移り変わりが豊かに描写され、その分量は『宋高僧伝』より相当増加している。

それに対して、義湘が智儼のもとで学ぶくだりは、絵巻では「至相大師（しそうだいし）のところにゆきて一乗法界（いちじょうほっかい）の頌釈をつくり義持成就の記別をえたまふ」と記すのみで、義湘が徹底的に教学を理解したことを強調する『宋高僧伝』に比べあっさりした印象を拭えない。義湘絵は全体として、善妙の内面や彼女が起こした霊験への関心が強く、セリフの応酬や心情の描写によって、物語のドラマチックな魅力をより前面に押し出している。

絵も、このような感興をそそる物語の魅力を余すところなく表現している。とくに善妙が龍に変身する場面は、追いかける人々、海に飛び込む善妙、慌てる侍女らの動きを目で追いながら、絵巻を次へ次へと開いていくと、画面いっぱいに描き込まれた波のうねりの上に、巨大な龍が迫力いっぱいに出現する。横に紙を継いでいく絵巻の形態を存分に活かし、まさにアニメーションのごとく、動く絵画ならではの演出で、スケールの大きな表現を達成している。明るく爽やかな色彩は画面を重く感じさせることなく、生き生きとした筆の線を浮かび上がらせるので、絵の動感はますます高い。元暁絵もまた、使者の脛に経を入れるなど奇異なことが立て続けに起こる龍宮での出来事を、横につないだ長い画面を用いて展開させるところなど、一見自然で目立たないが、かなり巧みな構成をみせている。

このように、観る人の興味を引きながらぐいぐいと物語のクライマックスへ導いていくような優れた画面構成は、絵巻の歴史の上でも限られた時代にしか現れてこない。平安時代の末期につくられた「信貴山縁起絵巻」（朝護孫子寺）や「伴大納言絵巻」（出光美術館）は、今述べたような特質において圧倒的な魅力を放つ作品である。とくに「信貴山縁起絵巻」は、絵巻の展開を活かした手法によって、米倉を空に飛ばすなど仏僧による奇想天外な霊験を表す点で「華厳宗祖師絵伝」と通じるところがあるだろう。また、同時代の「吉備大臣入唐絵巻」（ボストン美術館）や「粉河寺縁起絵巻」（粉河寺）といった作品には、同構図の反復によって時間の経過を表す手法がみられるが、これは元暁絵にも用いられている。

「華厳宗祖師絵伝」はこれら日本美術史上名高い絵巻の成立が相次いだ時期よりも数十年遅れて描かれたとみられるが、その遺伝子をしっかりと受け継いでいる。本書で紹介できる図版は限られているので、ぜひ絵巻全集などを手に取って、今述べてきたことを確かめ、味わっていただきたい。

図絵と深義

ただ、この素晴らしい絵巻は、それゆえに宗教的な意味合いを見失わせかねないと考えられたことがあったらしい。

義湘絵には、義湘を追って龍となった善妙の行動を解説する長大な判釈が付されている。そこでは、彼女の行動は執着ではなく、高徳の師を敬い愛するゆえにおこなわれたのだから、それは仏教の教えに適うものであるということが説かれている。その末尾に、判釈を作成した理由として、次の文言が記されている。

善妙、帰法のしるしは図絵に表すに足れり。志に含める深義は、図絵を借るに便りなし。されば、聖教につきて、ほぼその大綱を示す。これ又敬によりて愛を成ずる余りなり。

すなわち、善妙が義湘に帰依して龍となった霊験については図絵に十分表せている。しかし、その志に含まれる奥深い意味合いについては、図絵では表しきれない。そのため、経典に基づいてその概要を示した。これもまた（善妙と同じく）師を敬い愛するゆえのことであるという。義湘と善妙のドラマは、ともすれば世俗的な男女の情愛として読まれ、龍となるクライマックスも、道成寺（どうじょうじ）の安珍清姫（あんちんきよひめ）のごとく、女性の執念が生んだ妖異として受け止められてしまう。判釈の作者は、それは不適切だとして、物語の深層にこめられた祖師への尊敬の念を浮かび上がらせたのだろう。

かつてはこの判釈に絵巻全体の制作意図を読み取り、両者はセットで作成されたとする見解もあった。しかし、「図絵に表すに足れり」との感想は、絵を見た後に発せられた印象を受ける。また、判釈には絵巻詞書と重なる内容が記されている。こうしたことから、絵巻制作とは異なるタイミング――おそらくその完成後に作成された可能性を考えるべきであろう。ただし料紙や書風から見ても、それほど隔たった時ではないと思われる。

また、この判釈とは別に、絵巻の三か所（現状の元暁絵巻三、義湘絵巻一、巻二の各巻頭）に、「これは華厳宗祖師の絵であるから、汚いところに置いて閲覧してはいけない、また乱雑に他の絵と混ぜてはならない」と記した書置きが残されている。これを明恵の直筆とする伝承の真偽は不明であるが、いずれにせよ作品成立後に加えられたのであろう。やや踏み込んだ解釈であるが、わざわざ華厳宗祖師の絵であると断るのは、本作が単なる面白おかしい物語絵巻としてぞんざいに扱われることを懸念したからではないか。だとすれば、この書置きにも判釈と通じる作成意図が汲み取れよう。

「華厳宗祖師絵伝」は優れた物語表現が魅力的な絵巻として高い評価を受けるが、それだけではなく、祖師への強い敬愛の念をもって深義を読み取ってきた多くの人々によっても、大事に受け継がれてきた。そうした営みがあったからこそ、本作品は単なる興味本位の嗜好品に堕することなく、祖師信仰や華厳の思想を奥底に抱えた懐の深い聖典として、今日にその価値を誇っているのである。

二　制作背景の謎

絵巻の伝来

それでは、いったい誰が、いつ、なぜ、『宋高僧伝』をもとに「華厳宗祖師絵伝」をつくろうと企てたのだろうか。残念ながら、明恵の著作や種々の記録が少なからず残された高山寺の史料群にも、絵巻の制作を直接示すものは伝えられていない。同時代につくられた多くの作品と同じように、制作の正確な時期や関与した人々は不明である。ただ、建長二年（一二五〇）の『高山寺聖教目録』に「義湘元暁絵」と記されているのが確認できるので、この時点に成立していたことは明らかである。

研究者たちはさまざまな手がかりをもとに、制作背景の謎に取り組んできた。絵巻の内容や状態を注意深く分析するところから始めて、関連する作品や、高山寺の歴史、明恵の生涯、周辺人物の動向など、さまざまな観点からいろんな説が唱えられてきた。しかし、それぞれの研究は必ずしも議論の方向性を同じくするわけではなく、どの説が有力であるかなど簡単にはいえない状況である。

ただ、その中でほぼ見解の一致をみており、かつ制作背景を考究する上で見落としてはならないことがある。それは、元暁絵と義湘絵がもともとセットとして作られたわけではなかった可能性が極めて高いということである。絵や詞書のスタイルが異なっている点や、本稿冒頭で紹介した土穴の説話が元暁絵、義湘絵ともに描かれており重複している点から、一方の成立後に、しばらく間をおいて、もう一方が対になるように作られたとみる向きが強いのである。だとすれば、それぞれ別の制作背景を考えなければならない。

また、絵巻が完成した時点から今日まで、当初の姿がそのまま伝わったわけではないことに注意すべきである。これはあらゆる古美術にいえることであるが、長い伝来の歴史の中で後から加えられたり、一部が失われたり、あるいは修理を施されたりして、作品は姿を変えながら今日に伝えられてきた。先ほど、おそらく絵巻の完成後に加えられたのだろうと述べた判釈や書置きもその一例である。

とくに、「華厳宗祖師絵伝」は平成三年（一九九一）〜八年に本格的な修理をおこなったが、それ以前は各場面が誤って繋がれており（「錯簡」という）、物語が正しく展開していなかった。そのため、この修理において正しい順番に並び替えるという処置が施されている。先に絵巻全集を見ていただきたいと述べたが、修理以前の出版だと旧状の図版を載せているので注意が必要である。なお、本絵巻の伝来と修理歴、そして直近の修理の報告については、参考文献中の勉誠出版本複製に付属する冊子が詳しいのでご参照願いたい。

画中詞の記入

伝来のなかで絵巻が姿を変える場合、単に元の状態が失われるだけでなく、新しい意味や解釈が生まれることもある。

「華厳宗祖師絵伝」にみられる画中詞は、そのよい例である。画中詞とは物語の本文である詞書とは異なり、絵の中に記された詞のことである。ふつう、物語を描く絵巻物は、詞書を記す領域と絵を描く領域とが区別されている。しかし、一部の絵巻には、図2や口絵6のように場面を解説したり人物のセリフを表したりする詞が絵

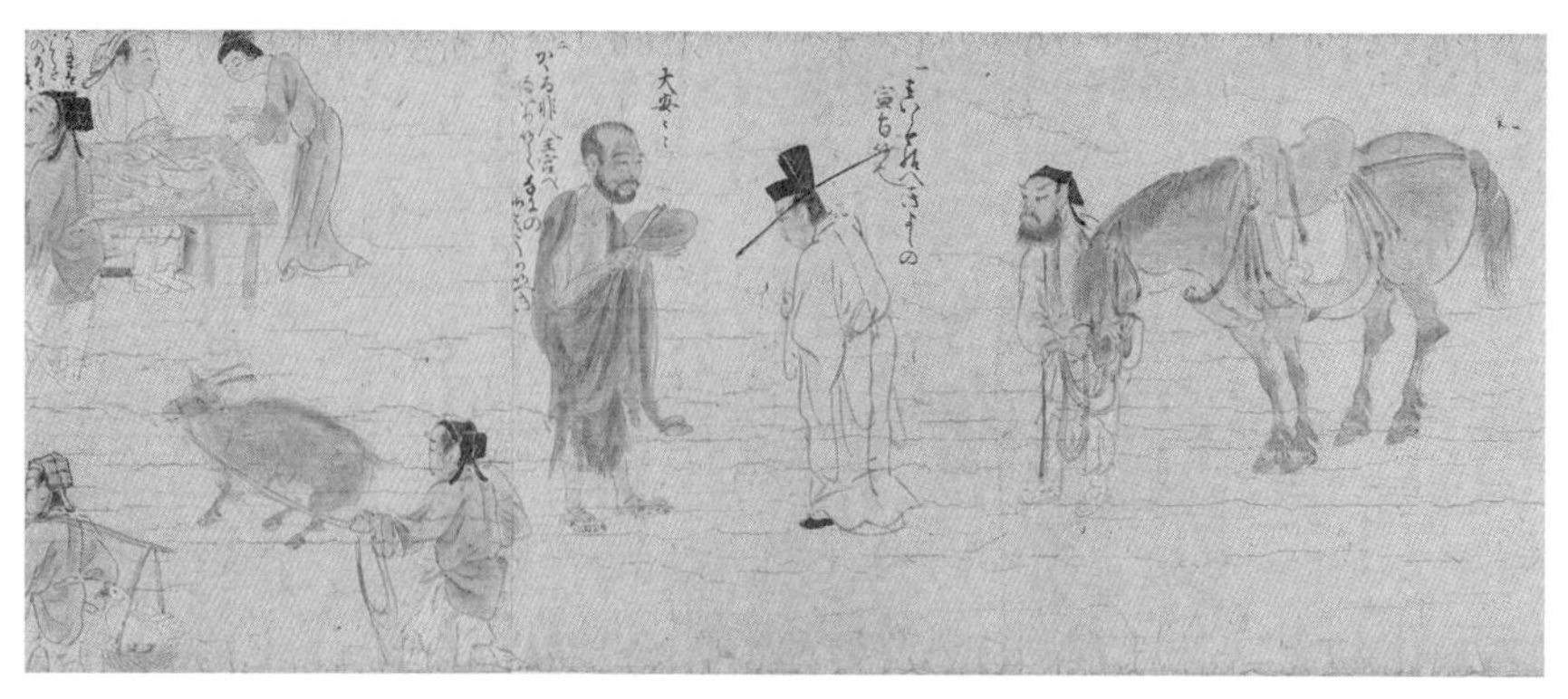

の領域に描かれることがある。「華厳宗祖師絵伝」はそのもっとも古い例のひとつである。これを、もともと記入されていたと考える人も、一部が完成後に記入されたと考える人もいる。それに対して、私はすべて後からの記入ではないかと考えている。

　絵巻は一般的に、絵師が絵を作成してから有力者や能書家が詞書を清書するという手順を踏む。画中詞が表現の一種として確立して後、室町時代の絵巻などにおいては、制作において構図などを決める作画の時点で画中詞の記入を想定しておくようになっていたと考えられる。その場合、絵の構図には画中詞を記入する余白が準備され、読みやすさが配慮されている。それに対して「華厳宗祖師絵伝」は、画中詞が記入される場所があまりにも狭く、絵の上に細々とした字を記す箇所もある（図2参照）。その観点から見ていくと、おそらく作画の時点では、まだ画中詞の記入は想定されておらず、すべて「後」から加えられたように思われるのである。ただし、この「後」は必ずしも「後世」という意味ではない。絵巻の詞書との書風比較などから、詞書清書と同時、あるいはすぐ後に同一人物が画中詞記入をおこなったとみられる箇所も多い。画中詞がすべて「後世」のものではないとはそういう意味で、想定されてはいなかったものの制作とほぼ同時に記入されたものが少なからず含まれている。

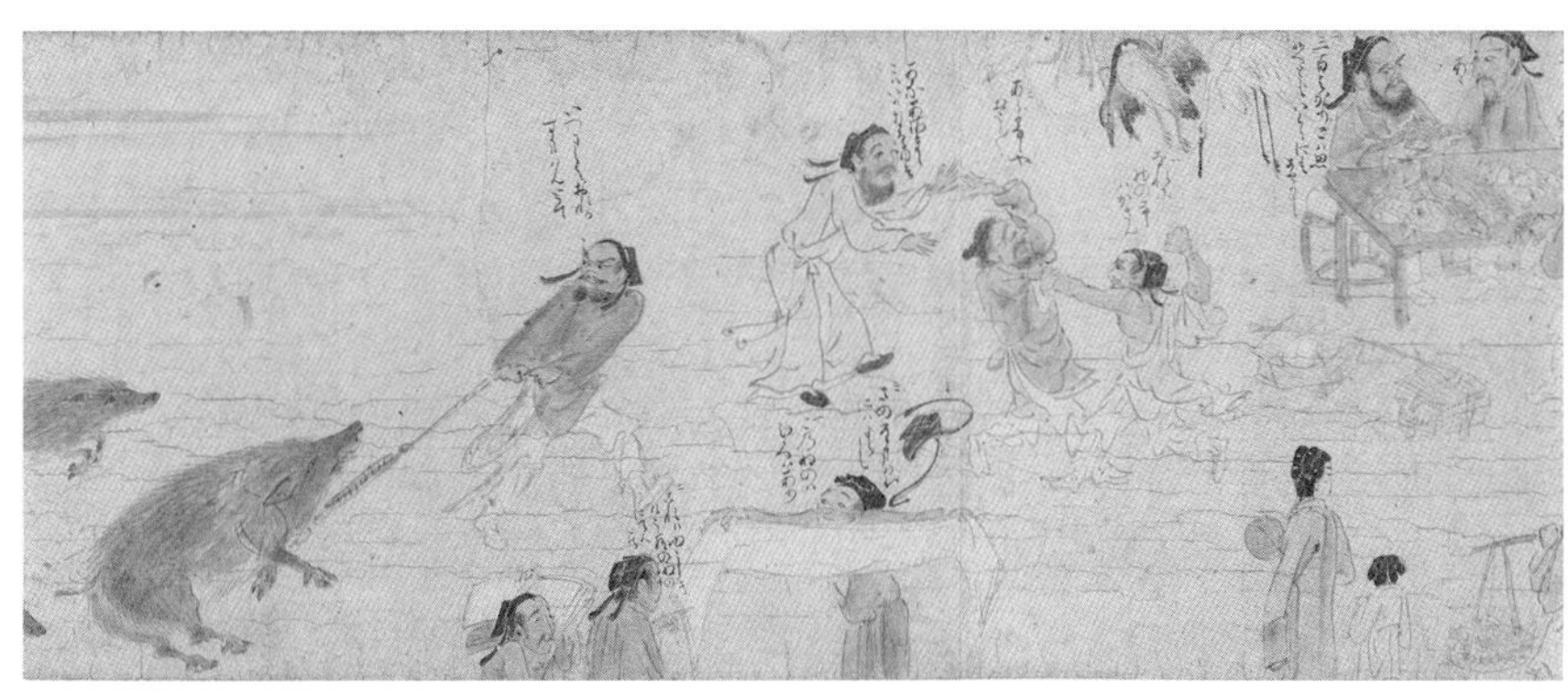

図4　華厳宗祖師絵伝　元暁絵　巻二（部分）　高山寺所蔵

元暁絵で大安聖者が登場する場面には、聖者が暮らす市中が描かれている（図4）。ここには魚鳥を販売したり喧嘩を起こしたりする俗人らのセリフが画中詞で記入されており、猥雑で生き生きとした雰囲気を高めている。しかし、その記入箇所はやはり少しばかり狭苦しく、読む順番を「一」「二」と指示するなどして構図上の計画性の欠如を補っている。何より、仮に画中詞を除いてみても、大安聖者が清浄な寺院ではなく、鳥獣の殺生で生計を立て、私欲のために争う人々とともに居住する特異な人物であることは十分に伝わる絵となっている。したがって、この画中詞も「後」のものであると考えたい。しかし、書風から見てもやはりその記入は「後世」ではなさそうである。出来上がった絵を見た誰かが、そのとき愉快に書き加えたのであろう。

月を詠む元暁

くり返しになるが、「後」から加えられた画中詞は、絵の意味を変容させるはたらきをもする。たとえば元暁絵で、元暁が浜辺でたたずむ図がある（口絵7）。ここは詞書の「山水のほとりに坐禅す」に対応する場面であるが、元暁の脇には「月を詠じたまふところ」との画中詞が記される。足を崩したこの元暁の姿勢は、従来指摘される通り、柿本人麻呂像など文人肖像の型を応用したもので、月を和歌に詠むことが多かった明恵ともイメージを重ねているように見ることができる。しかし、元暁絵はあくまでも元暁の行状を内容とする作品であることに鑑みると、元暁が「月を詠じたまふ」ことはないのだから、この画中詞は本絵巻にはそぐわない。

してみると、この画中詞は当初から企図されたものではなく、元暁の姿に結びつけられた人麻呂と明恵のイメージに引っ張られて、「後」から記入された可能性を考えるべきだろう。確かに、元暁の肖像は土穴の場面で明恵（樹上坐禅像）と重ねて描かれていることが常々指摘され、祖師元暁と明恵のイメージを重ねて表すことに元暁絵制作の意図のひとつを見出す説がある。ここでも元暁を、月を詠じる明恵のイメージに重ねて描いたこと自体は認められるだろう。しかし、筆と紙をもたないことからも明らかなように、元暁はあくまでも山水に坐禅する姿として描かれているのであって、「月を詠じたまふところ」と記してしまっては、絵の意味が変わってしまう。したがって、この画中詞もやはり、元暁絵を作成しようとする当初の計画にあったわけではなく、この絵において歌人明恵を前景化させようとした人物によって「後」から記入されたものと考えられるのである。そしてこの場合、当初の作画意図とは違った方向へ解釈が進んでいることに、今絵を見るわれわれは注意すべきである。

このように、画中詞の記入が「後」であると指摘することは、絵の作成意図と、その後の解釈とを細かく分けて考えるために必要である。そして、錯簡や画中詞を含めて絵巻の伝歴を解きほぐしていくことは、制作背景を考察するうえでも重要な手続きとなってくるだろう。

なお、義湘絵の画中詞の一部については、竹内順一氏や佐野みどり氏の書風分析によって、元暁絵の詞書筆者が記したものであると指摘されている。つまり、義湘絵が成立したのち、元暁絵が制作され、その際に義湘絵に一部の画中詞が記入されたという可能性が考えられるのである。だとすれば、義湘絵と元暁絵は、前者が先に成立したと想定されることになる。

絵巻をつくった人々

「華厳宗祖師絵伝」制作背景の研究で、諸氏が認識を異にしていることの第一は、絵巻制作に明恵がどれほど関与したかについてである。古くは、明恵が詞書起草などに加わったことを半ば前提として、その信仰が絵巻に反映されているとする見解が多数を占めた。しかし近年は、むしろ周辺人物が主導した可能性を指摘する研究が相次いでいる。

まず義湘絵については、もうひとりの主役といってもよい善妙への信仰が注目された。すなわち、彼女への信仰から善妙寺と称する尼寺が貞応二年（一二二三）高山寺近辺の平岡の地に建てられた前後に、絵巻も制作されたとする見解が多勢の認めるところであった。この場合、承久の乱で夫を失った尼たちのために、明恵が華厳の守護神である善妙の物語を絵巻化したという梅津次郎氏の見解も同様に支持される傾向にあった。

しかし、カレン・L・ブロック氏は、願主も女性とみる立場から、有力な女性の檀越（だんおつ）の存在、具体的には督三位局（こうのさんみのつぼね）を想定した。また、絵巻は善妙寺成立よりも前の制作であったとする見解を示している。

また、唐の風俗をふんだんに描く義湘絵の作画に、「帰去来図巻（ききょらいずかん）」という中国絵画が参考にされたことを、古賀康子氏、森實久美子氏が明らかにしている。この作品は官吏を退き田園に生きる喜びを詠った陶淵明の『帰去来辞』を絵画化した画巻であり、北宋の李公麟が初めに描いたとされ、その系統の写本が米国・フリア美術館や同・ボストン美術館などに所蔵されている。この時期にはすでに、高麗で李仁老が中心となって帰去来図が受け入れられていた（『東文選（とうもんぜん）』巻五十）ので、「帰去来図巻」が宋ではなく高麗から入手された可能性も考えられるが、いずれにせよこうした異国の文物を入手することのできる有力者や知識人の関与が想定される。たとえば善妙寺創立を援助した西園寺公経（一一七一～一二四四）や、入宋し経典類をもたらした行弁・信慶、同じく渡宋経験をもつ慶政（一一八九～一二六八）の名が挙げられている。

つぎに元暁絵については、やはり梅津氏が提起した、明恵の著作である『光明真言土沙勧信記』との関連が重視されてきた。光明真言とは、あらゆる罪を除く呪文で、これによって加持した土砂は死者供養に用いられる。元暁は著作『遊心安楽道』においてその効能を説いており、明恵はその信仰に強く共感を抱いていた（ただし本書は現在、元暁の作ではないと考えられている）。

梅津氏は、明恵の光明真言への信仰が晩年に高まり、その述作が善妙寺創建後五～六年に集中することから、絵巻もこの頃の作と考える。『光明真言土沙勧信記』が『宋高僧伝』をもとにした元暁伝を載せ、その文言において元暁絵詞書と関係深いこともこの説を補強する。ここで氏は光明真言信仰を義湘絵と同様に承久の乱と結びつけるに留めているが、谷口耕生氏は梅津説を発展させ、九条道家（一一九三～一二五二）を発願者とし、寛喜元年（一二二九）の高山寺阿弥陀堂施入を絵巻制作の契機とした仮説を提起している。

これに対して、元暁絵制作は明恵の意志の及ばないところ、とくに寛喜四年（一二三二）の没後に弟子らや帰依者によって制作されたとする見解が、ブロック氏や土屋貴裕氏によって提出された。その主な理由は、先述の通り元暁絵において元暁の肖像を明恵のイメージと重ねるような作画がなされていることについて、明恵がそうした表現をさせたとは考えにくいという点にある。ブロック氏は、制作の主体となった人物として、とくに藤原盛兼（一一九一～一二四五）の名を挙げている。

おわりに—これからの課題—

義湘絵・元暁絵ともに、諸説を比較してどれが優れているか現時点で判断することはできない。ただ、仮に明恵が絵巻制作に関わっていたとしても、制作背景は彼個人の信仰ではなく、彼を取り巻く人間関係の中で考える必要がありそうである。研究は、作品の伝歴を踏まえたさらなる分析に加えて、周囲の人物を洗っていく作業が必要な段階にきているのだろう。

たとえば、西園寺公経は承久元年（一二一九）、伊賀局（いがのつぼね）のために広隆寺（こうりゅうじ）に新第を造営し進上している（『仁和寺（にんなじ）日次記（ひなみき）』）。現在広隆寺には「能恵法師絵詞（のうえほうしえことば）」という、僧能恵が冥界より蘇生する話を描いた鎌倉時代の絵巻が伝わっているが、先に紹介した建長二年（一二五〇）の『高山寺聖教目録』には「義湘元暁絵」に続いて「幷能恵得業絵」と記されており、「華厳宗祖師絵伝」とともに能恵を主題とした絵巻が高山寺に所蔵されていたことが判明する。この記録上の絵巻が現存「能恵法師絵詞」とどう関係するのかは明確でないが、異界訪問の物語は元暁絵と似るし、淡彩の画風や画中詞の存在も共通することから何らかの繫がりはありそうである。その高山寺と広隆寺に、公経という補助線を引くことができるのである。

また、慶政が承久四年頃著した説話集『閑居友（かんきよのとも）』の上巻末尾に収められた「唐橋河原の女の屍の事」は、彼の幼い頃の経験に基づいたと考えられる説話であるが、そこで「密言」すなわち光明真言による死者供養が語られている。慶政は道家の兄とされ（『比良山古人霊託（ひらさんこじんれいたく）』）、道家は公経の娘綸子（りんし）を妻に迎えている。明恵に帰依した彼らはきわめて近い血縁関係で結ばれていたのである。

こうしたことは制作背景についてそれらしい解答を得るための小さな手掛かりにすぎない。しかし、高山寺と明恵を慕う人々の力で「華厳宗祖師絵伝」がつくられ、姿や解釈を変えつつも大事に伝えられてきたように、その歴史はこれから、やはりわれわれの敬愛の念によって明らかになっていくに違いない。

〔主要参考文献〕
梅津次郎「義湘・元暁絵の成立」『絵巻物叢考』中央公論美術出版、一九六八年（初出は一九四八年）
『華厳縁起』「新修日本絵巻物全集」八、角川書店、一九七六年
『華厳宗祖師絵伝（華厳縁起）』「日本絵巻大成」一七、中央公論美術出版、一九七八年
カレン・L・ブロック「義湘絵における善妙の描写―その意義と受容―」『佛教藝術』一七六、一九八八年
カレン・L・ブロック「『元暁絵』に明恵像を見る」『日本美術の水脈』ぺりかん社、一九九三年
佐野みどり「華厳縁起に見る詞と絵」『風流　造形　物語』スカイドア、一九九七年（初出は一九九二年）
谷口耕生「元暁絵の制作背景について」『美術史学』一八、一九九七年
若杉準治『絵巻　華厳宗祖師絵伝』「日本の美術」四一三、至文堂、二〇〇〇年
森實久美子「義湘絵についての一考察―宋代絵画の受容をめぐって―」『フィロカリア』二四、二〇〇七年
土屋貴裕「祖師のおもかげ―「華厳宗祖師絵伝」元暁絵　試論―」『図像解釈学　権力と他者』竹林舎、二〇一三年
高山寺監修・石塚晴通編・大原嘉豊解題『国宝　華厳宗祖師絵伝　元暁絵三巻』『国宝　華厳宗祖師絵伝　義湘絵四巻』「高山寺の名宝」勉誠出版、二〇一五年

謎だらけの国宝絵巻
―鳥獣戯画―

土屋貴裕

はじめに―日本で最も有名な〝あの〟絵巻―

数ある日本美術のなかでも抜群の知名度を誇り、そのイメージが最も流通している作品に鳥獣戯画を挙げたとき、これに異論を持たれる方は少ないと思う。兎と蛙の相撲、兎と蛙が猿を追いかける場面などは（口絵8）、誰もが一度は教科書などで目にしたことのある鳥獣戯画の名シーンの一つだろう。このほか、ミュージアムショップのグッズや商品デザインなどで鳥獣戯画の動物たちを目にする機会も多く、日本美術における「スター選手」であることは間違いない。

だが、こうした認知度の高さに反して、この鳥獣戯画がどういった作品か、よく知られていないのが現状ではないだろうか。兎や猿、蛙が登場するのが甲巻という巻で、この他に趣の異なる乙・丙・丁巻の計四巻から成り立つこと、またこの絵巻が京都の古刹・栂尾（とがのお）の高山寺に伝わることなど、一般にはあまり知られていないように思われる。そしてこの鳥獣戯画ほど謎多き国宝も少ない。いつ、どこで、誰が、何のために描いたのか、こうした基本的なことが明らかになっていないのだ。

日本で最も有名な絵巻でありながら、最も謎多き絵巻、国宝・鳥獣戯画。本論では鳥獣戯画の魅力を紹介しながら、この絵巻をめぐる謎の数々に迫りたい。

一　画面を見つめて—鳥獣戯画の概要—

鳥獣戯画は、現在国宝に指定されている甲・乙・丙・丁の四巻と、これらともとは一連のものであったと思われる断簡五幅（甲巻断簡四幅、丁巻断簡一幅）が現存する。以上に加え、現在は失われてしまった場面を留める模本も存在する。まずはこうした素材から、現在確認しうる鳥獣戯画の全貌を見ていこう。

なお紙面の都合上、ここで取り上げるすべての画面を掲載することはかなわないので、国宝四巻、断簡五幅、主要な模本を取り上げた「鳥獣戯画　京都高山寺の至宝」展図録（参考文献参照）をあわせてご覧頂きたい。

甲　巻

全四巻から成る国宝・鳥獣戯画のなかでも最も有名な巻である（図1）。一般に鳥獣戯画と聞いて思い浮かぶのはこの甲巻のイメージだろう。全巻にわたり動物たちが擬人化され、人間さながらにさまざまな遊戯や儀礼に興じる様を描いている。少し詳しく場面を見ていこう。

①水浴び

巻頭は水辺で遊ぶ兎や猿のシーン。鼻をつまみダイブする兎に始まり、猿の背中に柄杓で水を流す兎、鹿の背に乗る兎に水を掛ける猿などが目に飛び込む。続いて霞のかかった山や樹木、秋草などが配されるが、これは場面転換をはかるための絵巻の手法の一つである。

②賭　弓

続いて兎と蛙による賭弓の場面。本来賭弓は正月十八日に行なわれる宮中行事の一つであった。的に用いられているのは大きな蓮の葉で、その傍らには的を照らすように狐の尾に灯火（狐火）が点けられていることから、この絵巻の時間が夜であるという説もある。矢をつがえる兎や弓の調子を整える蛙は真剣な面持ち。続いて運ばれてくる唐櫃や酒壺は、競技の後に行なわれる酒宴の準備だろう。また少し先には遅刻したのか急ぎ走り来たる兎の姿も見える。

③法 会Ⅰ

兎と蛙に引かれた鹿と猪が、袈裟をまとった猿に献じられている。本来、ここから第十五紙、⑤田楽の場面までは現状の甲巻巻末に連続していた箇所で、後に見る⑧法会Ⅱに続く場面であった。

④追いかけっこと蛙の騒動

鳥獣戯画でも著名な猿を追いかける兎と蛙の場面。兎の手には薄があることから秋の情景を表わしているようだ。その先には仰向けにひっくり返る蛙を往来の動物たちが見物する。その中には狐、猫、鼠の姿もあり、猫を見ておびえる鼠の姿がなんとも愛らしい。

⑤田　楽

これに続いて蛙たちの田楽の場面がある。ここまでがもとは巻末に位置していた箇所である。

⑥相　撲

続く現状の画面では狐や雉、鼬などが蛙の田楽を見物しているかのようだが、本来はこの前に東京国立博物館本の断簡（図２）が挿入されていた。伝来の途中で欠落してしまった箇所である。満開の萩の花をはさんで、こ

図1　鳥獣戯画　甲巻
高山寺所蔵

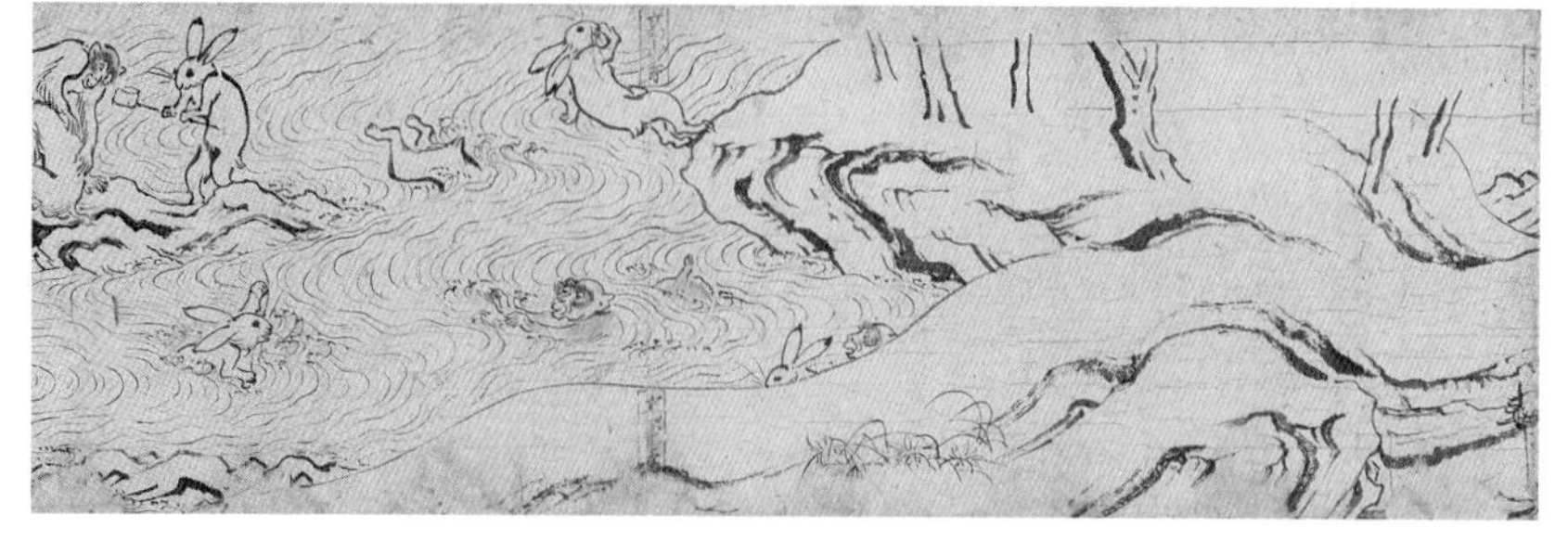

①水 遊 び

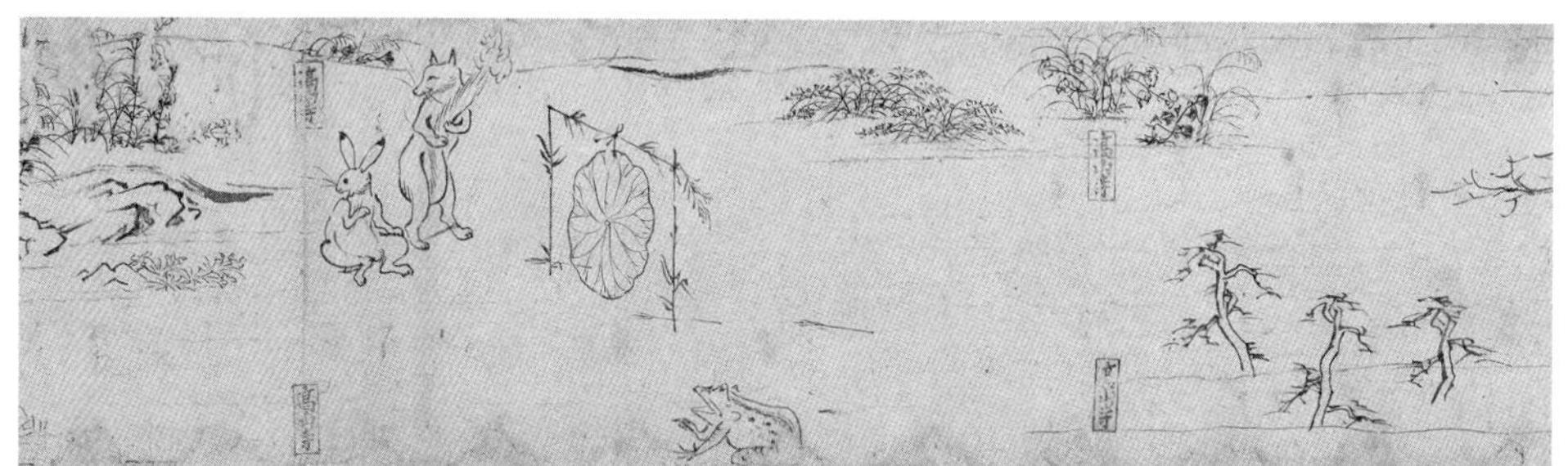

②賭　　弓

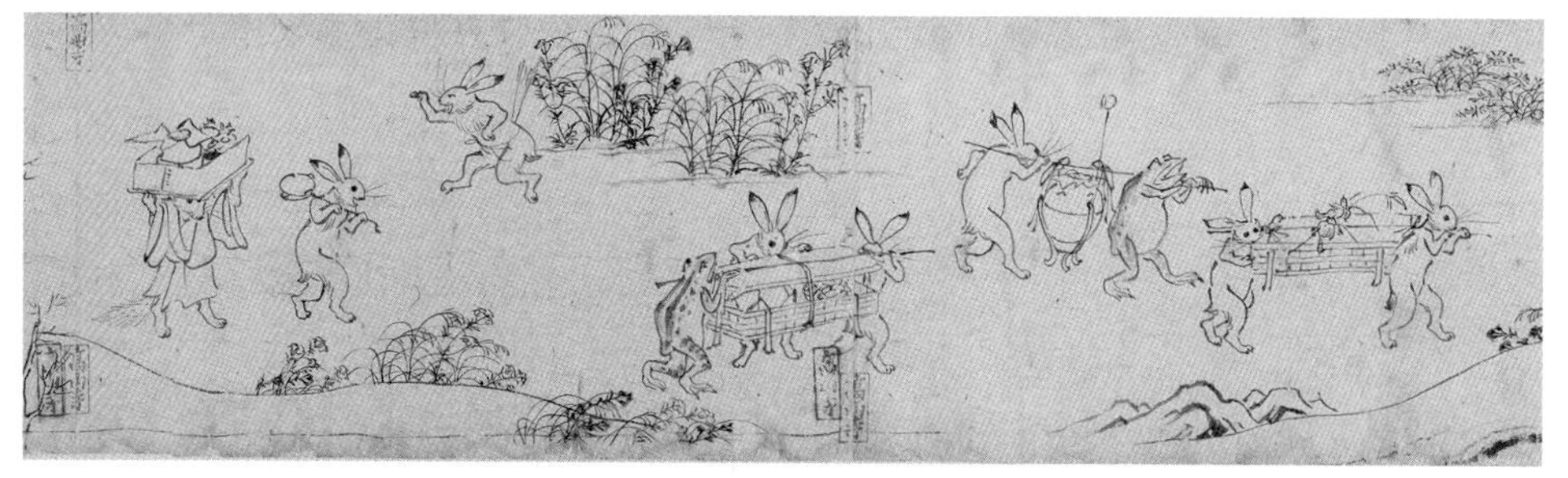

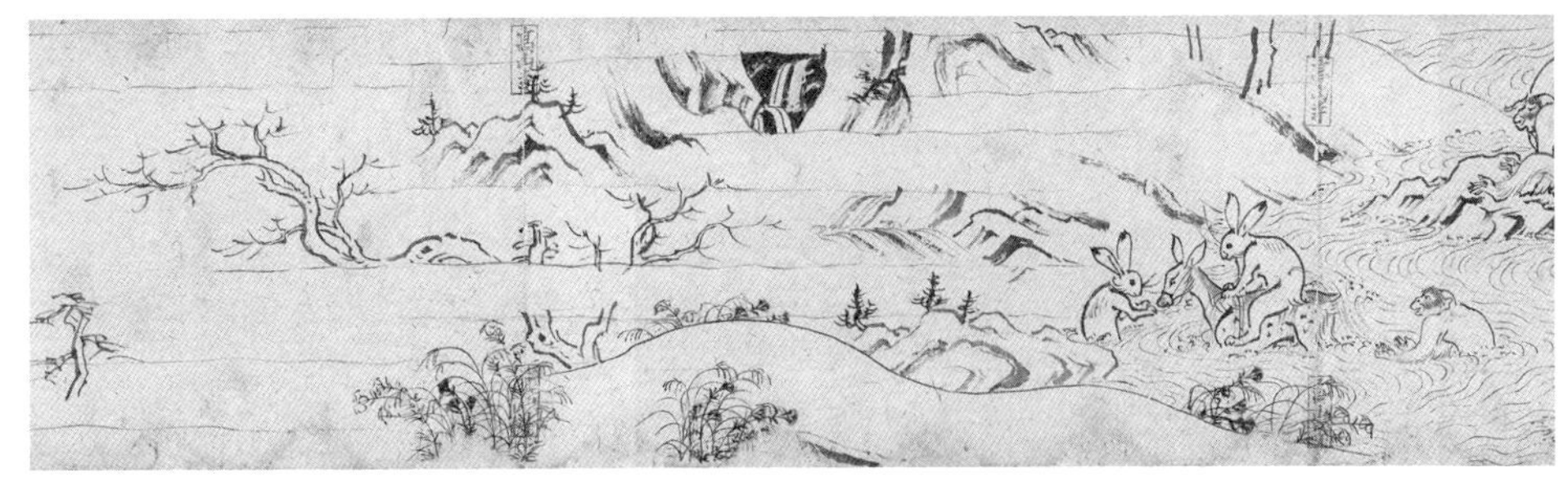

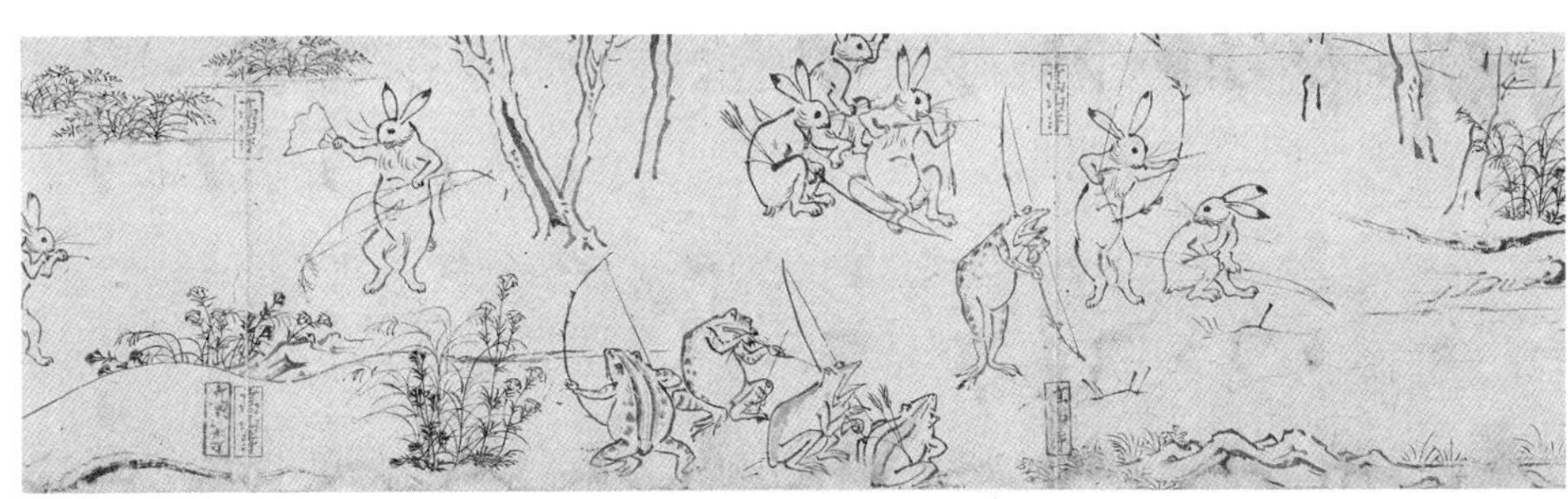

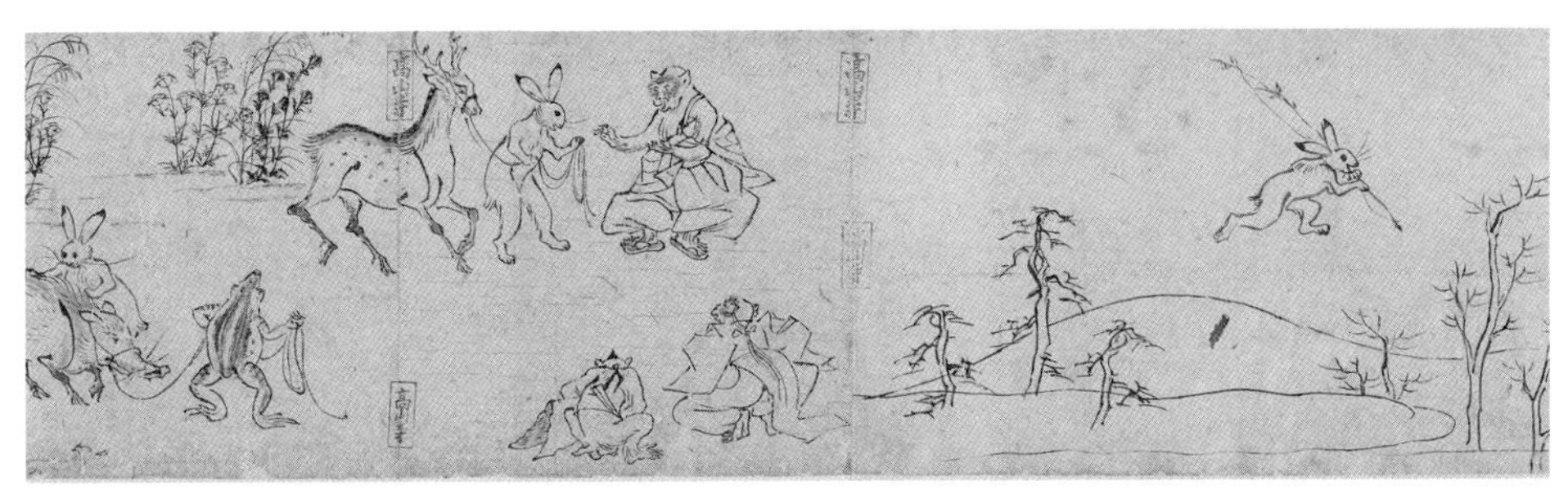

③法 会 Ⅰ

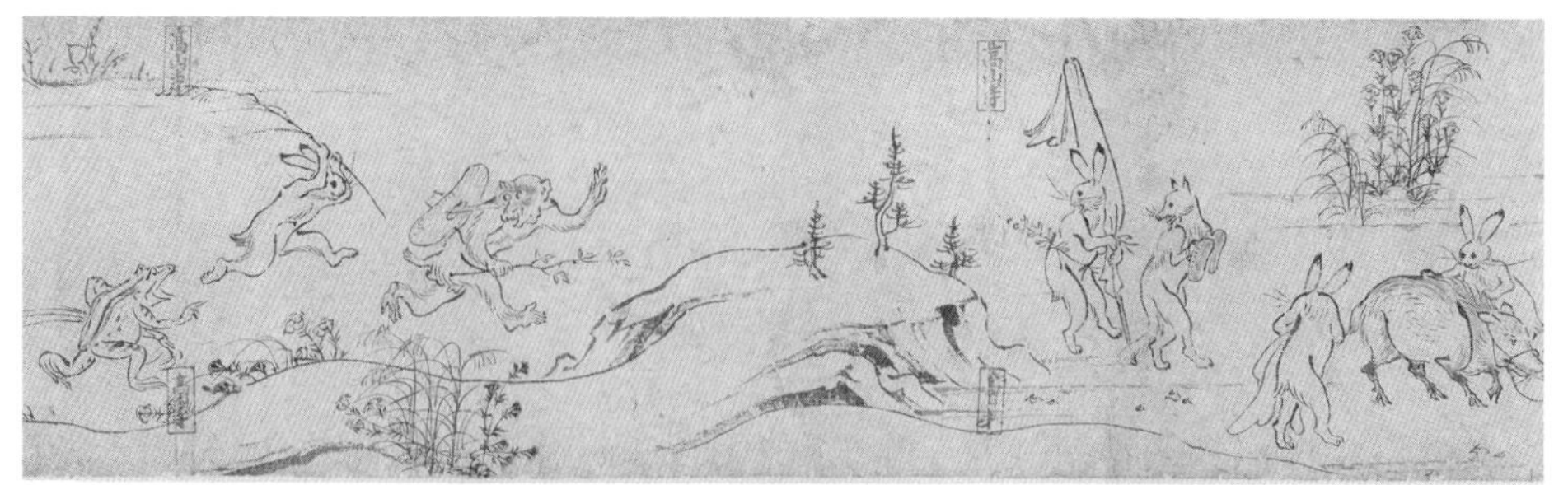

④追いかけっこと蛙の騒動

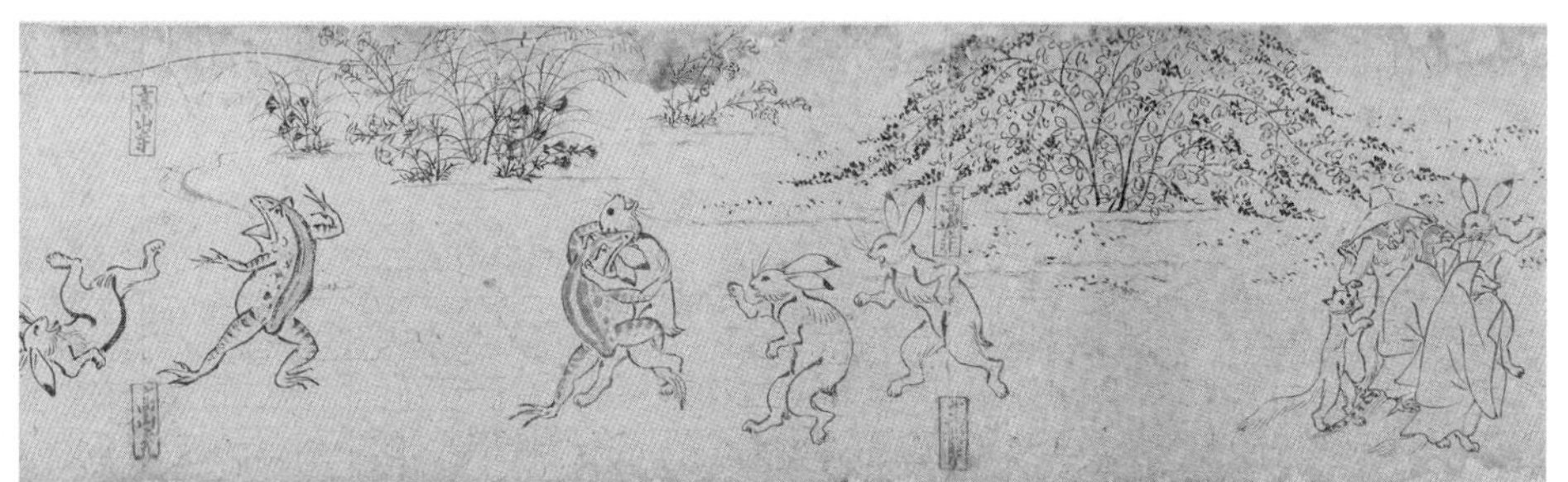

⑥相　　撲

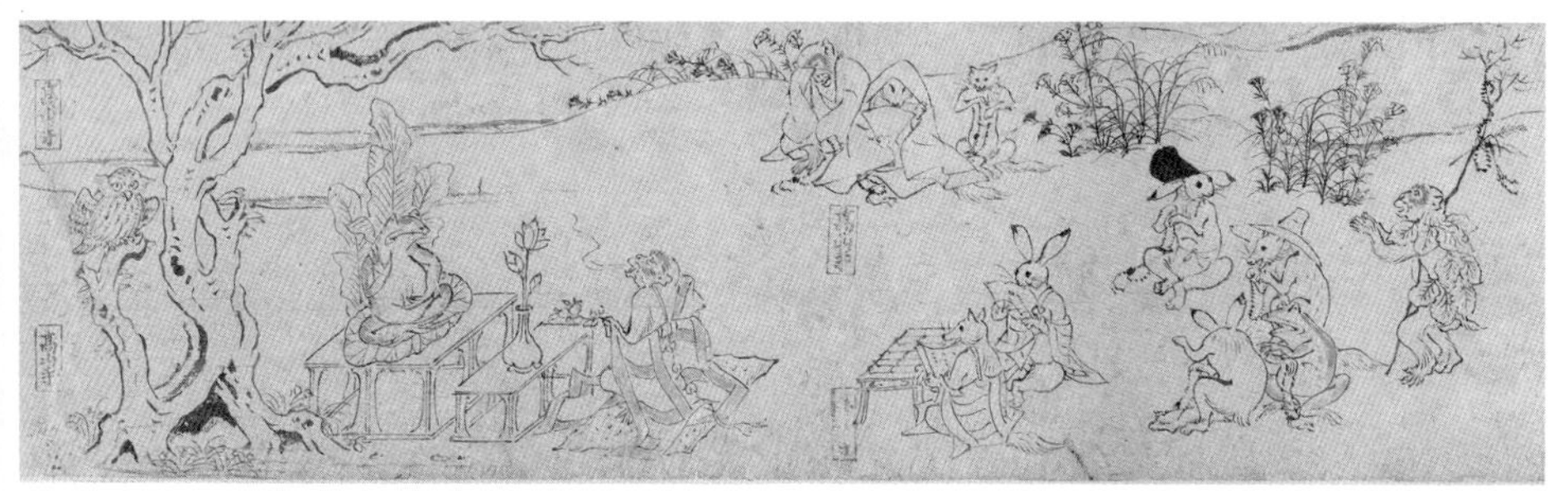

⑧法 会 Ⅱ

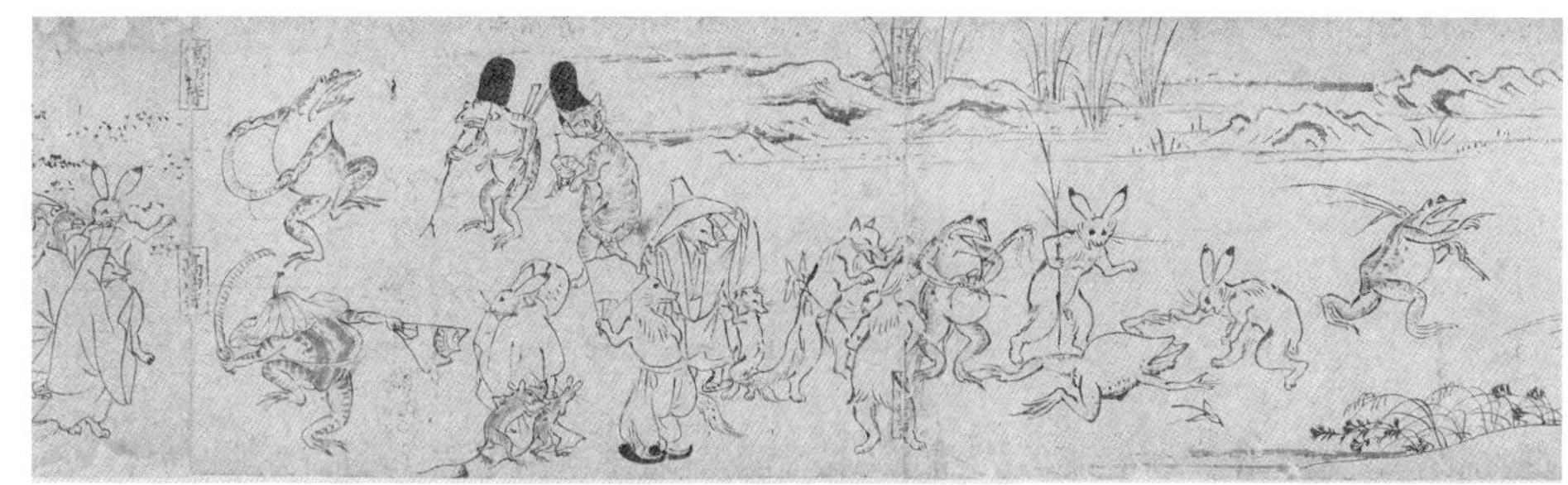

⑤田　　楽

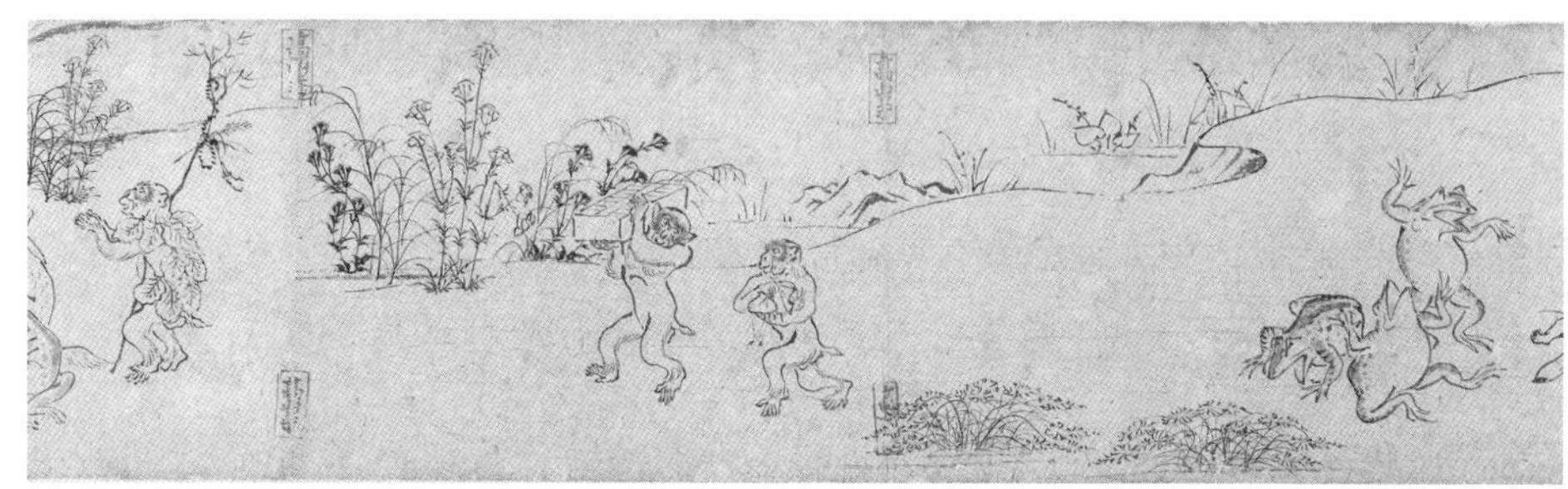

⑦双　　六

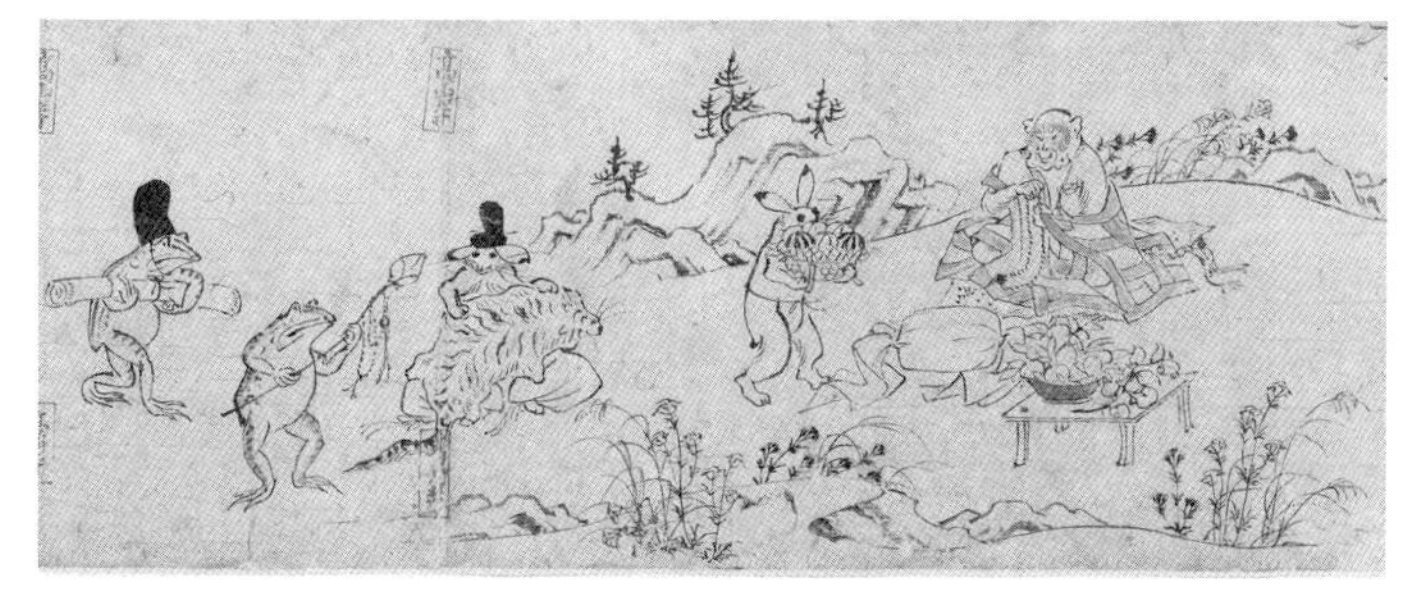

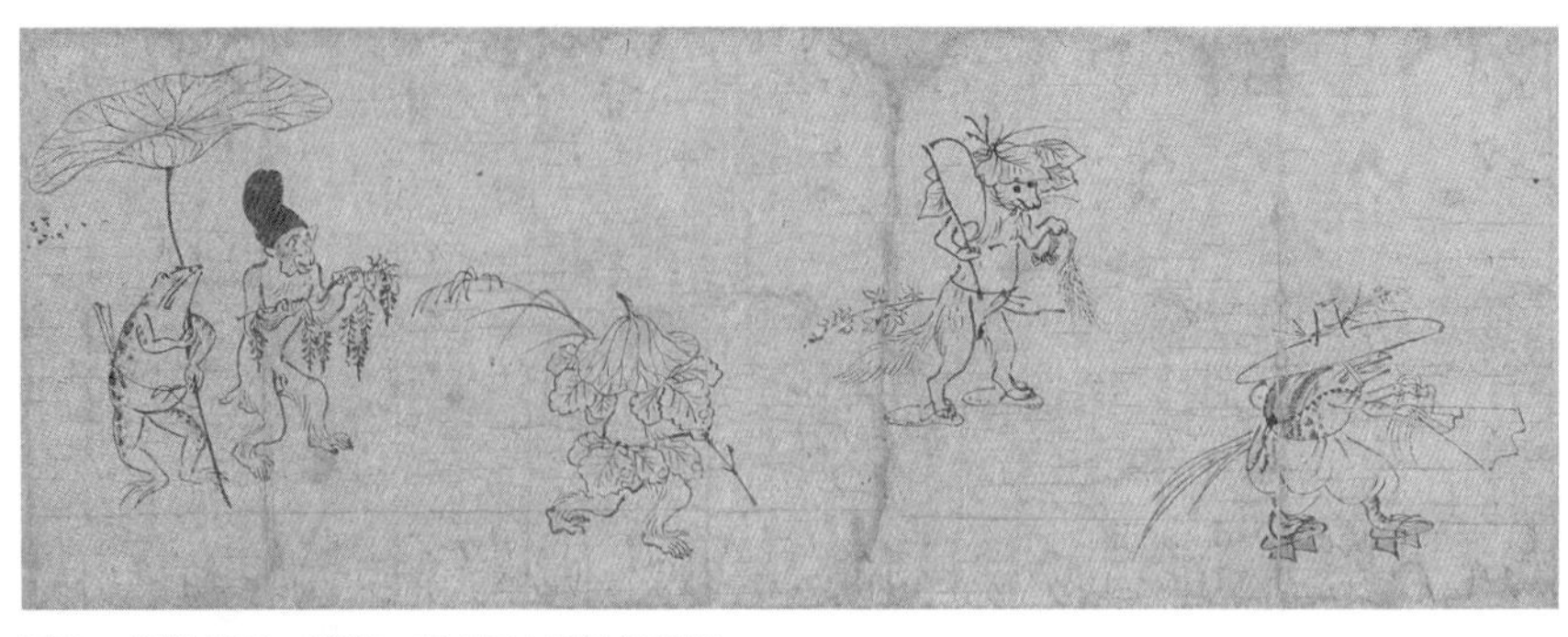

図2　鳥獣戯画　断簡　東京国立博物館所蔵

ちらも有名な兎と蛙の相撲の場面。そもそも、相撲も七月に行なわれる神事であった。組み合う兎と蛙、兎を投げ飛ばす蛙の姿を連続した背景のなかに描く「異時同図」の手法をとる。蛙の口からは気炎とも掛け声ともとれる墨線が見える。

⑦双　六

二匹の猿が双六の盤と石を入れた包みを持つ。この後場面は途切れるが、ホノルル美術館所蔵の模本（長尾家旧蔵本）には、⑥相撲、⑦双六に続いて、囲碁、腕相撲、首引き、高飛び、そして⑧法会Ⅱの場面があり、こちらも伝来の過程で失われてしまった箇所だと分かる。

⑧法　会Ⅱ

蛙を仏像に見立てた猿の法会の場面。袈裟をかけた兎や狐が読経し、猿や鼬なども聴聞している。このシーンは後に見る丁巻の人間の法会の場面に展開していく。梢にとまり、こちらをじっと見つめる梟（ふくろう）（あるいは木菟（みみずく））は甲巻で擬人化されていない動物の一つである。現状の巻末は、法会が終わり、猿がさまざまな供物を受け取る場面だが、本来はこの後に③法会Ⅰの画面が続いていた。

甲巻には合計十一種もの動物が登場する。著名な兎、蛙、猿のほか、鹿、狐、猪、猫、鼠、雉、鼬、梟（木菟）で、いずれの動物も甲巻が描かれた平安時代に日本で目にすることのできた動物たちである。ただこの十一種の動物のうち、鹿と猪、梟（木菟）が擬人化されておらず、動物そのものの姿で描かれている。

また、彼らが行なっているのは仏事や神事、宮中儀礼に関わるものが大半で、単なる「お遊び」でないことは、この絵巻の主題を考える上で重要である。しかも甲巻の動物たちは主役級のみならず脇役にいたるまで何らかの役割を与えられており、無駄な動きをする動物の姿は見られない。この甲巻は絵師が想像の世界の中で構築したものとは考えがたく、さまざまな行事を実際に見た体験に基づく描写だと推測される。加えて、場面転換の方法や「異時同図」など、甲巻には平安時代末の絵巻の表現手法が見事に取り入れられている。この絵師が単なる「素人」ではなく、当代絵巻の「約束事」を十分に知る人物であったことをうかがわせる。

甲巻にはもとは一連だったと考えられる断簡が四幅現存する。一つは先に見た東京国立博物館本で、もとは現状甲巻の第十六紙の前に位置していた場面である。残る三幅の断簡は、現在梅澤記念館が所蔵する通称住吉家模本第五巻に見られる画面である。甲巻は現状よりもより多くの画面を有する絵巻であったことは間違いない。

乙巻

甲巻から一転、動物図鑑のような様相を呈するのが乙巻である。十六種の動物が描かれているが、甲巻のように擬人化された動物は一切登場しない。さまざまな姿態の九頭の馬にはじまり、くつろいだり、角を突き合わせる牛、木に止まる三羽の鷹、これを見つめるかのような姿や、吠え掛かりつかみ合う犬、鶏の親子に、水辺の鷺と隼が続く。これら前半に描かれた動物たちは平安時代の日本でも実際に生息し、見ることのできた動物たちである。対して後半は、水中を泳ぐ犀（霊亀、または玄武か）にはじまり、つがいの麒麟（図3）、竹を背景にした豹、草を食む山羊、虎の親子（図4）、獅子、雲をかける龍、象のカップルと続き、最後は悪夢を食べるという

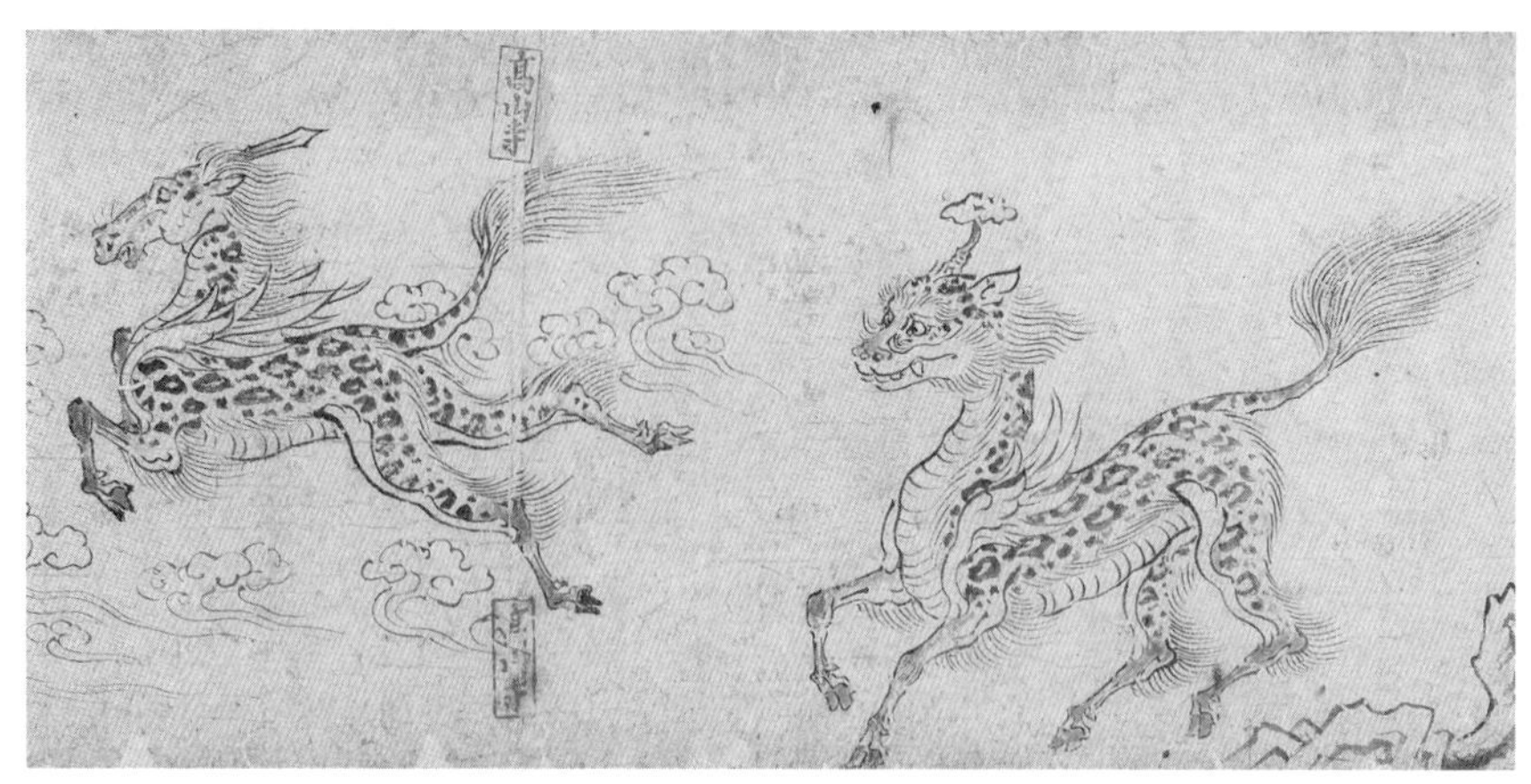

図3　鳥獣戯画　乙巻　つがいの麒麟　高山寺所蔵

獏(ばく)で締めくくられる。これらは少なくとも日本に生息しない動物たちで、空想上の霊獣たちを多く含んでいる。

こうした乙巻の描写には、甲巻のように動物たちが生き生きと動き、語り出すかのような物語性はないかに見える。ただ、乙巻の動物たちの多くはカップルか子連れで描かれており、乳を飲む牛や虎の親子、寄り添う馬や鶏の親子の愛らしい姿に、家族の間の親密な情愛を読み取ることができるだろう。これら親子のモチーフや背景の描写は、動物たちのさまざまな生態を集めた単なる「動物図鑑」、あるいは粉本や絵手本を作ろうとする意識とは異なるところでこの乙巻が構想されたことを物語る。甲巻ほど饒舌ではないにせよ、乙巻の動物たちも観る者に何かを語りかけるかのような豊かな物語性を伴った鑑賞画であることは間違いない。

ところで、物語性を伴わず、動物を動物として「図鑑的」に描いた中世の作例に「馬医草紙(ばいそうし)」や「駿牛図(すんぎゅうず)」がある。こうした作例は背景をほとんど伴わず、いわゆる「似絵」の技法を用い、スケッチ風に動物たちを描くことで画中の動物に「リアル」な感覚を付与しようとしている。これらに対して乙巻が異なるのは、動物たちの背景に樹木や草花、岩や土坡、水流などを描いている点である。加えて、これら「似絵」系絵巻が主として均一な太さ

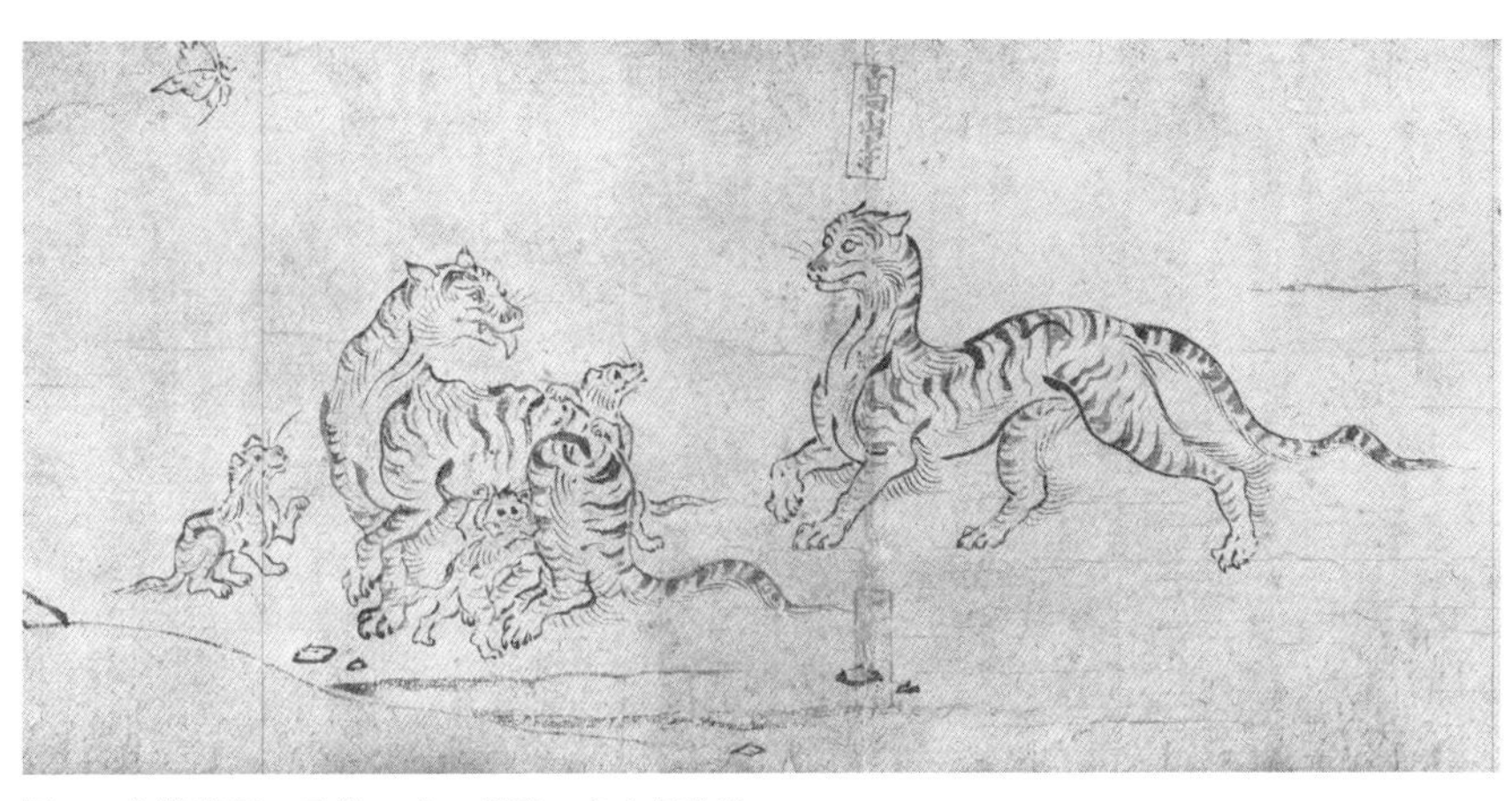

図4　鳥獣戯画　乙巻　虎の親子　高山寺所蔵

の線を引き重ねることで画面を構築しているのに対し、乙巻は伸びやかで勢いのある肥瘦のある線で、一筆も長い点に大きな特徴がある。これは絵師（制作環境）の大きな違いを示しているものと思われる。

そしてこの乙巻は鳥獣戯画の制作者論において常に取り上げられる巻でもある。例えば角を突き合わせる二匹の牛は「年中行事絵」との、首や胴の長い虎は「十二神将図像」との共通性が指摘され、前者が宮廷絵所絵師制作説、後者が絵仏師制作説の論拠となってきた。どちらの説も納得されるところであり、宮廷絵所絵師、絵仏師のいずれかにこの絵巻を描いた絵師を当てはめるほうがむしろ難しい。この点は後に改めて見ていこう。

丙　巻

丙巻は前半に「人物戯画」、後半に「動物戯画」と呼ばれる、全く異なる論理の画面が配されている。「人物戯画」には人間によるさまざまな遊戯、すなわち囲碁、双六、耳引き、首引き、目くらべ、腰引き、闘鶏（図5）、闘犬が描かれる。いずれも勝負をする当事者のみならず、これを見物する多くの人物を配している。対する「動物戯画」には甲巻を彷彿とさせる擬人化された動物による競馬、祭礼（図6）、蹴鞠、験競べなどが描かれる。甲巻に似通っているとは言え、動物たちの身振りが大きく、誇張されたものになっている。

これら「人物戯画」、「動物戯画」いずれのモティーフも、現状の甲巻、および甲巻模本に共通して見られるものが多い。とりわけ、現状の甲巻では失われた場面を含むホノルル美術館蔵の甲巻模本（長尾家旧蔵本）と丙巻「動物戯画」の巻末が同じく蛇の登場により蛙たちが逃げ惑うという「オチ」で幕引きを迎えていることは、少なくともこの二巻が何らかの影響関係にあったことを意味する。

いっぽう、前半後半とで大きく異なる画面が一巻に連続していることに関しては、従来より鳥獣戯画をめぐる

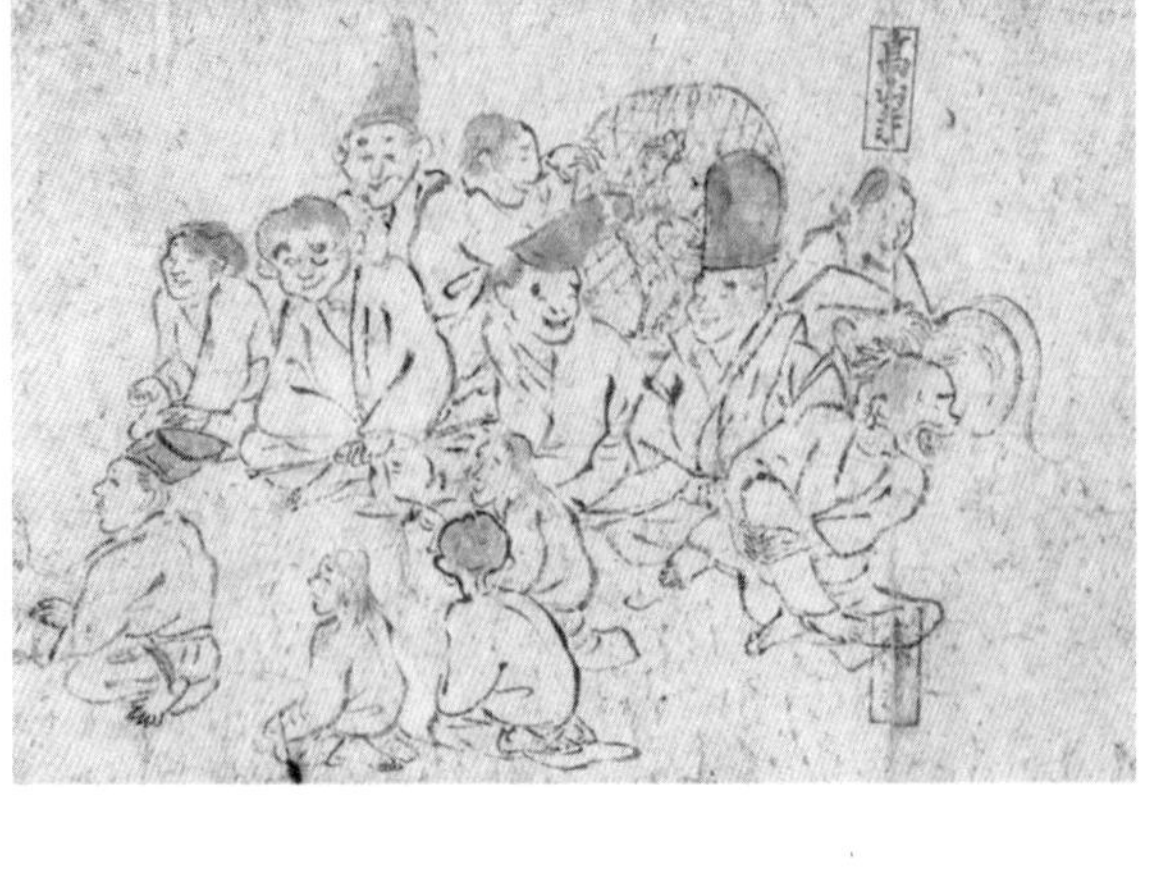

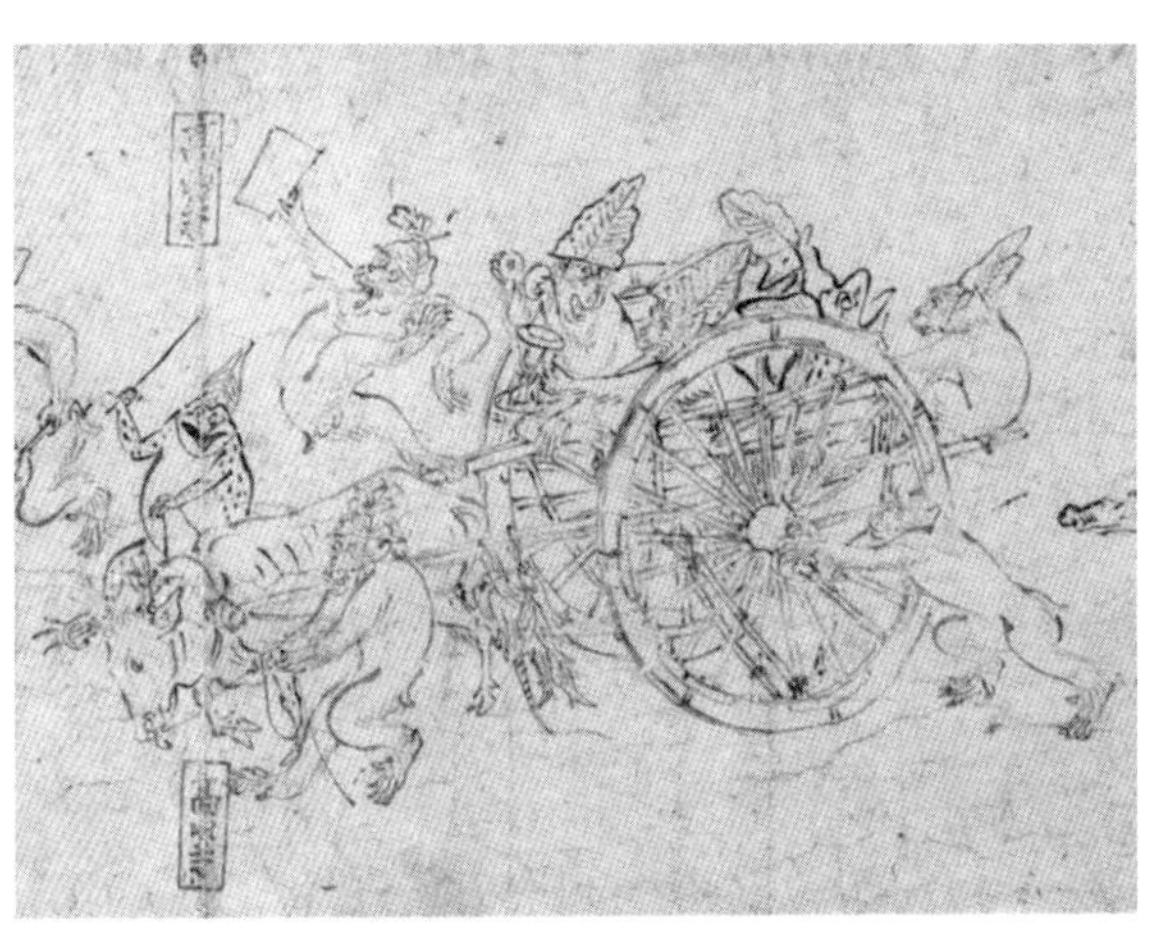

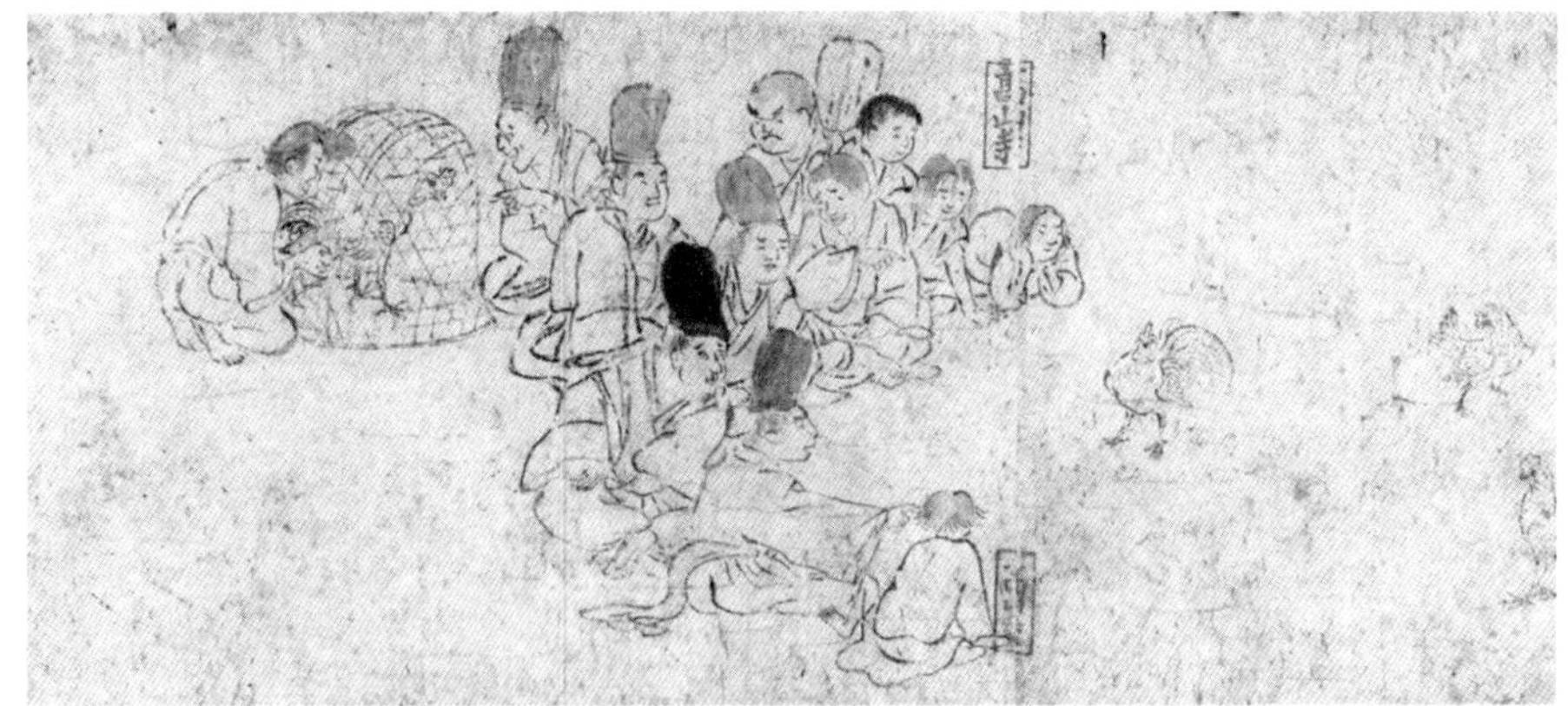

図5　鳥獣戯画　丙巻　闘鶏　高山寺所蔵

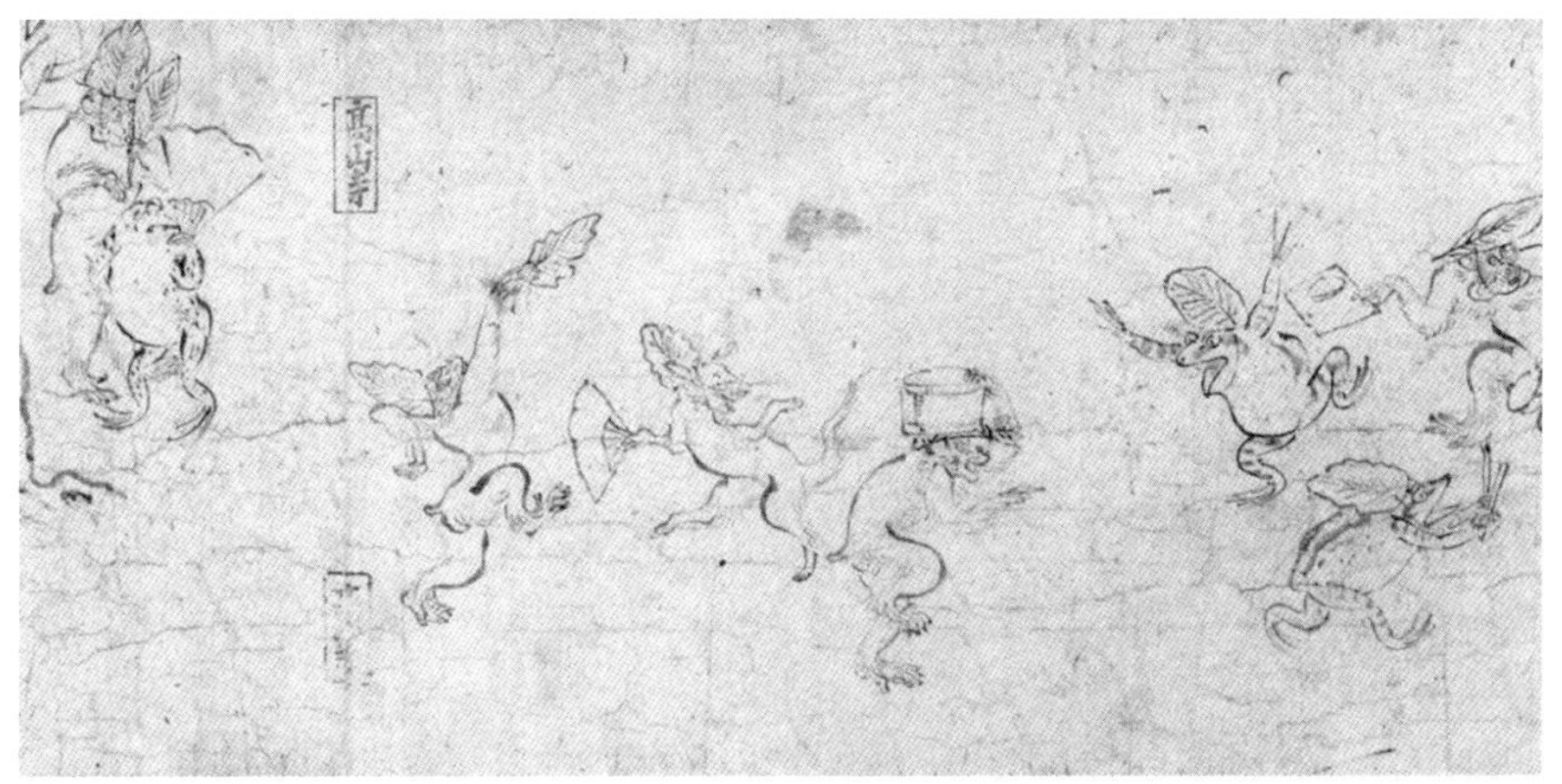

図6　鳥獣戯画　丙巻　山車に見立てた荷車を引く動物たち　高山寺所蔵

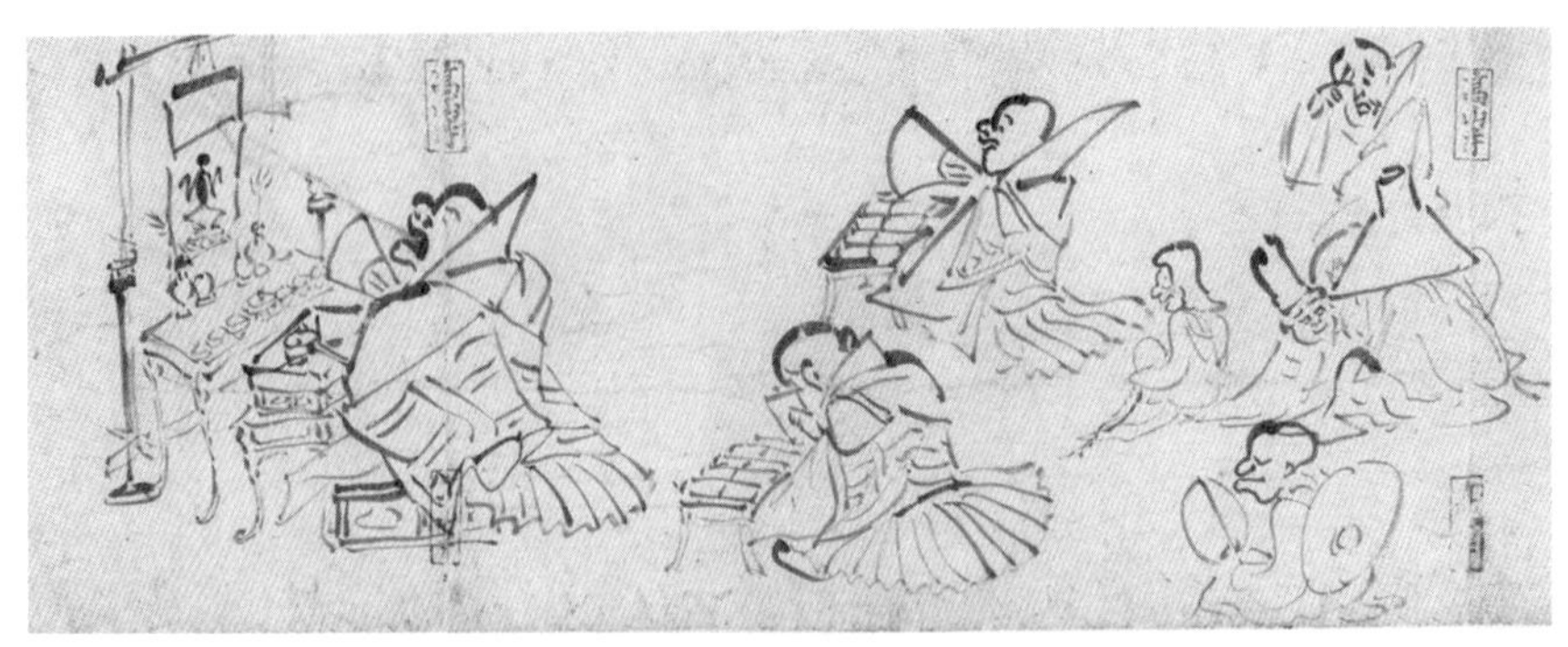

図7　鳥獣戯画　丁巻　法会のパロディ　高山寺所蔵

謎の一つとされてきが、後述する「平成の修理」によりこの謎が明らかとなった。「人物戯画」と「動物戯画」は、もとは料紙の表裏に描かれており、「相剝ぎ」という技術により一枚の紙の裏表を薄く剝がして二枚に分け、それらを一巻の巻物に仕立てたというのである。

また、丙巻の巻末には、鳥獣戯画四巻中唯一の墨書である識語がある。そこには「秘蔵々々絵本也。拾四枚之也。建長五年五月日。竹丸（花押）」とあり、これが丙巻に付属するものとの立場に立つならば、丙巻は建長五年（一二五三）以前の制作であること、現状二十紙から成る丙巻は、鎌倉時代半ばには十四紙だったことが分かる。この紙数の齟齬は、建長の頃には十四枚あったものが伝来の過程で抜け落ち十枚となり、「相剝ぎ」により最終的に現状の二十枚となったことを示している。

このように、丙巻は平成の修理で最も新たな知見が得られた巻と言うことができる。

丁巻

全四巻の最後を飾る丁巻は人物主体の巻である。巻頭の侏儒の曲芸に始まり、丙巻「動物戯画」で猿と蛙が行なっていた験競べを修験者と僧侶が行なう。甲巻に描かれていた猿の法会のさらなるパロディ（図7）に続き、流鏑馬、田楽、毬打、大木を運ぶ木遣りなどが描かれる。そして画面は一

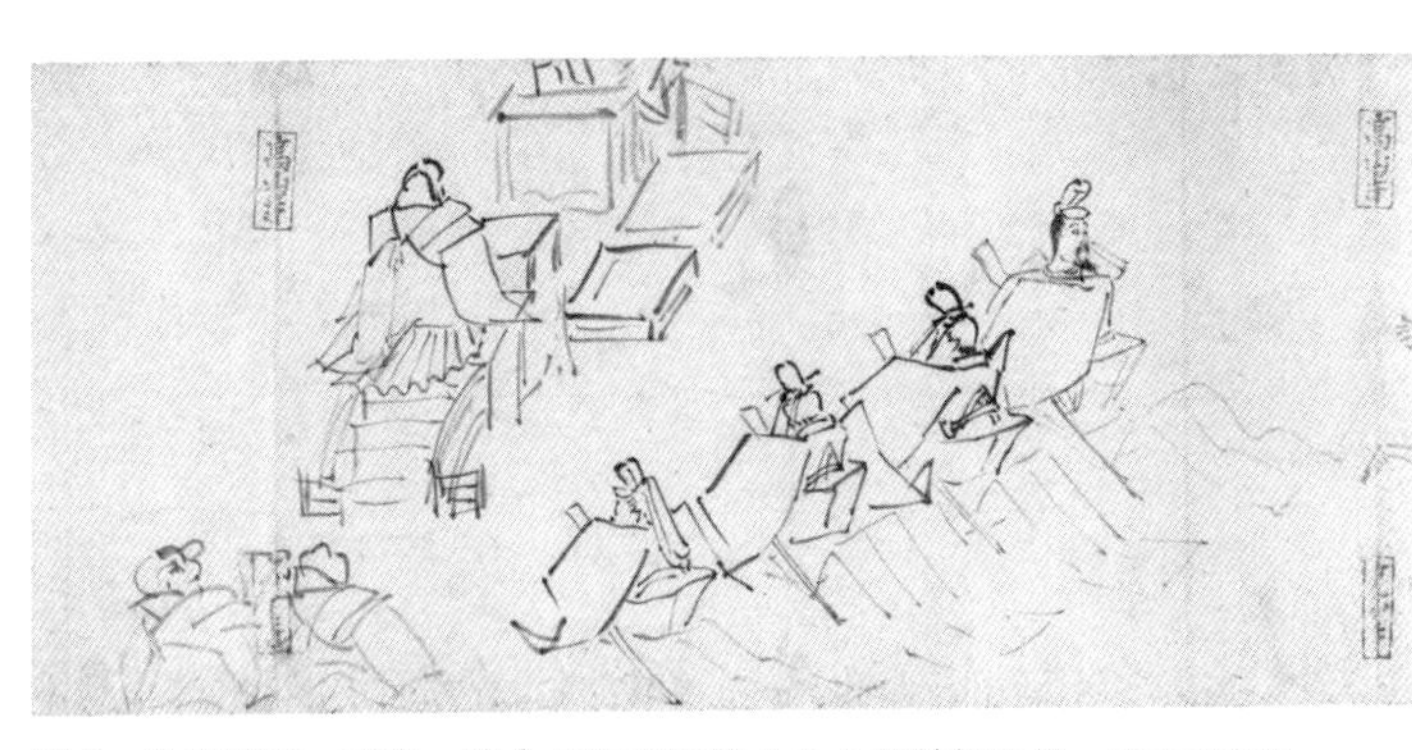

図8　鳥獣戯画　丁巻　法会の場面に描かれた似絵風の男　高山寺所蔵

転し、厳粛な法会の場面が配され、さらに印地打（いんじうち）という石合戦、牛車の牛の暴走、そして最後に囃子方と舞を舞う男が描かれている。

これらの場面は、甲巻および丙巻に描かれているさまざまなモティーフを踏まえて描いており、この丁巻が先行する「戯画」の影響下にあったことは間違いない。動物たちが演じていたさまざまな儀礼や遊戯を、人間が演じるというその逆説性がこの巻の真骨頂と言える。

甲・乙・丙巻に比べた時の丁巻の最大の特徴はその墨線にあると言っても過言ではない。人物は大振りに描かれ、描線は太く、そして墨色は淡い。背景が描かれていない点などは、丙巻「人物戯画」にも通ずる特徴を認めることができる。また、かなり速いスピードで筆を走らせ描いており、そのおおらかとも言える線描は一見すると稚拙なものと誤解されがちである。しかしながら、よほど腕に覚えがなければ、ここまで思い切った線は引けないだろう。

とりわけ丁巻後半、法会に参列する衣冠姿の一番右の男の顔貌は「似絵」風の描法で、この絵師の真の技量のほどが垣間見える（図8）。また、庶民の衣服の線が柔らかな曲線によって表わされているのに対し、公家風の男たちの衣の線は直線的で、鎌倉時代以降流行を見せた強装束を反映したものとなっている。こうした描き分けができるのも、筆者が当時の風俗を踏まえた上で丁巻を描いているためである。

また、一見して分かるように丁巻に描かれた各場面は相互に脈絡がなく、特定の行事や儀式を描いたものではない。ただ、たとえば験競べの場面の僧侶の一人が振り返って侏儒の曲芸を見遣るなど、各場面の連続性のようなものが随所で意識されている。単に面白可笑しい出来事を羅列しただけのものではないといえるのである。こうした点に描き手の工夫を読み取ることができ、この丁巻の筆者が単なる素人の絵描きではなく、専門絵師であったことは明白である。

丁巻は他の三巻に比べるとどうしても稚拙でつまらないものとして、あまり注目されることがなかったが、絵師の技量は並々ならぬものがある。また今回の修理で、丁巻の料紙の裏側を薄く剝いた紙片が、丁巻を含む四巻の補修に用いられていたことが判明した。この丁巻から分かれた断簡として、馬上の二人の人物と相撲を取る二人の人物を収めるMIHO MUSEUM本がある。

二　明らかになった謎―平成の修理の成果―

鳥獣戯画は平成二十一年（二〇〇九）から四年をかけて本格的な解体修理が施され、その過程で多くの新知見が明らかにされた。これらの成果は『鳥獣戯画　修理から見えてきた世界』としてまとめられたが、文化財修理の報告書が書籍として出版されるのは異例のことで、この絵巻に対する関心の高さを改めて知ることができる。こうした修理の成果は鳥獣戯画の多くの謎を解く鍵となるものである。前節でもいくつか触れてきたが、ここでは修理によって明らかになった鳥獣戯画の謎の一端を紹介したい。

甲巻は二巻の巻物だった

これまで甲巻は、巻頭の①水浴びから第十紙の②賭弓の場面と、それ以降の③法会Ⅰから⑧法会Ⅱの場面はそれぞれ別の巻物だったのではないかと言われてきた。その描法もさることながら、画面下部に見られる損傷痕などから導かれた説である。この説を提示した上野憲示氏は、甲巻後半と東博断簡、ホノルル美術館蔵の長尾家模本によって構成される損傷を受けていない巻を「復原A巻」、甲巻前半と断簡三幅、梅澤記念館の住吉家模本から成る損傷を受けた巻を「復原B巻」とする復原案を示した。

今回の修理で行なわれた料紙等の調査により、甲巻の前半と後半とで紙の繊維、紙を漉く際の簀目(すのめ)や糸目が異なることが判明し、性質の異なる紙を用いていることが明らかとなった。あわせて断簡に関しても、東博断簡が甲巻後半と、残る三幅の断簡が甲巻前半とそれぞれ紙質が似通うことが判明した。絵の描きぶりのみならず、紙の物質的な問題からも上野氏の復原案の妥当性が改めて証明される結果となった。

甲巻後半と乙巻の絵師は同一人物の可能性が高い

今は一連のものに見える甲巻も、制作当初は前半、後半で別の巻物だったとの前提に立ち、この二つのグループは絵を描いた絵師も別人だったのではないかと言われてきた。その上で、甲巻後半の絵師と乙巻の絵師が、様式的な共通性から同一人物であるとの説が提唱されていた。

この点に関しても、修理の際に行なわれた紙質の検査により、甲巻後半と乙巻に用いられた料紙が極めて近いもので、甲巻前半とは若干異なるものであることが確認された。様式的な観点からの絵師の分類はそれぞれの見方によって差があり、万人が納得する結果を導くことはなかなか難しい。ただ、用いた紙が同質のものであるということは、それぞれの描かれた環境の近さを示すものであり、甲巻後半と乙巻の絵師同一説を補強する材料となった。

丙巻「人物戯画」と「動物戯画」は紙の表裏に描かれていた

丙巻の解説でも触れたように、丙巻の「人物戯画」と「動物戯画」はもともと紙の両面に描かれていたものを、「相剝ぎ」という技術で表裏を薄く剝いで仕立てたことが明らかとなった。さらに興味深いのは、紙の損傷状況などから、「人物戯画」を外側、「動物戯画」を内側として長らく巻かれていた可能性が高いということである。つまり一時期は、巻物の内側にあった「動物戯画」が主、外側にあった「人物戯画」が従として伝来していたということになる。

ただ、「動物戯画」側のいくつかの紙継には、通常料紙の裏側に記される花押（かおう）が記されており、このことから制作当初は「人物戯画」が内側、「動物戯画」が外側だった可能性が高い。また、「人物戯画」の料紙に簀目が明瞭に見えるのに対し、「動物戯画」の料紙には簀目が見えず、この頃の紙は簀目のある側を「表」として用いることが多いという。そうなると、少なくとも紙の「表側」にまず絵を描くのが順当となり、「人物戯画」が描かれ、その後「裏側」に「動物戯画」が描かれたと考えることができる。この「人物戯画」と「動物戯画」は描線の質も若干異なり、これら表裏の画面は別の時代、別の絵師により描かれた可能性も考えられる。

用いられた料紙は上質のものではなかった

修理にあたって行なわれた料紙の調査に基づき、四巻を通じた紙質に関して、湯山賢一氏は以下のような見解を述べている。すなわち、甲巻前半は「良質の部類に入る素紙の杉原紙（すいばら）」ではあるものの、甲巻後半は「雑紙に近い程度の悪い漉返し杉原（素紙）」で、「四巻の料紙は何れもが漉返しに塡料としての米粉を加えて漉上げた杉原紙」だという。

つまり、鳥獣戯画に用いられた料紙は、主に寺院内で用いられたもので、しかも必ずしも上質のものではないということである。通常の絵巻に用いるようなきちんとした処理を施した料紙でないということは、この鳥獣戯画が誰かの注文により「正式」に作画の発注を受け、制作されたものではなく、きわめて閉じられた場、すなわち寺院内において「私的」に描かれた可能性を示唆する。この観点に立つならば、従来の宮廷絵所絵師か絵仏師かという作者論は、後者に分があるということになるだろうか。

三　残された謎—謎解きの新たなステージに向けて—

以上見てきたトピックは、鳥獣戯画の謎解きに大きく寄与する平成の修理の成果である。だが、これにより鳥獣戯画のすべての謎を解決できたわけではない。以下、修理の成果を踏まえながら、鳥獣戯画の「残された謎」にアプローチしてみたい。

丙巻の制作年代

従来の見解によると、鳥獣戯画の甲巻と乙巻は平安時代、丙巻と丁巻は鎌倉時代に制作されたと考えられてきた。甲巻、乙巻に関しては、次項で見ていく白描図像等との関係から平安時代後期の制作、丁巻に関しては先にも述べた似絵風の人物の存在から鎌倉時代前期の制作と位置付けられてきた。これに関しては筆者も異論は無い。だが、丙巻はどうだろうか。実は明確な根拠を持って丙巻が鎌倉時代制作であることを論じている研究者はあまりいない。甲乙巻よりもやや手が落ちるといった漠然とした印象論から、この二巻よりは時代が下がるということで鎌倉時代の制作となっているのだろう。

ここで改めて丙巻の制作年代を考えてみたい。従来、丙巻の人物戯画と動物戯画は同じ巻に仕立てられている

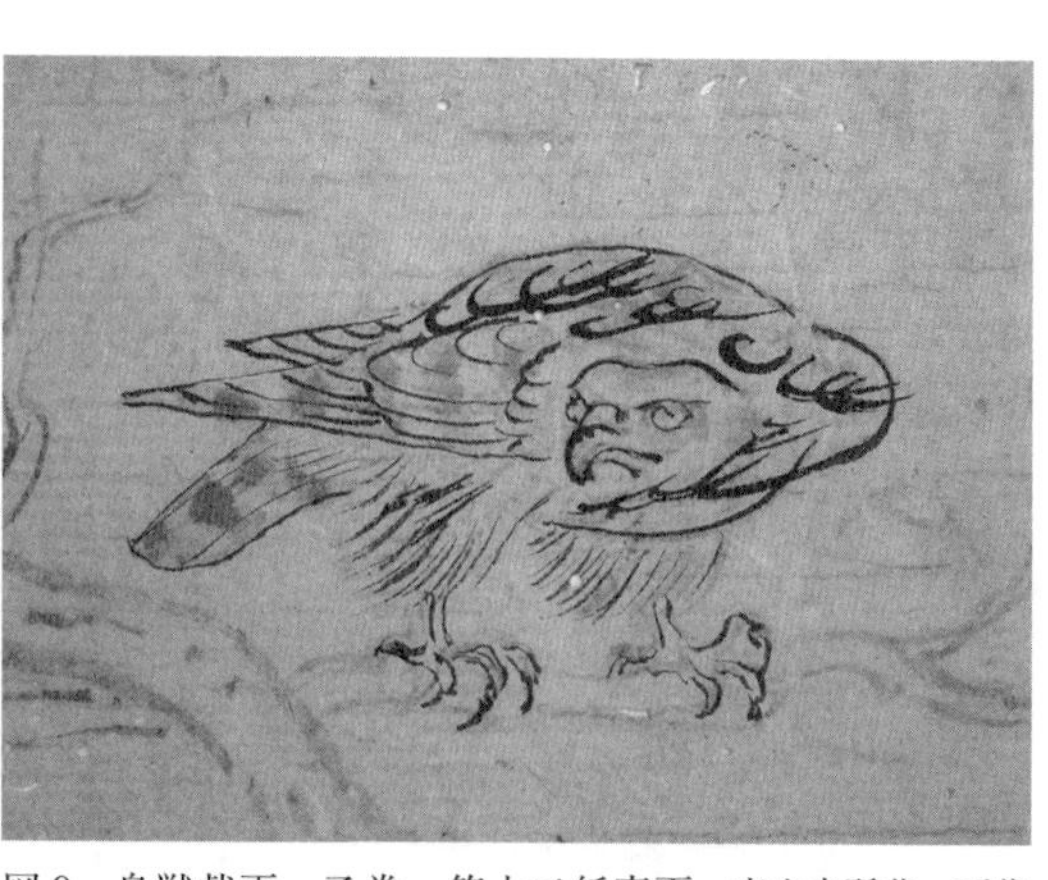

図9　鳥獣戯画　乙巻　第十二紙裏面　高山寺所蔵，画像提供 岡墨光堂

ことからも、同時代に同一人物が描いたとの前提に立っていたと思われる。しかしながら、この丙巻がもともと料紙の表裏に描かれていたということは、描いた絵師、描かれた時期が異なる可能性があるということである。しかも、先に見たように人物戯画が紙の「表」に描かれていたということは、人物戯画が先、動物戯画が後に描かれたとみるのが妥当だろう。

改めて丙巻人物戯画の画面を見てみると、そこに二種の線があることに気付く（口絵9及び本論図5）。一つは薄墨で引かれた肥痩のある伸びやかな線、今ひとつがこの薄墨の線をなぞるかのように上から引かれた濃墨の線である。正直言ってこの濃墨の線はたどたどしく、画趣を著しく損なっている。だが、これと同じような、輪郭線をなぞるかのような線が今回の修理の際に見つかっている。それは乙巻第十二紙の裏側、表面から透けて見える鷹の輪郭をなぞる濃墨の線である（図9）。

この箇所は紙の裏側にあることから、絵巻を解体修理したタイミングでしか引くことができない。そうなると、丙巻人物戯画の描き起こしの線も、乙巻が解体修理されたのと同時期に引かれた可能性が高い。おそらくそれは、丙巻の表裏を相剥ぎした時期と同じはずである。一時期巻子の裏面（外側）に巻かれていた人物戯画は、紙繊維の摩耗による画面の欠失、もしくは水を伴う修理により線描がにじんで見えにくくなり、濃墨の線で描き起こしが行なわれたのだろう（なお、動物戯画の一部にも濃墨の描き起こし線が確認できるが、人物戯画ほど多くない）。ただ、本紙が荒れた状態で描き起こされたため、墨線が途切れて点状になっている箇所も認められる。

今回の修理により、画面表面の毛羽立ちや折れなども押さえられ、その線描はよりクリアに見えるようになった。そこでこの濃墨の下にある墨線から丙巻人物戯画を改めてながめてみたい。するとそこには、何かを手本として画面を構築するような線ではなく、迷いやためらいのない、勢いのある線描が見えてくる。これと甲巻を比べると、甲巻の前半後半ともにきちんと整理された線で、丙巻人物戯画ほど筆の走りが認められない。時代様式のみならず、個人の描き癖もあるため、こうした筆勢をもって制作年代の前後や作品の質の優劣を論じることはむろんできない。ただ、丙巻人物戯画の線の勢いはたとえば「信貴山縁起絵」の線描に通じるものを感じさせ、その制作年代は平安時代にさかのぼる可能性があると思われるのである。

これを前提としてさらに踏み込むならば、丙巻人物戯画は甲乙巻よりも先行して制作された可能性も考えられる。実は、こうした説を半世紀以上前に唱えていたのが源豊宗氏である。最新の研究成果はもとより、過去の先行研究をきちんと踏まえることの重要性を改めて痛感する次第だが、もしこの説が正しいとするならば、従来甲巻を主な対象として進められてきた鳥獣戯画研究も大きく見直さなければならない。各巻の制作年代のさらなる検討は、この作品の制作背景を考える上でも重要な鍵となるはずである。

白描画としての鳥獣戯画

鳥獣戯画には一切の彩色が施されていない。四巻いずれも、彩色を用いることなく、紙に墨のみで動物や人物を生き生きと描いている。これらが後に色を付けることを前提として描かれたとは思えず、墨一色での描写が絵画としての完成形態であったことは間違いない。こうした墨線のみで描かれた作品を「白描画（はくびょうが）」と呼ぶ。同じく墨のみによって描かれる水墨画が墨を「面」的に用いることで、その濃淡、にじみやかすれをコントロールしながら画面を構築していくのに対し、白描画は墨による「線」のみによって画面を完結させるという特徴を持つ。

こうした白描主体の鳥獣戯画の淵源として、正倉院の「大大論」の人物像、法隆寺金堂天井板の落書、唐招提寺梵天像台座の落書などが取り上げられ、墨のみの描写である点、手すさびに描いたような自由な線描、そしておもしろみのある描写内容、すなわち「戯画」的要素などがその共通項として指摘されてきた。ただし、これら「戯画」的な作例は人目につかないことを前提としたものであり、誰かに見せるための鑑賞画として描かれたと考えられる鳥獣戯画とはその性格を異にする。鳥獣戯画は果たして「戯画」なのか。そして白描画であることと「戯画」であることはイコールで結ばれるものなのだろうか。

いっぽうで、同じく鳥獣戯画の源泉としてよく取り上げられる作品に正倉院に伝来した「麻布菩薩像（墨画仏像）」がある。墨一色で雲上に坐す菩薩を描く、一見おおらかとも見えるこの作例も、その線描は伸びやかで力強く、日本における白描表現が奈良時代には既に一定の水準に達していたことを示している。おそらくは同じような墨画の菩薩像とともに何らかの儀礼（正倉院という伝来を考えるならば、聖武天皇に関わる国家的な仏事）の際に、場内を荘厳するために掛けられていた画像と考えられている。

また、密教の修法では本尊画として白描画が用いられることがたびたびあった。たとえば、建久二年（一一九七）豊前五郎為広の筆になる高野山普賢院（ふげんいん）の「五大力菩薩像」は国家的な仏事である仁王会（にんのうえ）の本尊として用いられたものと考えられ、縦三メートルを超す大画面に白描で五尊を描く。また、雨乞いの際に修される請雨経法（しょううぎょうほう）の本尊画「請雨経曼荼羅」も、雨乞いという突発的な事態に対処する状況下のなか、限られた準備期間内で用意される本尊画の多くは白描に簡単な淡彩をほどこす程度であり、技巧を凝らした濃彩の仏画とは性格を異にする。

こうした点を踏まえると、彩色を施さない墨絵（白描画）であることは、完成画たる条件を十分に備えたもので、戯画であることとイコールではない。この鳥獣戯画もまた、描写内容もさることながら、白描画であるが故に戯画、もしくは鳴呼絵（おこえ）と考えるのは大きな誤りなのである。

これらの作例とともに、鳥獣戯画の白描画としての側面は、従来言われているような白描図像との親和性が極めて高い。白描図像とは、経典に説く仏の姿などを墨線のみで描いた作例で、彩色の仏画を描く際の手本帳ともなったものである。速筆とも言える筆さばきに肥痩のある線が大きな特徴であり、慎重に筆を運んで均一な細線を引き重ねるやまと絵系の白描物語絵や白描歌仙絵の描法とは大きく異なる。少なくとも鳥獣戯画における墨と筆の自在なコントロールは、やまと絵由来の描法とは認められず、白描図像などの筆法に日常的に慣れ親しんでいた人物の成せる技と思わざるを得ない。それではいったい誰が、どこで鳥獣戯画を描いたのか。

筆者と様式の問題

従来より、鳥獣戯画の筆者として鳥羽僧正覚猷の名が挙げられてきた。近年では覚猷の名を積極的に掲げることは少ないが、中野玄三氏、大原嘉豊氏などは覚猷の僧侶としての側面はもとより、彼が宮廷社会でも活躍していたことを積極的に評価し、こうした宗教界と世俗世界の双方に関与しうる仏教側の人物こそが鳥獣戯画の作者として相応しいとする。筆者も、鳥獣戯画の作者を覚猷その人とするには躊躇するが、聖俗双方の画事を熟知した、寺院に属する人物が鳥獣戯画を描いたとする立場に立つ。こうした見解は、料紙が寺院社会で日常的に用いられたものであるとの見解からも妥当なものと言えるだろう。しかしながら、覚猷以外でこうした背景を持った具体的な人物を明示するのは難しい。そこで、鳥獣戯画の制作環境を考える上で改めて注目したいのが、サントリー美術館の「放屁合戦絵」（図10）と三井記念美術館の「勝絵」（図11）である。

「放屁合戦絵」は標題のごとく放屁比べを主題とし、奥書には文安六年（一四四九）の年紀とともに「定智筆御室絵本写之」とある。定智は覚猷のもとで図像研究を進めた密教系の絵仏師であり、放屁合戦絵は御室、すなわち仁和寺に伝わった定智筆本を写したものだと記されている。御室の宝蔵には後白河院の蓮華王院宝蔵ゆかり

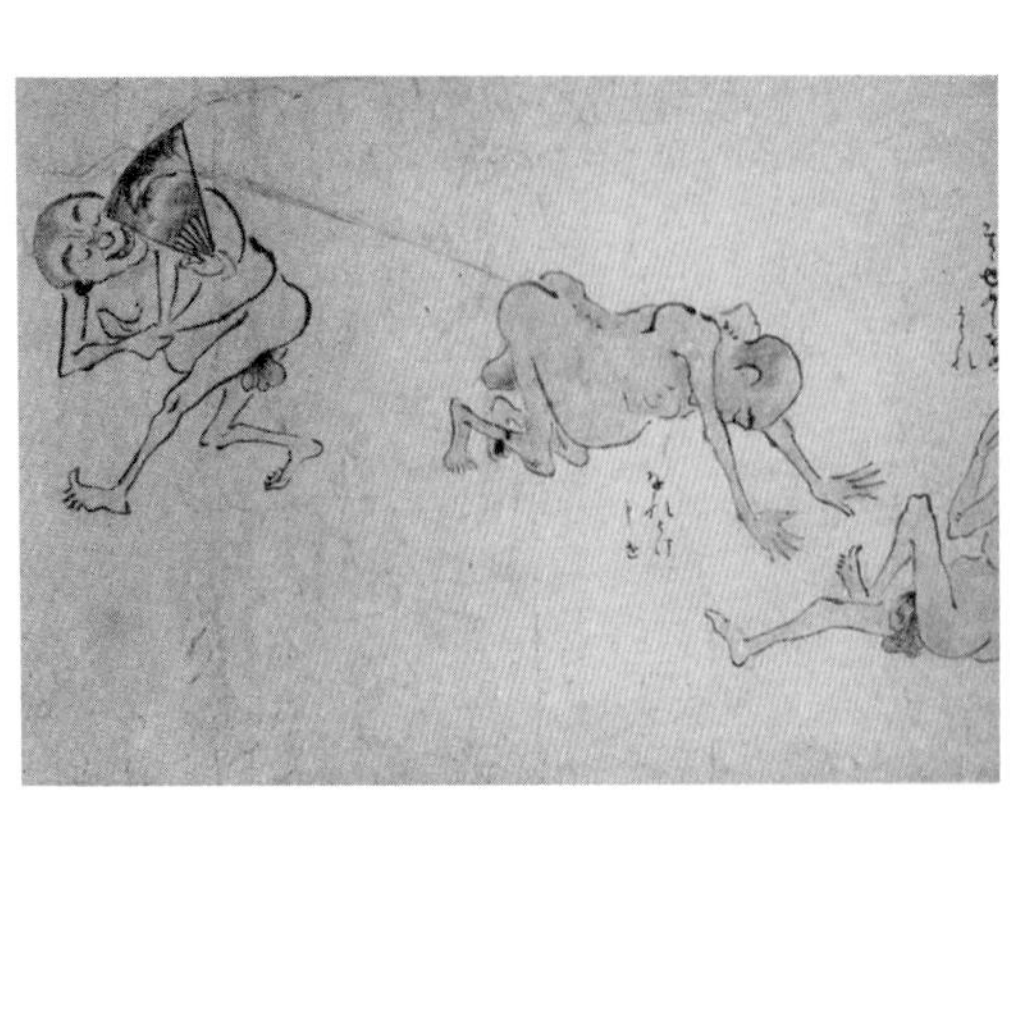

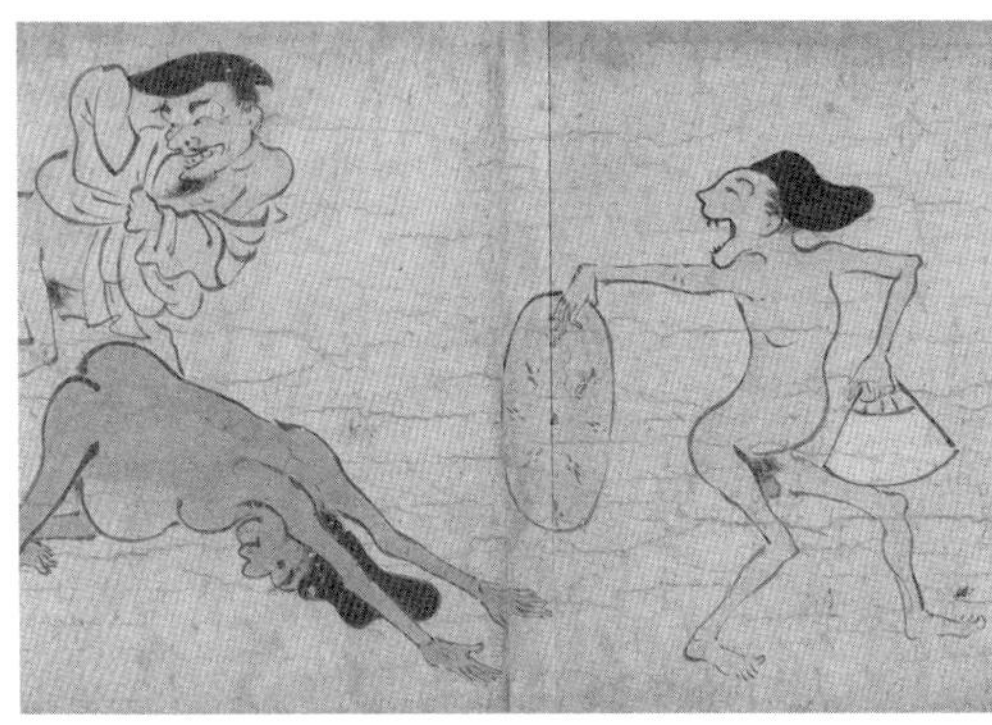

の絵巻が伝来したことから、本作ももとは蓮華王院にあったとする説もある。ただ、これを証明する史料はなく、本論では仁和寺伝来の作であることを重視するに留めておきたい。いっぽうの「勝絵」は陽物比べと放屁比べを描くもので、奥書には絵鳥羽僧正覚猷筆、詞書醍醐寺成賢筆とみえる。両作の関係は不明な点も多く、描写の内容も若干異なるが、その描法は極めて近い関係にある。参照した祖本が共通するか、もしくは双方の祖本が同一工房で作られたものと推察され、そこからそれぞれが写された可能性が高い。

そしてここで問題としたいのが、従来言われているようなこの二作と鳥獣戯画の「戯画」的な要素の共通性ではなく、画面を構築していく際の描き癖や画面構成など、様式的な意味での類似性である。たとえば、目に見えぬ放屁を淡墨の線で表わす点は、声や気炎、石を投げた軌跡を同様に表わす鳥獣戯画各巻にみられる。また、丙

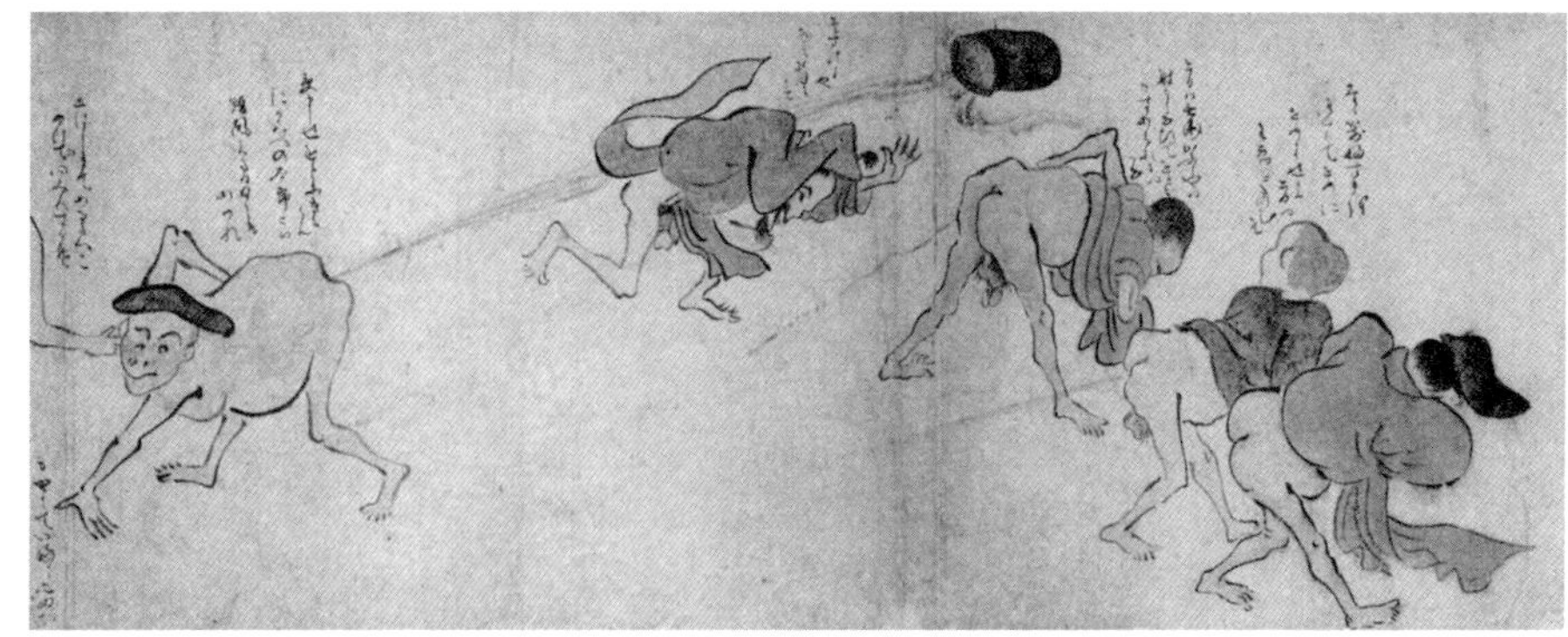

図10　放屁合戦絵　サントリー美術館所蔵

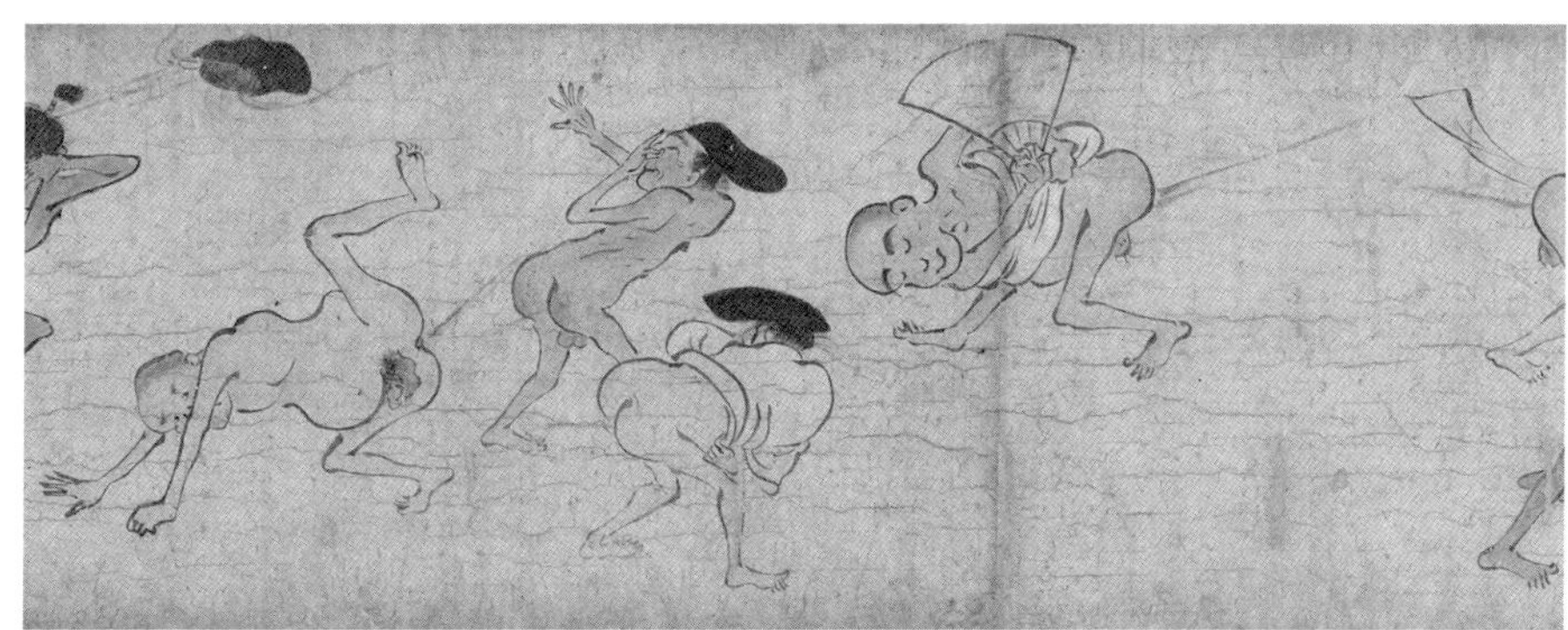

図11　勝　　絵　三井記念美術館所蔵

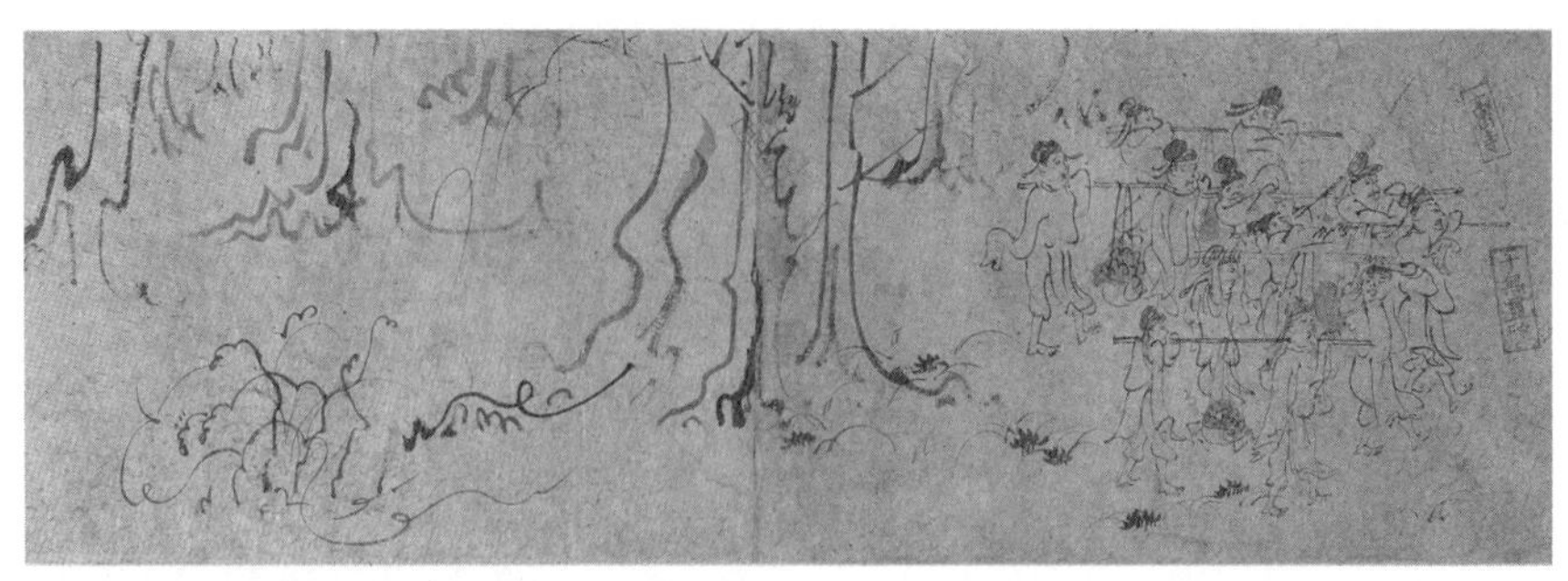

図12　将軍塚絵巻　高山寺所蔵

巻人物戯画とは、多くの「勝負事」をテーマとする主題の共通性とともに、背景の描写をほとんど伴わない点などが共通する。特に丁巻とは、画面に対して人物を比較的大きく配す画面構成や構図、速筆で勢いのある太めの描線、総じて太めに描かれる眉などの顔貌表現、胸や腹、尻などのラインを誇張して描く身体把握など、似通うところが極めて多い。

「放屁合戦絵」「勝絵」がともに室町期の写しであることを差し引いても、現存するどの絵画作品よりも鳥獣戯画、とりわけ丁巻との様式的な類似性を認められるのがこの二作であると思われる。丙巻人物戯画の次世代たる丁巻の絵師と「放屁合戦絵」「勝絵」祖本の絵師は極めて近い関係にあるとみられるのである。

さらに、高山寺に伝来する「将軍塚絵巻」（図12）も、丁巻とともにこれらの作品と近い筆法で、他ならぬ白描画であることはその制作環境を推察する上で注目される。ほとばしるかのような奔放な筆遣いやその画技の秀逸さは、丙巻人物戯画、丁巻、そして「将軍塚絵巻」に共通し、この「将軍塚絵巻」の制作年代も従来言われているような鎌倉時代ではなく、平安時代にさかのぼる可能性もあるだろう。

以上を踏まえ改めて注目したいのが、鳥獣戯画と描法を共有する「放屁合戦絵」の祖本が仁和寺に伝来していたという点である。

伝来と制作環境の再検討

鳥獣戯画の伝来を記録で追っていくと、永正十六年（一五一九）、高山寺東経蔵に収められた文物の目録である『東経蔵本尊御道具以下請取注文之事』にある「シャレ絵三巻」がその最古の史料とみなされる。さかのぼって建長二年（一二五〇）頃に編まれた高山寺内の宝物目録である『高山寺聖教目録』をはじめ、『高山寺経蔵内真言書目録』『法鼓臺(ほうこだい)聖教目録』といった目録に、鳥獣戯画を想起させる作品の存在は見いだせない。これら高山寺における目録整理が進んだ建長年間の諸記録に鳥獣戯画と思われる作品が確認できないのは、この段階で鳥獣戯画が高山寺什宝として認知されていなかったことを意味している。つまり、高山寺を中興した明恵上人（一一七三～一二三二）存命中には、高山寺に鳥獣戯画はなかった可能性が高い。

対して、鳥獣戯画と同じく高山寺に伝来した「華厳宗祖師絵伝」が明治に修理された際に発見された、奝怡という僧が記した元亀元年（一五七〇）の年紀を有する文書には、鳥獣戯画を指すと思われる「獣物絵上中下同類扃二扃」に「開田殿□□本」との割注がある。この開田殿は九条道家の第五子、仁和寺第十世・開田准后法助(かいでんじゅごうほうじょ)（一二二七～八四）を指すと思われてきたが、後高倉院の第二子、仁和寺第九世・金剛定院御室道深法親王(こんごうじょういんおむろどうしんほっしんのう)（一二〇六～四九）の可能性も指摘されている。仁和寺歴代の経歴をまとめた『仁和寺御伝』の諸本には、道深の項に「開田殿と申す」とあり、これを素直に読むならば元亀文書の「開田殿」は道深を指すと思われるが、いずれとも決しがたい。だが、元亀文書の記された室町時代後期の高山寺内では、少なくともこの作品が仁和寺とゆかりあるものとの認識があったことは間違いない。仁和寺は天皇家との繫がりが特に深く、世俗社会と寺院社会の交差する環境のなかでも、鳥獣戯画成立の諸要素を持つに十分な条件を具えていることも重要である。

そもそも仁和寺と高山寺の関係は深く、かつては本末関係にあった。中世には仁和寺御室歴代の別院が高山寺に営まれていたことが『仁和寺諸院家記』中の「仁和寺別院」に記されている。本史料の高山寺の項には「金剛

定院　道深親王御庵室也」、「観海院　開田准后法助御住房也」とあり、道深、法助いずれもが高山寺に別院を営んでいたことが知られる。しかも、元亀文書を記した裔怡は高山寺観海院に住し、さらにその出身は仁和寺心蓮院にあった。これらを踏まえるならば、鳥獣戯画は道深、もしくは法助によって仁和寺より高山寺にもたらされ、少なくとも元亀の頃には高山寺観海院管理下にあったと推察されるのである。

さらに、先にも見た鳥獣戯画四巻中唯一記される建長五年（一二五三）の丙巻識語は「竹丸」という人物によって記されたものだった。これは少なくとも成人した僧侶や公家、武家の名ではあり得ず、寺院にいた出家前の男児の名であったことは間違いない。しかもこうした作品に識語を記したことから、その出自はしかるべき高位の家柄であったろう。そして、「我は師をば儲けたし、弟子はほしからず」（『明恵上人遺訓』）と語り、北条泰時から荘園寄進の申し出があった際、寺が豊かになると「児ども取り置」くなど、「不思議の振舞い」をする者が現われ、「仏の禁めに違いてあさましく成り行く」とこれを辞退した逸話（『明恵上人伝記』）の残る明恵が没してからおよそ二十年。こうした教えがきちんと継承されていたであろう建長年間の高山寺の性格を考えると、ここに「児ども」、つまり出家前の幼年男子がいた可能性は低い。天皇家をはじめ貴顕の子弟を多く抱えていた仁和寺のほうが「竹丸」なる男児が住していた環境として相応しく、竹丸の識語は仁和寺において記されたと考えられるのではないか。

明恵も十代前半の頃、修学のため仁和寺に出入りしており、明恵在世中も高山寺の堂舎造営に仁和寺僧が関わっていたことは『高山寺縁起』などにも記されている。明恵・高山寺と仁和寺の関係もまた深いのである。ただ以上の点を総合すると、鳥獣戯画を高山寺にもたらしたのは少なくとも明恵ではない。明恵没後の建長五年段階においても、鳥獣戯画は高山寺ではなく、仁和寺にあったと考えられる。この前提に立つならば、建長五年にはすでに道深は没しており、最終的に鳥獣戯画を高山寺にもたらしたのは法助であった可能性が高いと言えるだろう。

伝来の場と制作環境を直に結びつけるのは飛躍しすぎかもしれないが、仁和寺に伝来した「放屁合戦絵」、そして「勝絵」と鳥獣戯画丁巻が様式的な特徴を共有していることは、少なくとも両者の制作環境が近いことを示している。さらに丁巻が、さまざまなレベルで先行する甲・乙・丙巻の影響下にあることから、これら四巻はやはり同一の環境で、時代を経て制作された可能性が高い。鳥獣戯画の制作された平安時代後期から鎌倉時代前期にかけて、聖俗の交差する最も重要な場の一つが仁和寺であったことは疑いなく、鳥獣戯画の画面に宮廷絵師と絵仏師双方の手法が見られるという点とも矛盾しない。その具体的な絵師の名や制作背景を明らかにすることはできないものの、十二世紀後半から十三世紀前半の院政期、歴代の天皇を護持した仁和寺において鳥獣戯画の各巻が描き継がれ、建長五年以降、法助により高山寺にもたらされ、高山寺内では観海院に長らく伝えられたと考えられるのである。

おわりに—果てしなき謎解きの旅へ—

鳥獣戯画をめぐる最大の謎と言えば、この絵巻の主題は何なのか、何を目的に描かれたのかという問題である。絵巻は通常、物語の内容を記した詞書と、その内容を描いた絵とが一体となって長大な巻物を形成している。その詞書は時に絵巻制作の背景を推測する重要な手がかりとなるのだが、この鳥獣戯画には四巻ともに絵に対応する詞書が一切存在しない。

それゆえに鳥獣戯画は、正確には物語を伴った「絵巻」と呼ぶよりは「画巻」と呼ぶ方が相応しい。そして詞書がないため、今の私たちは自由に画面を解釈し、物語を紡ぐことができるのだが、そのためにこの絵巻が一体何を描いているのか、何を主題として描かれたのかといった「作者の意図」とも呼ぶべき制作背景を明らかにすることが極めて困難なのである。

鳥獣戯画に関しては、明治以降二百を超す論文が記され、さまざまな制作の意図や背景が提示されてきた。甲巻に関しては、貴族や僧侶を動物に喩えて風刺したというオーソドックスなものから、近年では、たとえば安徳天皇など非業の死を遂げた人物の鎮魂のために制作された可能性を説く説（松嶋雅人氏）、寺院における童蒙書（子ども向けの教科書）としての役割をみる説（大原嘉豊氏）、平安時代末の過差禁制を背景とする美意識を読む説（伊藤大輔氏）、主題の一つに『正法念処経』を挙げ、後白河院による六道絵制作との関わりや正倉院宝物との関連を指摘する説（増記隆介氏）などがある。ただ、四巻がそれぞれ異なる内容を持つことも相まって、主題に関する見解は千差万別。共通の理解を得られていないのが現状である。

鳥獣戯画の主題や制作された時代背景を考えるという観点から、最後に一つの説話を紹介しておきたい。鎌倉時代、橘成季によって編まれた『古今著聞集』巻三に載るエピソードである。鎌倉時代初頭の順徳天皇（在位一二一〇〜二一）の頃、貴族たちが天皇や上卿の座に着し、賭弓の儀礼のまねごとをして戯れたことがあった。平安時代の朱雀朝の頃、外国使節の応接を真似て戯れたという過去の先例に則ったもので、その場には関白や大臣も見学に来て、本番さながらの様子であったという。その後、この話を熊野詣から帰った後鳥羽院が聞き、天皇の真似をするとは何事かと逆鱗した。この催しに参じた人びとは大変ばつの悪い思いをしたという話である。

甲巻に描かれた賭弓とこの説話で行なわれた儀礼が一致するというのも興味深いが、こうした儀式のまねごとを貴族たちも面白おかしく行なっていたわけである。鳥獣戯画に見られるようなパロディは同時代のなかでの孤立した現象ではなく、一定の支持層を獲得していたものだったのだ。『古今著聞集』で「逆鱗」した後鳥羽院はさておき、こうした見立てややつしといった行為を許容し、「真面目にふざける」ことを笑い飛ばすような時代状況が、鳥獣戯画という日本絵画史上類例をみない稀有な作品を生み出したのである。

本論ではこうした主題論にまで踏み込むことはかなわなかったが、平成の修理によって得られた知見を踏まえつつ、鳥獣戯画制作の背景を改めて見つめ直してみた。今回、仁和寺制作説を一つの可能性として提示したが、今後この観点から改めて鳥獣戯画の主題について考えてみたいと思う。この仮説の当否はさておき、さまざまなピースを積み重ねていくことでしか鳥獣戯画の真の謎解きはできないだろう。謎多き、私たちを魅了してやまない国宝・鳥獣戯画。その謎解きはまだまだ終わりが見えない。

〔主要参考文献〕

源豊宗「鳥獣戯画の作風」（『人文論究〔関西学院大学人文学会〕』一〇―二、一九五九年）

上野憲示「「鳥獣人物戯画」の復原と観照」（『鳥獣人物戯画（日本絵巻大成六）』中央公論社、一九七七年）

中野玄三「密教図像と鳥獣戯画」（『学叢』二、一九八〇年）

サントリー美術館編『鳥獣戯画がやってきた！―国宝「鳥獣人物戯画絵巻」の全貌―』（図録）、二〇〇七年

＊本図録掲載の「文献一覧」（五月女晴恵編）が、この段階での鳥獣戯画の文献を網羅する。

藤岡摩里子「「鳥獣人物戯画」の伝来関係史料にみえる「開田殿」について」（『早稲田大学大学院文学研究科紀要 第三分冊』五四、二〇〇九年）

東京国立博物館編『鳥獣戯画　京都高山寺の至宝』（図録）、二〇一五年）

＊本図録には鳥獣戯画の国宝四巻、断簡五幅、主要な模本を掲載する

松嶋雅人「鳥獣戯画がマンガを生んだのか？」（同前図録）

大原嘉豊「解題」（高山寺監修・石塚晴通編『国宝　鳥獣人物戯画　全四巻』勉誠出版、二〇一五年）

土屋貴裕「高山寺伝来文化財の研究―寺宝の伝来と修理、及び「高山寺」朱文長方印をめぐる諸問題―」（『東京国立博物館紀要』五一、二〇一六年）

高山寺監修・京都国立博物館編『鳥獣戯画　修理から見えてきた世界―国宝　鳥獣人物戯画修理報告書―』勉誠出版、二〇一六年

＊本書には、大山昭子「修理概要と新知見」、鬼原俊枝「国宝「鳥獣人物戯画」の保存修理―文化財保存、及び美術史的観点から―」、湯山賢一「「鳥獣人物戯画」の料紙について」ほか、鳥獣戯画修理の成果を掲載

古川攝一「中世白描画における図像・歌仙絵・物語絵の交差」（大和文華館編『白描の美―図像・歌仙・物語―』（図録）、二〇一七年）

伊藤大輔「宮廷芸能としての絵画―鎌倉時代の世俗絵画―」（『天皇の美術史』第二巻、吉川弘文館、二〇一七年）

増記隆介「正倉院から蓮華王院宝蔵へ―古代天皇をめぐる絵画世界―」（『天皇の美術史』第一巻、吉川弘文館、二〇一八年）

あとがき

二〇一四年の京都国立博物館「国宝鳥獣戯画と高山寺」を皮切りに、一五年には東京国立博物館で「鳥獣戯画京都高山寺の至宝」、一六年には九州国立博物館で「京都高山寺と明恵上人　特別公開鳥獣戯画」と題する特別展が相次いで開催された。いずれも高山寺と明恵、そして鳥獣戯画をテーマとした企画だったが、一つの寺院に関する展覧会が三年連続で行なわれるのは極めて稀なことである。

この三つの展覧会、タイトルも「京都」、「高山寺」、「明恵上人」、「国宝」、「鳥獣戯画」の順列組み合わせで似たり寄ったり。中身は同じで、看板を掛け替えただけだろうという印象をお持ちの方も多かったようだが、それは全くの誤解である。この三展は、同じ作品、同じ展示構成のいわゆる「巡回展」ではなく、高山寺と明恵を核としながら、三館がそれぞれ独自の方向性を探った全く別の展覧会だった。この点においても、極めて異例のことと言えるだろう。その後、二〇一九年には大阪・中之島香雪美術館で「明恵の夢と高山寺」と題した展覧会も開かれた。乱暴な言い方をすれば、何度やってもネタがつきない、それが高山寺と明恵と言うことができるだろうか。

東京、京都、奈良、九州の四つの国立博物館には、各館に地域性などを踏まえた収集や展示の基本的な方針がある。だがこの三展の違いは、「館の方針」の違いや会場のキャパシティの問題というよりは、それぞれの展覧会担当者の個性の違いが如実に表われた結果だったように思う。少なくとも、「二番目」だった東博展では、前年の京博展とは異なる作品の選定、展示の見せ方を館内担当者間で模索を続けた。個人的な感想を述べれば、出品作品、展示構成、図録（これも三者三様で、ぜひともお手に取ってそれぞれの違いを実感していただければと思う）を含め、東博展の出来映えが一番だったと今でも確信している（そして京博、九博の担当者も、自分の館の企画が一番だったと、そう思っているはずである）。

東博での展覧会が終わりに近づいた頃のこと。彫刻担当の淺湫さんや工芸担当の伊藤さんと、せっかく素晴らしい作品を拝借したのだから、『MUSEUM』（東博の研究誌）に論文を書いて、高山寺特集号を組もうという話で盛り上がっていた。だが展覧会が終了してほどなくした二〇一六年四月、淺湫さんは古巣の京博へ戻り、伊藤さんも京博へ異動となり、この話も立ち消えになってしまった。私としても、お借りした高山寺関連作品の修理や伝来などをまとめた論文を書いて一段落といったところで、この企画はお蔵入りになるかに思われた。

そのようななか、この幻の企画を別のかたちで蘇らせ、しかも大幅に充実した内容でこのように刊行できたのは、ひとえに吉川弘文館の石津輝真さんのおかげである。石津さんとの出会いのきっかけを作ってくれたのは東京大学の髙岸輝さんで、二〇一五年秋の静嘉堂文庫美術館リニューアルオープンのレセプション会場でのことだった。その後しばらくたって、何か本として書きたいものはないですかとおっしゃる石津さんにお示しをした何案かのうち、とんとん拍子で企画を通していただいたのがこの本の構想である。

このとき私が提案したのが、（1）高山寺と明恵にかかわる美術作品を考察した論文集、（2）執筆者は国立博物館の研究員、（3）一つの作品をコアとして、その作品を掘り下げつつ明恵の思想や高山寺の歴史に視野を広げる、（4）図録よりも分かりやすく、けれど図録よりも深い内容、というコンセプトだった。特にこだわったのは（2）である。冒頭で述べた三つの特別展もさることながら、現在国立博物館に所属する研究員のなかには、これまでも高山寺・明恵と深くかかわってきた人たちが少なからずいる（本書執筆陣の中にも、修士論文で高山寺・明恵作品を中心に据えた方が少なくとも二人いる）。本来であればより広い方々にお声がけして本を作るべきかもしれず、本書で取りあげることのかなわなかった高山寺作品も多い。ただ、縛りを設けるというのもおもしろいと石津さんも賛同してくれた。こうした企画内容を持ってお寺に参上したところ、ご理解をいただき、刊行へのスタートラインに立つことができた。

各執筆者にこの本のねらいをお話しすると、皆さんからは即時、執筆のご快諾をいただいた。その上で、あらかじめ私のほうでこれを書いてほしい（これが書きたいに違いない）と思う作品を振り分けて打診したのだが、ふたを開けてみたら七人のうち五人は、当初の想定とは異なる作品での執筆となった。その経緯は省略するが、各人の高山寺作品への深いこだわり、そしてあつい明恵愛を改めて実感した出来事だった。

この本はおよそ二年の準備期間を経て、刊行されることになった。図版掲載に関してご高配たまわったご所蔵者の皆様、辛抱強く原稿が集まるのをお待ちいただいた石津さん、大変丁寧な編集作業で刊行のスピードアップをはかって下さった若山嘉秀さんをはじめ吉川弘文館の皆様に改めて御礼申し上げます。博物館の通常業務が多忙を極めるなか、貴重な時間を割き、最新の研究成果を踏まえ、独自の知見を渾身の論文としてまとめてくださった執筆者の皆様、どうもありがとうございました。

そしてなにより、この本が完成を見ることができたのは、いうまでもなく高山寺様の深いご理解、ご協力による。今なお受け継がれる、明恵以来の学問寺たる高山寺の伝統は、私たちをどれだけ励ましてくれることか。田村恵心山主、田村裕行執事長には日頃より大変お世話になっているが、本書刊行においても多大なるご助力をいただいた。心より感謝を申し上げます。田村執事長からは、お目にかかる度に本の完成時期のお尋ねがあったが、

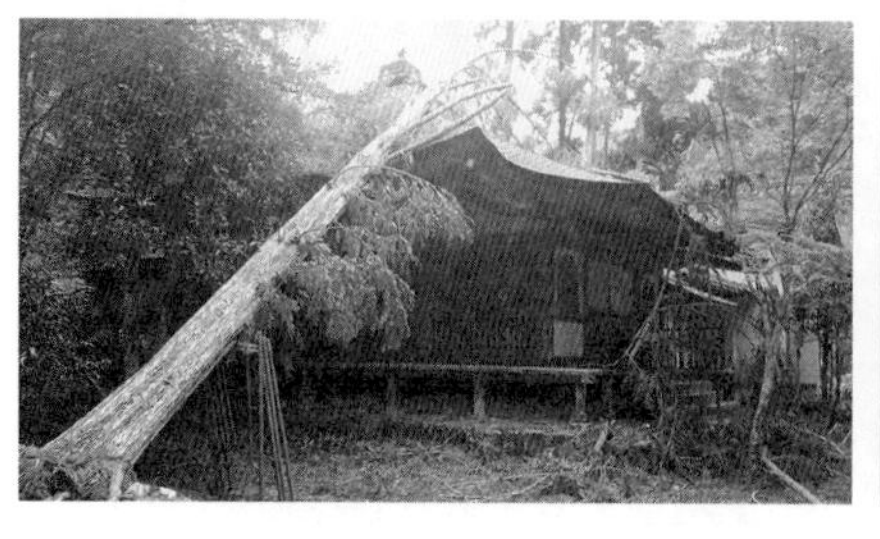

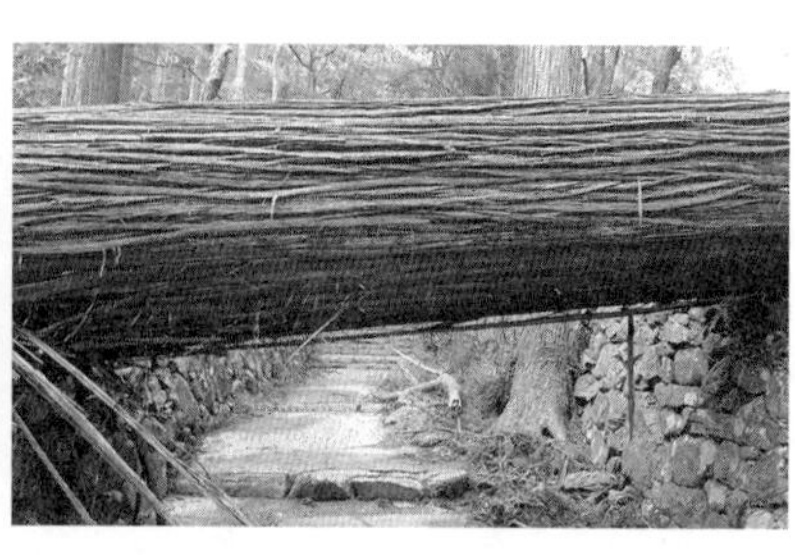

毎回私は目を泳がせてお茶を濁していた。ようやくこれで、落ち着いてお話しすることができるようになった。

そして最後に、研究者への助力をおしまれなかった故・小川千恵前山主に、本書の刊行をご報告したい。

ところで今、高山寺は大変困難な状況にある。二〇一八年秋、関西地方を襲った台風二十一号により甚大な被害を受けたのである。台風が過ぎて一週間ほどして私もお見舞いに伺ったが、その悲惨な状況に言葉を失った。美しく整備された境内は見る影もなく、数百年を経た巨木が各所で根元から倒れて道をふさぎ、金堂や開山堂も倒木で半壊するという有様だった（写真）。『高山寺縁起』などを見ると、石水院など山内の堂舎は過去にも洪水で損壊しており、もともとこの栂尾は水気の多い土地であったことが知られるが、これほどまでの水害はかつてなかったことだろう。歴史的に見れば、応仁の乱、そして明治の火災による伽藍の焼失とともに、八百年の高山寺の歴史のなかでも三大罹災の一つとして数えられるべき甚大な被害である。多くの方々のご助力をと、願ってやまない。

こうした状況に対し、本書がお力になれることはほとんどなく、文化財にたずさわる者の一人として大変もどかしい限りである。だが、高山寺というお寺がどういったところなのか、明恵がいかに魅力的な人物だったのか、そしてここに伝わる美術がどれほど素晴らしいものなのか。こうしたことを一人でも多くの方にお知りいただくのに、本書がささやかながらお役に立てればと心より願っている。

二〇二〇年一月二十三日

土屋貴裕

執筆者紹介（生年／現職）―執筆順

土屋貴裕　→別掲

淺湫　毅（あさぬま　たけし）　一九六四年／京都国立博物館学芸部連携協力室長

谷口耕生（たにぐち　こうせい）　一九七二年／奈良国立博物館学芸部教育室長

森實久美子（もりざね　くみこ）　一九八〇年／九州国立博物館学芸部文化財課主任研究員

大原嘉豊（おおはら　よしとよ）　一九七一年／京都国立博物館学芸部保存修理指導室長

伊藤信二（いとう　しんじ）　一九六八年／東京国立博物館学芸企画部博物館教育課長

井並林太郎（いなみ　りんたろう）　一九八八年／京都国立博物館学芸部企画室研究員

編者略歴

一九七九年　千葉県に生まれる
二〇〇七年　千葉大学大学院社会文化科学研究科単位取得満期退学
現在、東京国立博物館学芸企画部企画課特別展室主任研究員

〔主要著書・論文〕

「三十六歌仙絵の成立と「時代不同歌合絵」」(『大和文華』一三五号、二〇一九年)
「仁和寺と山水屛風」(『仁和寺と御室派のみほとけ』展図録、東京国立博物館、二〇一八年)
「室町時代のやまと絵—絵師と作品—」展図録(東京国立博物館、二〇一七年)

高山寺の美術
明恵上人と鳥獣戯画ゆかりの寺

二〇二〇年(令和二)三月十日　第一刷発行

監修　高山寺
編者　土屋貴裕(つちやたかひろ)
発行者　吉川道郎
発行所　株式会社吉川弘文館
郵便番号一一三―〇〇三三
東京都文京区本郷七丁目二番八号
電話〇三―三八一三―九一五一(代)
振替口座〇〇一〇〇―五―二四四番
http://www.yoshikawa-k.co.jp/

印刷・製本＝藤原印刷株式会社
装幀＝渡邉雄哉

ISBN978-4-642-08383-6